LA PHILOSOPHIE ROMANTIQUE ALLEMANDE

DANS LA MÊME COLLECTION

Aristote. Une philosophie en quête de savoir, par R. Bodéüs, 272 pages.
Augustin. L'expression du Verbe, par D. Doucet, 192 pages.
Berkeley. Un nominalisme réaliste, par D. Berlioz, 224 pages.
Blondel. Un univers chrétien, par B. Saint-Sernin, 192 pages.
Cabanis. L'idéologie physiologique, par Cl. Jolly, 216 pages.
Cournot. Le réalisme, par B. Saint-Sernin, 192 pages.
Daseinsanalyse, par Ph. Cabestan et Fr. Dastur, 224 pages.
Deleuze. La passion de la pensée, par P. Montebello, 256 pages.
Descartes.La règle de la raison, par M. Spallanzani, 276 pages.
Destutt de Tracy. L'idéologie rationnelle, par Cl. Jolly, 272 pages.
Diderot. Un matérialisme éclectique, par A. Ibrahim, 240 pages.
Duns Scot. La métaphysique de la singularité, par G. Sondag, 240 pages.
Épicure. La nature et la raison, par P.-M. Morel, 224 pages.
Fichte. Réflexion et argumentation, par I. Thomas-Fogiel, 256 pages.
Gadamer. Une herméneutique philosophique, par I. Weiss, 216 pages.
Habermas. La raison publique, par R. Chennoufi, 240 pages.
Hegel. Une philosophie de la raison vivante, par A. Stanguennec, 248 pages.
Heidegger. La question du Logos, par F. Dastur, 256 pages.
Hobbes ou l'œuvre de la raison, par M. Malherbe, 272 pages.
Hume. Une philosophie des contradictions, par J.-P. Cléro, 256 pages.
Kant. L'invention critique, par M. Castillo, 248 pages.
Maître Eckhart. Une philosophie du christianisme, par K. Flasch, 336 pages.
Malebranche. Une philosophie de l'expérience, par D. Moreau, 224 pages.
Montaigne. L'usage du monde, par P. Mathias, 224 pages.
Montesquieu. Le droit et l'histoire, par F. Markovits, 232 pages.
Nicolas de Cues. L'homme, atome spirituel, par G. Federici Vescovini, 248 pages.
Les néokantiens. Valeur et vérité, par É. Dufour, 192 pages.
Le néostoïcisme. Une philosophie par gros temps, par J. Lagrée, 212 pages.
Le scepticisme. Vivre sans opinions, par St. Marchand, 240 pages.
Pascal. La force de la raison, par H. Bouchilloux, 240 pages.
Platon. Le désir de comprendre, par M. Dixsaut, 256 pages.
La philosophie romantique allemande. Un philosopher infini, par A. Stanguennec, 224 pages.
Ricœur. Philosopher à son école, par J.-Ph. Pierron, 248 pages.
Sartre. Liberté et histoire, par A. Guigot, 256 pages.
Spinoza. Union et désunion, par P. Sévérac, 272 pages.
Les Stoïciens. La liberté et l'ordre du monde, par R. Muller, 292 pages.
Voltaire. Du Cartésianisme aux Lumières, par É. Martin-Haag, 192 pages.

BIBLIOTHÈQUE DES PHILOSOPHIES

Directeur : Michel MALHERBE

LA PHILOSOPHIE ROMANTIQUE ALLEMANDE

UN PHILOSOPHER INFINI

par

André STANGUENNEC

LIBRAIRIE PHILOSOPHIQUE J. VRIN
6, place de la Sorbonne

PARIS Ve

Imprimé en France

ISSN 1281-5675
ISBN 978-2-7116-2317-4

www.vrin.fr

ABRÉVIATIONS

AG Novalis, *Fragments*, trad. fr. A. Guerne, bilingue, Paris, Aubier, 1973.

AG Novalis, *Œuvres complètes*, 2 vol., trad. fr. A. Guerne, Paris, Gallimard, 1975-1981.

AL *L'absolu littéraire, théorie de la littérature du romantisme allemand*, trad. fr. et présentation Ph. Lacoue-Labarthe et J.-L. Nancy, Paris, Seuil, 1978.

DG Novalis, *Encyclopédie*, trad. fr. et présentation des neuf premières sections des *Fragments* de l'*Encyclopédie* dans le classement numéroté Wasmuth par M. de Gandillac, Paris, Aubier-Minuit, 1966.

HKA Novalis, *Schriften, Die Werke Friedrich von Hardenberg*, *Historisch-kritische Ausgabe*, Bd. I-VI, *Zusammenarbeit mit Hans-Joachim Mähl und Gerhard Schulz*, P. Kluckhohn und R. Samuel (eds.), Leipzig-Stuttgart-Paderborn, Kohlhammer, 1960-1988.

KFSA Schlegel, *Kritische Fr. Schlegel Sämtliche Ausgabe*, E. Behler (ed.) avec le concours de J.-J. Anstett et H. Eichner, Münich-Paderborn-Vienne, 1958 *sq.* (35 volumes).

KG Schleiermacher, *Kritische Gesamtausgabe*, H.J. Birkner *et alii* (eds.), Berlin-New York, De Gruyter, 1980.

LFPDM *La forme poétique du monde*, Anthologie de textes du romantisme allemand, trad. fr. et présentation Ch. Le Blanc, L. Margantin, O. Schefer, Paris, José Corti, 2003.

SW Schlegel, *Sämtliche Werke*, E. Böcking (ed.), 16 volumes, Leipzig, Weidmann, 1930.

TP Schlegel, *La philosophie transcendantale* (KFSA, XII), *Introduction – Philosophie de la philosophie*, dans *Symphilosophie, Fr. Schlegel à Iéna*, textes et études, D. Thouard (éd.), Paris, Vrin, 2002.

Tu as éveillé en moi le noble instinct de scruter profondément l'âme du vaste monde[1].

INTRODUCTION

Depuis plusieurs dizaines d'années, les œuvres du romantisme allemand ont fait en France l'objet de nouvelles traductions et de nombreux commentaires, de sorte que notre ambition est en particulier d'y fournir un accès et d'en restituer la fécondité. De n'être ni une somme ni une thèse, notre propos nécessairement sélectif s'efforcera toutefois d'exposer et d'aider à peser telle ou telle interprétation. Si, dans le domaine allemand, notre travail est particulièrement débiteur à l'égard des travaux magistraux d'Ernst Behler, il est redevable dans le domaine français aux recherches et aux traductions d'Albert Béguin, Christian Berner, Jacques Droz, Maurice de Gandillac, Armel Guerne, Herbert Holl, Jean Lacoste, D. Lancereau, Charles Le Blanc, Robert Legros, Laurent Margantin, Jean-François Marquet, Jean-Marie Schaeffer, Olivier Schefer, Denis Thouard, Jean-Louis Vieillard-Baron, auxquels il renvoie souvent.

LES SOURCES D'UN TERME : « ROMANTISME »

Les termes dont il convient de partir sont ceux de « roman » et « romane » qualifiant respectivement au Moyen Âge, d'un côté, le langage et de l'autre, la littérature vulgaire du « romain », opposé au « latin » des clercs et des savants. Les langues « romanes » vivifièrent les chants des trouvères et des *Minnesänger* avant que les œuvres littéraires élaborées en langue romane ne soient ainsi dénommées dans l'Europe d'Occident :

1. Novalis, « *Du hast in mir den edeln Trieb erregt Tief ins Gemüt der weiten Welt zu schauen* », Dédicace du roman inachevé, *Heinrich von Ofterdingen*, Paris, Aubier, 1942, p. 60-61.

romant, romanze, romancero, etc. Plus tard, à la fin du XVIIe siècle, « romantique » (de l'anglais *romantic*[1]) apparut pour concurrencer l'adjectif « romanesque » (début du XVIIe siècle, de l'italien *romanesco*) en le nuançant, et en renvoyant aux intrigues et sentiments amoureux originaux initialement dans le contexte du merveilleux, de l'amour courtois et de la chevalerie. Ces sentiments et intrigues sont évoqués par le récit romanesque ou « roman », en opposition à d'autres formes d'art. À la fin du XVIIIe siècle, en Angleterre et jusque dans les *Rêveries du promeneur solitaire* de J.-J. Rousseau, le terme « romantique » se trouve convoqué pour désigner le caractère sauvage, pittoresque (*pictural*) et désordonné d'un paysage, non sans rapport avec le décor et le climat des « romans » évoqués par lui. Depuis lors, le mot « romantique » est régulièrement utilisé aussi dans la désignation de jardins artistiquement élaborés sous ces aspects.

Dans un contexte de crise et de critique, à la fin du XVIIIe siècle et au début du XIXe siècle[2], le terme prendra enfin un sens littéraire et philosophique spécifiquement réfléchi et théorisé. Ce sera le cas en Allemagne notamment avec Goethe et Friedrich Schlegel qui utiliseront complémentairement le vocable substantif féminin « le romantisme » (*die Romantik*) et l'adjectif « romantique » (*romantisch* ou *Romantiker*). F. Schlegel reconnaît d'ailleurs l'impossibilité d'arriver à une définition du mot : « mon explication du mot romantique, écrit-il à son frère, j'aurais de la peine à te l'envoyer – car elle s'étend sur 125 feuillets d'imprimerie »[3]. Les deux écrivains de Weimar et de Iéna évalueront le « romantique » et le « romantisme » de façon contradictoire. F. Schlegel ne cesse d'exalter les qualités du « romantique », en l'assimilant au « poétique », entendu toutefois comme une dimension essentielle et universelle de l'art associée au « mythologique », au-delà des accidents et des particularités : « en un certain sens, toute poésie est ou doit être romantique »[4]. Cette position attire l'attention sur le caractère fondamental de la poésie – entendue avant tout comme

1. *Cf.* « Romantique. La leçon d'un mot », dans *Essais de littérature comparée*, III, Fribourg, Europaena, 1968 et *« Romantik » and his Cognates. The European History of a word*, H. Eichner (dir.), Toronto, University Press, 1972.

2. *Cf.* H. Brunschwig, *Société et romantisme en Prusse au XVIIIe siècle*, Paris, Flammarion, 1973.

3. Fr. Schlegel, *Briefe an A.W. Schlegel*, Walzel (ed.), Berlin, 1890, p. 317. Dans l'édition des *Kritische Ausgabe seiner Werke* (dorénavant cité KFSA), Münich-Paderborn-Vienne, Behler-Schöningh, 1959, I, Introduction, H. Eichner distingue huit significations contextuelles de « romantique » dans l'œuvre de Fr. Schlegel.

4. Fr. Schlegel, *Entretiens sur la poésie* (1800), KFSA, II, p. 183. Cf. *L'absolu littéraire, théorie de la littérature du romantisme allemand* (dorénavant cité AL), trad. fr. et présentation Ph. Lacoue-Labarthe et J.-L. Nancy, Paris, Seuil, 1978, p. 112.

poésie originaire (*Urdichtung*) ou mythologie de la langue – que nous étudierons plus bas à ce titre [1]. On connaît en revanche la phrase de Goethe : « j'appelle classique ce qui est sain et romantique ce qui est malade » [2]. Par là Goethe laisse clairement entendre de quel côté il se situe lui-même.

LA CHRONOLOGIE D'UN MOUVEMENT
LE ROMANTISME ALLEMAND

Il est évidemment plus exact de parler des romantismes (anglais, allemand, français, italien, etc.) que du romantisme en général. Rappelons toutefois que les mouvements d'art et de pensée nommés ultérieurement romantismes par les théoriciens et les historiens de l'art et de la littérature commencèrent durant les dernières décennies du XVIIIe siècle à se manifester dans le nord de l'Europe, surtout en Angleterre, avant de le faire en Allemagne, puis plus tardivement en France et dans les pays du sud européen (Espagne, Italie). Les réactions à l'égard de la Révolution française, puis de l'Empire napoléonien, entraînèrent de la part de ces courants de pensée diverses prises de position dont certaines furent théorisées en philosophies voire en idéologies de l'histoire se mettant au service de mouvements proprement politiques, souvent de réaction. La *Déclaration universelle des droits de l'homme* et, plus encore, l'imposition du *Code Napoléon* (1804) dans plusieurs États allemands prirent pour certains l'apparence d'une violence imposée et visant à dénaturer leur identité nationale, comme ce fut le cas pour les romantiques allemands.

Dans ce contexte, J.G. Herder [3] (1744-1803) est un penseur préromantique pour plusieurs raisons. En raison, d'abord, des hypothèses de son *Origine du langage* (1772), ensuite de ses *Chants populaires* (1778-1779), enfin de son essai de 1774, *Pour une autre philosophie de l'histoire*, et de ses *Idées pour une philosophie de l'histoire de l'humanité* (1784-1791). Dès l'essai sur le langage, il avait affirmé que la langue est « l'instrument de la raison », que c'est elle qui, antérieurement à la raison, fonde un « sens

1. *Cf.* chap. II, « Génie des langues et poésie mythologique ».

2. « Entretien avec Eckermann de mars 1829 », dans Goethe, *Werke, Briefe und Gespräche*, E. Beutler (ed.), Zürich, Artemis, 1948-1971, 24, p. 332.

3. Il réunit en 1773 les textes d'auteurs expressifs d'une nouvelle orientation des arts (Ossian, Shakespeare, Goethe, Möser) dans un recueil, *Du caractère et de l'art allemand*, que l'on a considéré rétrospectivement comme une sorte de manifeste du *Sturm und Drang*.

commun », d'abord au plan de l'esprit national. Herder introduit dans ces œuvres l'idée d'un génie national de chaque peuple donnant à son langage et à sa « culture » une forme et un contenu singuliers, émanant de sa mythologie la plus ancienne. Il le fait en partant de la distinction entre « poésie de la nature » (*Naturpoesie*) et « poésie artistique » (*Kunstpoesie*) qu'il a théorisée dans *De l'esprit de la poésie hébraïque* (1782-1783). Elle sera reprise par les romantiques, notamment par A.-W. Schlegel dans ses *Leçons sur l'art et la littérature* (Berlin, 1801-1802[1]). L'universalisme et le progressisme purement rationnels des *Lumières* allemandes, dominées à l'excès par les positions des philosophes français, sont critiqués dans ces ouvrages, bien que Herder maintienne une forme d'universalisme « perspectiviste » dont l'influence monadologique de Leibniz n'est pas absente. Mais il s'avère bien l'un des principaux critiques des *Lumières* allemandes, en visant particulièrement les articles de Kant sur l'histoire[2]. Auteur ultérieurement, comme Hamman dont il reprend plusieurs idées essentielles, d'une *Métacritique* (1799) se voulant plus radicale que la *Critique* de Kant, il conteste toute connaissance par concepts, qu'elle soit *a priori* ou réflexive, transcendante ou transcendantale, pour ramener à nouveau le savoir dans les limites du langage de langue. Philosophiquement, on ne saurait minimiser l'influence de G. Hamann (1730-1788), auteur d'une *Métacritique du purisme de la raison pure* (1784[3]), faisant de la révélation divine du langage religieux[4], le fondement de tout savoir et de toute action. La critique hamannienne de la connaissance rationnelle *a priori* au bénéfice du sentiment religieux, est par avance « rebelle » à l'idée d'autoréflexion (Kant, Fichte) et aux projets d'Encyclopédies du savoir maintenus par les romantiques d'Iéna.

Après la vague préromantique du *Sturm und Drang* (*Tempête et Élan*[5]), l'influence du mouvement incarné, en plus de Herder, par Goethe[6] et

1. Cf. *Leçon sur la poésie* : « nous traiterions donc pour commencer de la *poésie de nature*, puis de la *poésie d'art* », AL, p. 353.

2. Celui-ci répondit à Herder en 1785, dans son *Compte rendu de l'ouvrage de Herder*, dans Kant, *La philosophie de l'histoire*, rééd. dans *Opuscules sur l'histoire*, Paris, GF-Flammarion, 1993.

3. Trad. fr. J. Colette, Paris, Minuit, 1997. Hamman en communiqua le texte à Herder qui publiera sous son influence sa *Métracritique* (1799), dont nous avons rappelé plus haut le contenu.

4. *Cf.* déjà son *Aesthetiica in nuce* (1762).

5. C'est initialement le titre d'une pièce de F.M. Klinger (1752-1831).

6. *Götz von Berlichingen* (1773) et *Les souffrances du jeune Werther* (1774).

Schiller[1], continuera de s'étendre jusqu'à la fin du XVIIIe siècle. Deux représentants éminents de ce mouvement *stürmer* constitueront rapidement un nouveau classicisme, généralement critique à l'égard du jeune romantisme. Il s'agit de Goethe et de Schiller : « ensemble à Weimar, où ils retrouvent également Herder et Wieland, ils élaborent en cette fin du XVIIIe siècle, un nouveau classicisme »[2]. Contemporaine de la puissante critique de Hamann, la critique de la raison discursive opérée par Jacobi[3] en fait aussi un penseur préromantique, mais développant longuement une position si originale et si personnelle qu'elle demeurera extérieure au développement du romantisme d'Iéna. En effet, Jacobi fait du « croire », de la foi perceptive aussi bien que de la foi religieuse, une connaissance immédiate si autosuffisante qu'elle récuse la légitimité de toute expression discursive finie de l'infini – tant symbolique, que poétique ou scientifique. Le langage est créateur de fictions sans doute utiles, mais l'attachement à ses concepts comme si leur sens était substantiel est l'attachement à un « néant » et l'idéalisme systématique mène à ce que Jacobi nomme « nihilisme ». Ici, la mise en cause du langage est si radicale que la thèse romantique du fini comme « expression » et « langage » de l'infini, fût-il indirect sur un mode affectif ou esthétique, est écartée par Jacobi.

Il est commode de distinguer trois périodes au sein du romantisme allemand proprement dit. La première période, la plus célèbre et sans doute la plus féconde, est celle du « premier romantisme » (*Frühromantik*), dit encore « romantisme d'Iéna » (1797-1802) autour des frères Schlegel et de la revue *Athenaeum*, avec Caroline épouse d'A.-W. Schlegel[4], Dorothea Veit (future épouse de Friedrich Schlegel), Ludwig et Amalie Tieck[5], Novalis et Schelling. En réalité, c'est à partir de l'automne 1799 que Fr. Schlegel, revenu à Iéna de Berlin où il faisait un séjour depuis 1797, rassembla autour de lui les berlinois Wackenroder et L. Tieck et forma le « cercle d'Iéna ». Même Jean-Paul Richter, quoique séjournant à cette

1. Entre autres contributions, Fr. Schiller apporte l'idée selon laquelle le Beau est médiateur entre l'homme et la totalité, notamment dans la dix-huitième de ses *Lettres sur l'éducation esthétique de l'homme*.

2. R. Minder, *Allemagnes et Allemands*, Paris, Seuil, 1948, I, p. 124.

3. Fr.-H. Jacobi (1743-1819), *Lettres sur Spinoza* (1787), *Hume ou de la croyance* (1787), trad. fr. L. Guillermit, Paris, Vrin, 2000, *Des choses divines et de leur révélation* (1811), cf. *Œuvres philosophiques choisies*, trad. fr. J.-J. Anstett, Paris, Aubier, 1956.

4. Caroline Michaëlis, veuve Böhmer, après son divorce d'avec A.-W. Schlegel, épousera à nouveau Schelling en 1803.

5. Sur ces groupes de femmes influentes dans le romantisme naissant, *cf.* par exemple G. Solovieff, *Cinq figures féminines méconnues du romantisme allemand*, Paris, L'Harmattan, 2005.

époque non loin de Iéna, ne fit pas vraiment partie du groupe bien que son œuvre de romancier [1] apportât de nombreux thèmes chers aux romantiques d'Iéna qui l'admirèrent. Ces romans thématisent de façon précoce l'ironie, le rêve, la nuit, la musique, la dualité et le double personnage. Ils feront l'objet des vifs éloges de Fr. Schlegel : « je vous accorde le fourre-tout bariolé du *Witz* maladif, mais je le prends sous ma garde et j'affirme hautement que de tels grotesques et de telles confessions sont encore les seuls produits romantiques de notre époque de romantisme » [2]. Richter est aussi l'auteur de *Cours préparatoires d'esthétique* (1804) dans lesquels il définit le romantisme à partir du concept d'« infinité dans le fini » (Schelling) ou de supra-sensible immanent au sensible, notamment au sein de l'humour, thème également romantique par excellence. Fr. Schleiermacher, qui avait rencontré Fr. Schlegel et noué une intime amitié avec lui à Berlin, ne quitta pas cette ville. Fr. Schlegel, dont nous verrons plus bas qu'il revendiqua très tôt son attachement à la pensée kantienne avec son primat de la raison moralement pratique, fut extrêmement sensible à la dimension morale qui imprégnait la pensée et le comportement de Schleiermacher : « son être tout entier est moral » [3], écrivit-il. Schelling, déjà Professeur dans la ville d'Iéna, participa à plusieurs réunions du groupe. Celui-ci se voulait « une communauté de communication symphilosophique et sympoétique ». Mais, dès le printemps 1801, ce bel « ensemble en dialogue » (*Gesprächszusammenhang*) se dissout pour des raisons de brouilles personnelles et d'évolutions philosophiques ou littéraires divergentes. N'oublions pas la présence quelque peu excentrée, il est vrai, d'un écrivain tel que Friedrich Hölderlin qui n'adhéra jamais vraiment au « romantisme ».

La deuxième période est celle du « romantisme de Heidelberg » (1803-1809), avec Achim von Arnim (1781-1831), auteur de nouvelles (*Le jardin d'hiver*), de romans (*La comtesse Dolorès*, 1810 et *Isabelle d'Égypte*, 1811) et Clemens Brentano (*Le cor enchanté de l'enfant*, 1806-1808), le publiciste J. Görres [4], le mythologue et helléniste F. Creuzer, les frères Grimm [5], le juriste et théoricien du droit K. von Savigny (qui sera plus tard

1. J.-P. Richter (1763-1825) auteur de *La loge invisible*.

2. Fr. Schlegel, *Entretiens sur la poésie, Lettre sur le roman* (1800), AL, p. 322.

3. Lettre à son frère, novembre 1797. Fr. Schleiermacher avait suivi à Halle les cours du kantien Eberhard qui insistait sur la primauté de la réflexion morale dans l'œuvre de Kant.

4. Auteur des *Livres populaires allemands*, Heidelberg, 1807, d'une *Mythologie historique du monde asiatique* (1810) et d'une *Mystique chrétienne*, 1836-1842, il est aussi l'auteur d'une « Philosophie de l'histoire » que nous évoquerons plus bas, p. 193 *sq*.

5. Jacob et Wilhelm auteurs des célèbres recueils de *Contes* (1812).

le collègue de Hegel à Berlin), la poétesse C. von Günderode et Bettina Brentano, sœur de Clemens, qui épousera ultérieurement A. von Arnim. Ce romantisme heidelbergien de la seconde période, contemporain de la domination puis de la défaite napoléonienne entre 1804 et 1814, se caractérise le plus souvent par de fortes revendications nationales de nature littéraire, philosophique, juridique, politique et religieuse. Nous soulignerons plus bas l'importance de la portée « politique » de la restitution des contes et des légendes traditionnelles allemands, restitution devant permettre, de façon délibérée chez les Grimm, Brentano et Arnim, de préparer un sursaut national face à la cruelle défaite sous la domination napoléonienne. Cette défaite affectait un caractère national, à la fois militaire, politique et juridique, ce qui motivait que l'on suscite l'unité des classes sociales allemandes dès lors ressourcées à une culture élémentaire commune. *Les Discours à la nation allemande* (1807-1808) de Fichte, sans qu'on puisse faire de celui-ci un philosohe « romantique », ont aussi contribué à ce « réveil national » allemand. C'est le romantisme littéraire et juridico-politique de nature nationale qui donna son ampleur et sa diffusion européennes au mouvement romantique et qui, par récurrence, fit reconnaître la génialité des fondateurs d'Iéna. Cette diffusion fut aussi particulièrement l'œuvre de Germaine de Staël avec le remarquable bilan qu'est *De l'Allemagne* (1810-1814), bien que ce bilan dépassât de loin le seul cadre du romantisme allemand. Pour l'établir, l'auteur s'était assuré des conseils et de la présence régulière d'A.W. Schlegel dès 1804 à Coppet et jusqu'à sa mort en 1817. Face à cette diffusion croissante, en grande partie responsables de la vulgarisation de l'étiquette « romantisme », polémiquaient les rares partisans des *Lumières* comme J.H. Voss : « le contenu de ce terme (romantisme), soulignent R. Ullmann et H. Gottard, n'a pas été défini par le camp ami, lorsqu'il l'a repris à son compte, mais bien par les adversaires, [...] c'est-à-dire surtout Voss et ceux qui le suivirent » [1].

La troisième période, dite du « romantisme tardif » (*Spätromantik*) (1815-1840), tout en étant la plus longue, fut la moins novatrice. Il s'agissait surtout alors de « réaliser » le romantisme, au deux sens de cette expression. De conférer, d'abord, à ses ambitions idéologiques une réalité politique, ce qui sera en partie chose faite par la reconfiguration de l'Europe se dessinant à Vienne à partir de 1815, sous la forme de la « Sainte Alliance » dans laquelle entrent quelques maîtres vieillis d'hier. Fr. Schlegel, publie à Vienne le premier numéro de la revue *Concordia*,

1. Dans « Geschichte des Begriffes "Romantisch" in Deutschland », *Germanische Studien*, 50, Berlin, 1927, p. 298.

véritable organe du romantisme politique, diffusé de 1820 à 1823 avec Fr. von Baader, A. Müller et J. Görres : « le romantisme prend le pouvoir en la personne de Frédéric Guillaume IV (1796-1861), qui régna en Prusse de 1840 à 1857 », écrit justement G. Gusdorf[1]. Au lieu de suivre les causes d'un républicanisme libéral et populaire – comme le feront nombre de romantiques français dans leur pays en 1830 et 1848 – ces romantiques assagis opteront pour le conformisme politique et le traditionalisme religieux, souvent catholique. « Réaliser » le romantisme, ensuite, c'était, pour les romantiques d'Outre-Rhin, chercher à se comprendre et à relire leur histoire[2], avec les illusions sacralisantes et les nombreux oublis rétrospectifs que cela impliquait. Fr. Schlegel prononcera ses *Dix-huit Leçons sur la philosophie de l'histoire* en 1828 à Vienne[3], et son frère enseignera lui-même à Berlin et Bonn jusque dans les années quarante. Cette « réalisation » du romantisme consiste aussi, du point de vue de l'histoire de l'art, à simplifier et fixer l'opposition terminologique « classicisme/romantisme », antithèse devenant synonyme de l'opposition du grec et du romain au chrétien et au moderne jusque dans l'*Esthétique* de Hegel qui adopte également cette classification. « Classique », note G. de Staël, ne signifie plus une catégorie axiologique (perfection, harmonie) mais une catégorie historique, « si l'on n'admet pas que le paganisme et le christianisme, le Nord et le Midi, l'Antiquité et le Moyen Âge, la chevalerie et les institutions grecques et romaines se sont partagé l'empire de la littérature, l'on ne parviendra jamais à juger sous un point de vue philosophique le goût antique et le goût moderne »[4]. Mais « réaliser » ainsi le romantisme, c'était le faire mourir : selon l'esprit d'Iéna, il ne vivait que d'être « inachevé, car infini » (Novalis[5]) et, en référence à l'« incompréhensibilité » du monde (Fr. Schlegel), « c'est son essence propre de ne pouvoir qu'éternellement devenir, et jamais s'accomplir »[6]. De sorte que ceux dont il vivifiera indubitablement l'inspiration, comme R. Wagner (la « légende nationale

1. G. Gusdorf, *Les sciences humaines et la pensée occidentale*, IX, *Fondements du savoir romantique*, Paris, Payot, 1982, p. 96.

2. Cette motivation d'une « réalisation » romantique de l'histoire animera des auteurs dramatiques comme Grabbe (*Napoléon*, 1831, *La mort de Danton*, 1835) sur lequel nous reviendrons à propos du « drame romantique » allemand.

3. Fr. Schlegel, *Achtzehn Vorlesungen über die Philosophie der Geschichte*, KFSA, XI.

4. Germaine de Staël, *De l'Allemagne*, 2ᵉ partie, chap. XI, « De la poésie classique et de la poésie romantique », Paris, GF-Flammarion, 1968, I, p. 211.

5. *Cf.* le propos de C.G. Carus rapporté par R. Huch dans *Die Romantik*, II, rééd. Leipzig, 1931, p. 341 : « ce sera toujours le caractère essentiel du romantisme que l'accomplissement lui fasse défaut ».

6. Fr. Schlegel, *Athenaeum*, Fragment 116, AL, p. 112.

allemande» et la «mélodie infinie») se garderont bien de le «réaliser». Nietzsche lui-même considérait ces thématiques politiques et musicales comme «maladives» en référence admirative au mot de Goethe sur classique et romantique. Mais en luttant contre le romantisme allemand, Nietzsche lutte, on le sait, contre une de ses anciennes et rémanentes «faiblesses» internes : Schumann en musique, Novalis en poésie, etc. Car lui-même conservera les thèmes du chaos (incompréhensible), du fragment (aphoristique) et même du *Witz*, le «mot d'esprit» ingrédient de sa pensée, rapprochant en un éclair des significations éloignées et apparemment contradictoires qui a aussi fait sa célébrité.

LA GÉNÉALOGIE D'UNE PHILOSOPHIE
LA *PHILOSOPHIE ROMANTIQUE ALLEMANDE*

À la fin du XVIIIe siècle, philosophes idéalistes post-kantiens et premiers romantiques sont mis en face des mêmes phénomènes de crise qu'ils problématisent dans des termes fort proches, même si les solutions proposées sont parfois foncièrement différentes. Dans le célèbre *Fragment* 216[1] de l'*Athenaeum*, Fr. Schlegel a évoqué de façon à les faire se correspondre les trois «plus grandes tendances de l'époque» : le roman d'éducation du *Wilhelm Meister* de Goethe – rompant avec l'éducation morale très hiérarchisée habituellement transmise par l'autorité religieuse; la Révolution française, ébranlant les monarchies traditionnelles et menaçant l'Allemagne; la *Doctrine de la science* de Fichte prolongeant en la radicalisant la *Critique* kantienne. Telle est, selon Fr. Schlegel «l'époque qui, pour tout dire en un mot, mérite le nom modeste mais significatif d'époque critique, de sorte que tout sera bientôt critiqué, hormis l'époque elle-même»[2]. Au même moment, Hegel exprime de son côté de façon semblable[3] les «scissions» caractérisant l'époque dans le domaine moral

1. *Athenaeum*, Fragment 216, AL, p. 127.

2. Fr. Schlegel, « Sur l'incompréhensibilité » (1800), KFSA, II, p. 337-354, paru dans le dernier numéro de l'*Athenaeum*, trad. fr. D. Thouard, dans *Critique et herméneutique dans le premier romantisme allemand*, Lille, Presses universitaires du Septentrion, 1996, p. 267.

3. *Cf.* D. Thouard, *Critique et herméneutique dans le romantisme allemand*, *op. cit.*, « Hegel ne conçoit pas de façon fondamentalement différente le problème que son temps pose à la philosophie », Introduction, p. 16.

(associé à celui de la religion), politique et philosophique[1]. Ces scissions particulièrement déchirantes de la fin du XVIIIe siècle allemand ne sont que l'apogée d'une opposition qui s'était fait jour un siècle auparavant entre les Anciens et les Modernes dans le domaine des arts et de la littérature. Les valeurs auxquelles tenaient les partisans de l'art classique étaient déjà celles d'équilibre, d'harmonie, d'immuabilité (en particulier de la nature humaine) et de perfection achevée, censées refléter l'ordre même du cosmos. Les tenants de la modernité faisaient valoir les valeurs à leurs yeux supérieures de rupture, de progrès et de perfectibilté reposant sur la liberté humaine du sujet dont Descartes avait fixé la position philosophique dans le *cogito*. Ce à quoi avait abouti l'extrême affirmation de ces valeurs étaient l'ébranlement des anciennes totalités et la difficulté à en construire de modernes répondant à la construction des nouvelles valeurs dans les trois domaines évoqués dans le *Fragment* de Fr. Schlegel : l'éducation dans le *Wilhelm Meister* se concluait par l'insertion de l'individu dans le monde bourgeois dont le moins qu'on puisse dire est qu'il n'était pas l'expression des valeurs de liberté qu'avait fait espérer le *Sturm und Drang*[2] ; la Révolution française avait fait sombrer la République dans la Terreur d'un État à nouveau omnipotent; et l'idéalisme fichtéen avait été impuissant à construire effectivement le système de la philosophie transcendantale pourtant exigé dans la troisième *Critique*.

D'un côté et de l'autre, romantique et idéaliste, le problème impliquait trois tâches. D'abord, analyser avec précision les aspects critiques de la crise allemande; ensuite, comprendre la nature des anciennes totalités qui s'étaient scindées et n'apparaissaient plus comme des références positives ; enfin, tâcher de projeter à nouveau des totalités unifiantes susceptibles d'assurer un avenir tout à la fois théoriquement consistant et pratiquement mobilisant pour les hommes et les valeurs de l'époque. À la définition par Hegel du « besoin de philosophie » comme naissant de la « scission » fracturant la culture du temps (1801) et l'aspiration à reconstruire la totalité[3], correspondait exactement celle, par Novalis, de « la nostalgie de la totalité » et du « sentiment d'être étranger » : « la philosophie est à proprement

1. Concernant l'expérience de cette triple crise vécue et commentée par le jeune Hegel nous renvoyons à A. Stanguennec, *Hegel*, Paris, Vrin, 1997, p. 17-19, « Tübingen : un contexte de crise ».

2. Nous verrons que dans sa Recension du *Meister*, Fr. Schlegel, en écho aux réserves formulées par Novalis, sera très sévère à cet égard.

3. Hegel, *Différence entre les systèmes philosophiques de Fichte et de Schelling* (Iéna, 1801), dans *Premières publications*, trad. fr. Méry, Paris, Vrin, 1952, p. 86.

parler nostalgie [*Heimweh*] – aspiration à être partout chez soi »[1]. Cette motivation philosophique de la « nostalgie » a été précisée ultérieurement par Fr. Schlegel dans son *Cours sur la philosophie transcendantale* (Iéna, 1801-1802) : « c'est un désir, le désir de l'infini. Il n'y a rien de plus élevé en l'homme [...]. Le désir de l'infini doit toujours être désir. Il ne peut passer dans la forme de l'intuition »[2]. Il reprendra son analyse dans un essai de 1823 (*De l'âme*) où la nostalgie philosophique « désigne un désir indéfini, doublé d'une profonde aspiration intérieure [*Sehnen*] ». Or le *Sehnen* est lui-même composé, d'une manière très tendue, de la « mélancolie », c'est-à-dire du regret et de la douleur de « ce que l'on a perdu » et du « joyeux pressentiment et espérance de la béatitude que l'on va retrouver »[3]. La nostalgie est donc tout à la fois mélancolie de la perte et élan vers l'ancienne joie d'un Tout perdu, au sein duquel l'on se savait et l'on se sentait « chez-soi ». De sorte que le plus puissant mobile de la culture allemande de cette époque, tant chez les idéalistes que chez les romantiques, réside dans le « désir de restaurer, dans toute la mesure du possible, l'unité de la vie dans sa pureté »[4].

Mais c'est en fait cette troisième tâche que les philosophes idéalistes (notamment Hegel) et les penseurs romantiques conçoivent différemment. Ces derniers visent à « représenter » les anciennes totalités reconstituées dans un langage mythique et poétique susceptible de convenir au temps présent : « la grise antiquité va reprendre vie, et l'avenir le plus lointain de la culture s'annonce déjà »[5]. Les valeurs de la modernité reformulées en termes d'ironie, de Witz, de libre « mélange » (*Mischung*) et de « combinaisons » subjectives seraient certes destinées à être aussi représentées, mais subordonnées toutefois aux valeurs d'Absolu, cosmiques (surtout chez Novalis) et helléniques (surtout chez Fr. Schlegel), fournies par l'Antiquité. Sur ce point, l'on note déjà une différence d'accentuation chez les interprètes actuels du romantisme allemand. Selon les auteurs de *L'absolu littéraire*[6], la philosophie romantique allemande a essentiellement pour

1. Novalis, *Schriften*, 3, p. 434. Le *Heimweh* est très proche de la *Sehnsucht* en marquant davantage la nostalgie de l'habitat familier.

2. Fr. Schlegel, *Philosophie transcendantale* (dorénavant cité TP), introduction et trad. fr. D. Thouard, dans *Symphilosophie. Friedrich Schlegel à Iéna*, Paris, Vrin, 2002, p. 173-174.

3. KFSA, VIII, p. 615-616.

4. J. Patocka, *L'évolution esthétique et philosophique de Hegel*, dans *L'art et le temps*, trad. fr. E. Abrams, Paris, P.O.L, 1992.

5. Fr. Schlegel, « Discours sur la mythologie », *Athenaeum*, AL, p. 313.

6. *L'Absolu littéraire. Théorie de la littérature du romantisme allemand*, introduction, trad. fr. et notes Ph. Lacoue-Labarthe, J.-L. Nancy, A.-M. Lang, Paris, Seuil, 1978.

objet de concurrencer, voire de dépasser l'idéalisme spéculatif en substituant au concept rationnel de l'Idée (Schelling, Hegel) sa « présentation » (*Darstellung*) esthétique qui n'en demeure pas moins systématique et dont le modèle d'exposition est littéraire, d'où la formule d'« absolu littéraire » pour désigner cette entreprise. Selon d'autres commentateurs français, en particulier O. Schefer, il s'agit d'insister sur une seconde dimension du romantisme, indissociablement « mêlée » à la première, selon une structure de bipolarité caractéristique de tout le romantisme allemand et qui prendra de plus en plus d'importance dans ses suites contemporaines : la mise en valeur des combinaisons empiriques, faite de hasards, de contingences, de folies, de bizarres anormalités, fournissant à l'art romantique un motif bigarré de libre création véritablement neuf[1].

Mais le motif initialement dominant de cette bidimensionnalité est bien le projet de « représenter » de manière moderne les totalités anciennes, en une sorte de « modernité de l'antique ». La « re-présentation » s'entend ici en deux sens : subjectivement, il s'agit avec la « représentation » (*Vorstellung*) d'un mode de pensée distinct du « concept » (*Begriff*), et, selon Hegel, il constitue un mode inférieur que celui-ci assigne au sentiment religieux et à l'imagination esthétique. En ce sens, Hegel participe d'avantage du projet goethéen, également contemporain et semblablement critique à l'égard d'une modernité scindée (Newton, Kant), et, pour sa restauration, « ils ne peuvent pas plus l'un que l'autre se résoudre à déchoir la raison de ses privilèges »[2]. En second lieu et chronologiquement, « re-présenter » l'Absolu, signifie pour les romantiques qu'il s'agit d'assurer sa « nouvelle présence » par la métamorphose plus que par la renaissance des anciennes totalités normatives – Grèce antique ou Christianisme médiéval. On cherchera à se convaincre qu'elles peuvent faire à nouveau sens tout en leur associant les formes les plus extrêmes de la modernité, c'est-à-dire de la libre subjectivité mentionnées plus haut. Hegel, qui a lui-même fait quelques essais assez vite abandonnés dans cette direction, notamment vers la Grèce antique[3], propose tout autre chose : élaborer conceptuellement une totalité rationnelle qui soit réellement neuve, en ce qu'elle unifierait

1. *Cf.* O. Schefer : « autant dire que la thèse de l'absolu littéraire met de côté la relativité des formes naturelles, leur contingence, la radicale finitude du sujet, la particularité – bref, toutes ces figures réelles auxquelles Novalis se montre profondément attaché », Novalis, *Art et Utopie. Les derniers Fragments (1799-1800)*, Paris, PENS, 2005, Introduction, p. 10.

2. L. Van Eynde, *La libre raison du phénomène. Essai sur la philosophie de la nature de Goethe*, Paris, Vrin, 1998, p. 58. L'auteur rappelle toutefois que la raison absolue est chez Goethe la Nature (*cf.* Spinoza), tandis qu'elle est chez Hegel l'Esprit.

3. *Cf.* R. Legros, *Hegel et la naissance de la pensée romantique*, Bruxelles, Ousia, 1980.

les exigences antiques et la négativité critique du présent en une synthèse dialectique inédite, à distance des essais de « mélange » ou de « combinaisons » romantiques de poésie et de philosophie, jugés confus, « ni chair ni poisson »[1]. Cette élaboration prétendrait clarifier et rationaliser absolument les « représentations » (*Vorstellungen*) religieuses et esthétiques considérées comme des formes encore inférieures de la conscience absolue, auxquelles s'attardent, selon lui, en les travestissant plus ou moins, les penseurs romantiques.

Mais vis-à-vis de ce projet, tous les acteurs du romantisme allemand ne furent pas des philosophes au sens plein du terme. Le furent sans doute Novalis, A.W. Schlegel, F. Schlegel, Fr. Schleiermacher et A. Müller. Les œuvres de Novalis et Fr. Schlegel ont été longtemps interprétées en France comme celles d'un romantisme « littéraire », faute d'un accès aux textes techniquement philosophiques de ces auteurs, ce qu'a montré particulièrement D. Thouard à propos de ceux de Fr. Schlegel[2]. La plupart des autres romantiques, imprégnés des idées élaborées par ceux que nous avons cités, les appliquèrent ou les modalisèrent dans les domaines particuliers qui étaient les leurs : sciences, littérature, peinture, musique, etc. Ces romantiques philosophant furent d'ailleurs eux-mêmes avant tout auditeurs et lecteurs de philosophes qui faisaient leur profession exclusive de la philosophie, notamment, à Iéna, de Fichte et de Schelling. Attribuer à la pensée de ces derniers l'épithète de philosophes « romantiques » serait toutefois excessif. En revanche, le jugement de Hegel qui ne connaissait que quelques livres, fragments, articles et cours publiés par Novalis et Fr. Schlegel, est ici excessivement sévère et injuste : « ils ont assimilé, autant que le permettait leur nature, qui n'est certainement pas philosophique, mais plutôt critique, l'Idée philosophique »[3]. Hegel entend « critique » en un sens conceptuel faible et inexact : une « polémique »[4] contre les opinions courantes en

1. Expression de Hegel visant Fr. Schlegel dans ses *Leçons sur l'histoire de la philosophie*, t. 7, trad. fr. P. Garniron, Paris, Vrin, 1991, p. 2000. Elle reprend celle de la Préface à *La Phénoménologie de l'esprit* (1807) qui semble bien le viser aussi dans « cette manière de philosopher qui [...] met sur le marché des combinaisons arbitraires d'une imagination que la pensée ne fait que désorganiser – des produits qui ne sont ni viande ni poisson, ni poésie ni philosophie », trad. fr. B. Bourgeois, Paris, Vrin, 2006, p. 109.

2. D. Thouard, « Friedrich Schlegel et la philosophie. Une bibliographie », dans *Symphilosophie*, *op. cit.*, p. 203-209.

3. Hegel, *Leçons sur l'esthétique*, I, trad. fr. Ch. Bénard, Paris, Le livre de Poche, 1997, p. 122.

4. *Ibid.*, p. 123. Il ne s'agit pas ici de « l'usage polémique de la raison » au sens conceptuel des antithèses philosophiques que Fr. Schlegel mentionne et pratique par ailleurs dès ses *Leçons* sur la philosophie transcendantale.

matière d'art et « l'introduction d'un critère de jugement et de points de vue nouveaux, supérieurs à ceux qu'ils combattent [...] mais leur critique ne s'accompagnait pas de la connaissance philosophique du critère invoqué »[1]. Or ce « critère » est celui de l'infinité « progressive » immanente à la réalité finie de l'œuvre, dont nous verrons plus bas que Novalis et Schlegel le définissent rigoureusement, ce qui est un aspect manifeste de la nouveauté philosophique de leur théorie de la critique. Depuis que l'édition des œuvres de Fr. Schlegel dirigée par E. Behler a été publiée, l'on dispose d'une masse d'écrits dont la teneur permet d'affirmer le caractère authentiquement philosophique de sa pensée : « à la différence des autres représentants de l'école romantique, écrit E. Behler, Friedrich Schlegel a été le philosophe de ce mouvement. Alors qu'August Wilhelm Schlegel s'occupait surtout de philologie, Novalis et Tieck particulièrement de poésie, Schleiermacher essentiellement de théologie, Friedrich Schlegel pouvait dire de lui que depuis 1790, la métaphysique avait été sa préoccupation principale »[2].

Peut-on dire, pour autant, que Schelling fut, à Iéna de 1798 à 1803, un philosophe « romantique » ? Sans doute fut-il avec Fichte sur bien des points un « maître à penser » des romantiques, mais il a explicitement condamné par avance les excès et les errements de l'imagination analogique dont furent selon lui victimes Novalis ou Baader et que Hegel tendra, de façon injuste selon Schelling, à lui reprocher[3]. On a rapporté de lui ce mot visant le romantisme : « je ne supporte guère cette frivolité qui sent tous les objets sans en pénétrer aucun »[4]. Schelling visait, comme Fichte et Hegel, mais avec ses moyens méthodologiques propres, à reconstruire conceptuellement et rigoureusement les significations de l'expérience de la nature et de l'esprit.

1. Hegel, *Leçons sur l'esthétique*, I, *op. cit.*, p. 123.

2. E. Behler, « *Einleitung* », KFSA, XVIII, p. IX, trad. cit., p. 209.

3. Sur ces critiques des philosophies romantiques de la nature par Schelling, *cf.* par exemple les formules de ce dernier dans sa correspondance avec Steffens sur le « dilettantisme philosophique et poétique » de Fr. Schlegel, formules rappelées par P. Garniron, dans Hegel, *Leçons sur l'histoire de la philosophie*, *op. cit.*, p. 2161, n. 3. *Cf.* aussi « Sur la construction en philosophie » (SW, VIII, p. 334-335), *Philosophie*, XIX, 1988, p. 6-29, et *Recherches sur la liberté humaine*, Paris, Payot, 1977, p. 75-80.

4. G.L. Plitt, *Aus Schellings Leben*, I, Leipzig, 1869, p. 431, trad. fr. O. Schefer, Introduction aux *Derniers Fragments de Novalis (1799-1800)*, Paris, PENS, 2005, p. 4.

CHAPITRE PREMIER

LA THÉORIE ROMANTIQUE DE LA CONNAISSANCE ET DE LA SCIENCE

La philosophie est proprement nostalgie, aspiration à être partout chez soi[1].

LES RÉACTIONS DU ROMANTISME À LA CRITIQUE KANTIENNE DE LA CONNAISSANCE ET LA PHILOSOPHIE DE FR. SCHLEGEL À IÉNA

La philosophie dans la langue

Concernant la connaissance, le point de départ «kantien» des romantiques allemands est bien l'approbation de la critique de l'entendement et de la raison métaphysique dogmatique. Mais il est régulièrement suivi par la recherche d'un nouveau pouvoir de connaissance en particulier à travers la lecture et l'interprétation de la *Critique de la faculté de juger*, référence positive commune du romantisme et de l'idéalisme postkantien. Le romantisme allemand a d'abord voulu mettre fin à la séparation traditionnelle entre philosophie et littérature, langage scolastique et langue nationale. Jusque chez Kant encore, le discours philosophique n'est pas constitué par une forme littéraire d'écriture originale, dans laquelle les figures de style seraient constitutives du contenu même de la pensée. Le bon usage de la langue, la rhétorique, voire le style auquel a éventuellement recours le philosophe, ne sont là que pour transmettre savamment ou communiquer didactiquement un contenu dont la forme conceptuelle est

1. Novalis, *Schriften*, 3, p. 434.

supposée indépendante de celle du travail effectué sur la langue. Kant a longtemps écrit en un latin scolastique ses concepts philosophiques et semble avoir, jusque dans les *Critiques* de la maturité, transposé en allemand des philosophèmes latinisés à partir de Wolff. Avec les philosophes romantiques et les idéalistes postkantiens, cette indépendance mutuelle du discours philosophique et de la littérature de langue est rompue. Côté idéaliste, on rappellera que la seconde édition de *La critique de la raison pure* (1787) n'est antérieure que de vingt ans à *La phénoménologie de l'Esprit de Hegel* (1807). Les deux ouvrages se veulent des « introductions » à la philosophie comme science, mais durant cet intervalle de vingt ans, et après – sinon d'après – les romantiques, Hegel a opéré une nouvelle pratique de l'écriture philosophique, visant le concept à partir d'un travail sur les formes et les figures de la langue les plus communément concrètes. Dès ses manuscrits de jeunesse, Hegel l'affirmait : « parler dans sa langue est un des plus hauts moments de la culture. Un peuple s'appartient. Ce qui est étranger et jusqu'aux lettres latines, dehors ! »[1]. Il s'agit donc bien d'exprimer la philosophie d'abord dans le langage de la langue nationale quitte à lui substituer le langage scolastique de l'ontologie lorsque c'est absolument nécessaire (par exemple dans la *Science de la Logique*). Mais pour ce qui est de l'introduction à la philosophie, l'expression de « roman de formation » (*Bildungsroman*) acquiert ici une signification techniquement laudative, non vulgairement péjorative. Les termes dans lesquels Fr. Schlegel analysait en 1798 le *Wilhelm Meister* de Goethe vaudraient en effet pour *La phénoménologie de l'esprit* : ici comme là c'est le développement d'un « esprit qui cherche à s'épanouir »[2]; ici comme là, à mesure que l'on progresse dans la lecture, l'« on découvre de plus en plus de rapports et de parentés internes, de cohérence spirituelle »[3]; ici comme là, l'écriture et les figures répondent à « l'infinie aptitude » de l'esprit à se « former »[4].

1. Hegel, *Notes et fragments d'Iéna, 1803-1806*, Paris, Aubier, 1991, p. 75. M. Crépon note, en rappelant ce texte : « après avoir été longtemps dominée par la langue latine, l'expression philosophique découvre les vertus des langues naturelles dans la mesure où toute langue naturelle est toujours d'abord la langue maternelle d'une communauté d'individus », *Les géographies de l'esprit*, *op. cit.*, p. 401.

2. Fr. Schlegel, Recension des *Années d'apprentissage de Wilhelm Meister* de Goethe, KFSA, II, p. 126.

3. *Ibid.*, p. 134.

4. *Ibid.*, p. 129. Nous empruntons ces citations aux traductions de E. Behler dans *Le premier romantisme allemand*, *op. cit.*, p. 90.

Côté romantique, Fr. Schlegel, par exemple, délibérément kantien en ce qu'il admet le « non-savoir » ou, dans ses termes, « l'incompréhensibilité » de l'absolu et la nécessité de ne pouvoir tenir sur lui qu'un discours analogique ou symbolique indirect – en écho au Kant de la troisième *Critique* et des « Idées esthétiques » – affirme en même temps la nécessité de traduire en allemand de nombreux philosophes, et même de « traduire Kant en allemand » [1]. Il a sans doute lu et retenu le passage de la *Métacritique de la raison pure* de Herder dans lequel ce dernier écrivait : « celui qui a rendu artificielle la langue d'une nation (quelle que soit par ailleurs l'astuce qu'il déploie) a corrompu l'instrument de sa raison et le lui a rendu odieux ; pour toute une population de jeunes gens, il a mutilé l'organe le plus noble qui leur soit donné » [2]. Fr. Schlegel fait bien partie de cette « population de jeunes gens » et il a retenu la leçon métacritique de son aîné. Il précise comment selon lui cette traduction en langue nationale faciliterait l'accès à un « Kant classique », un Kant accessible à un public cultivé bien plus étendu que celui de la connaissance réservée à l'élite scientifique. Audacieusement, Schlegel affirme qu'il faudrait pour atteindre cet objectif réorganiser l'ensemble des œuvres, « les ordonner un peu mieux ; en particulier dans la construction des périodes, et en ce qui concerne les épisodes et les répétitions; de cette façon, elles deviendraient aussi accessibles que par exemple les œuvres de Lessing. Il ne serait pas nécessaire pour cela de s'accorder une plus grande liberté que celle dont les anciens critiques usaient à l'égard des poètes classiques, et je pense qu'on verrait alors que Kant lui-même, d'un point de vue strictement littéraire, fait partie des grands écrivains classiques de notre nation » [3]. Il est clair que l'ambition de Schlegel est de passer de la langue scoslatico-wolfienne de Kant à la langue allemande dans les mêmes formes rhétoriques qu'en ont élaborées les écrivains classiques. Toutefois, admettre que toute pensée se constitue par et dans un discours propre, c'est admettre que la pensée « traductrice » ne saura jamais « coïncider » mais qu'elle pourra, au mieux, « correspondre » avec celle de Kant, celle-ci restant solidaire de son langage scolastico-wolffien. « Traduire Kant en allemand » reviendra donc à le réécrire totalement, en visant et exprimant à partir d'abord de la langue quelque chose de seulement « analogue » à ce qu'il visait et exprimait à partir d'un discours

1. KFSA, XVIII, p. 21, n. 29.

2. J.G. Herder, *Métacritique de la « Critique de la raison pure »*, trad. fr. G. Raulet dans *Aufklärung. Les Lumières allemandes*, Paris, GF-Flammarion, 1993, p. 109.

3. KFSA, XVIII, p. 57, trad. fr. G. Walther, dans « Platon et sa philosophie dans la "critique" de Friedrich Schlegel », dans *La naissance du paradigme herméneutique*, Lille, Presses universitaires du Septentrion, 2008, p. 195, n. 23.

savant, celui d'une scolastique latinisée. C'est, d'une certaine façon, ce que Fr. Schlegel a tenté dès son arrivée à Iéna en 1796 dans ses réflexions sur Kant et Fichte, puis dans certains *Fragments* de l'*Athenaeum* et dans l'essai « Sur l'incompréhensibilité » (1800)[1].

La « traduction » poético-philosophique des thèses kantiennes par Fr. Schlegel peut certes établir une « correspondance » avec celles-ci, mais non une parfaite « coïncidence » de visée intentionnelle. C'est sans doute ce qui explique que, comme nous allons le voir, il ait trouvé chez Platon, une unité déjà réalisée du philosophique et du poétique qui va le satisfaire davantage que le langage de Kant et de Fichte. Ainsi, l'inconnaissabilité de la chose en soi est exprimée comme le fond incompréhensible de l'être que Fr. Schlegel n'hésite pas à nommer « chaos »[2] : « dans la *Critique de la raison pure*, [Kant] n'a pas seulement postulé l'incompréhensibilité, mais il l'a méthodiquement sanctionnée »[3]. La corrélation du thème du chaos et de celui de l'incompréhensibilité à jamais irréductible est la reprise du motif kantien de la finitude[4]. Le chaos est le fond confus et indistinct contenant la réserve infinie des formes du monde que dégagera et posera l'entendement : « seule est un chaos la confusion d'où peut jaillir un monde »[5]. De même, le langage indirect sur l'Absolu que Kant trouvait dans les Idées esthétiques des poètes et des peintres classiques est transposé par Fr. Schlegel dans les formes ludiquement allusives que sont l'ironie, le fragment en « hérisson »[6], le *Witz* (la « saillie »[7] ou le « mot d'esprit ») unifiant rapidement les choses apparemment les plus éloignées et les plus hétérogènes[8]. Tout cela est opéré afin de donner, pour reprendre une

1. C'est ce que cherche à établir D. Thouard dans « La question de "la forme de la philosophie" dans le romantisme allemand », *Methodos*, 1 (2001), *La philosophie et ses textes*.

2. Fr. Schlegel, « Sur l'incompréhensibilité », trad. cit., p. 274 : « et ce monde infini, n'est-il pas lui-même formé par l'entendement à partir de l'incompréhensibilité et du chaos ? ».

3. KFSA, XVIII, p. 63.

4. *Cf.* les auteurs de *L'absolu littéraire* : « il est légitime de reconnaître dans la spécificité du romantisme une espèce de persistance ou de résistance, au sein même de l'idéalisme, d'une partie au moins de la pensée kantienne de la *finitude* », AL, p. 72.

5. Fr. Schlegel, *Idées*, 71, *Athenaeum*, AL, p. 213.

6. Fragment 206, *Athenaeum*, AL, p. 126. : « Pareil à une petite œuvre d'art, un fragment doit être totalement détaché du monde environnant, et clos sur lui-même comme un hérisson ».

7. Sur l'essai de traduction de *Witz* par « saillie », on se reportera par exemple à la longue justification qu'en donne Ch. Le Blanc dans sa traduction des *Fragments* de Fr. Schlegel, Paris, José Corti, 1996, p. 254, n. 5.

8. Sur cette « correspondance » entre *Witz* et savoir spéculatif, *cf.* les auteurs de l'AL, p. 75, note, et p. 76 : « le *Witz* ne joue pas moins que le rôle du savoir spéculatif (aussi peut-il être dit "fin en soi") ».

expression de Kant, « beaucoup à penser ». On peut considérer l'unité visée par ces nouveaux modes d'expression philosophiques comme concurrençant la synthèse dialectique et spéculative, mais sans « le sérieux, la douleur, la patience et le travail du négatif » qui la caractérisent selon les termes de Hegel[1]. Il faut d'ailleurs associer à ces modes d'écriture l'allégorie et l'*Ahnung* (l'intuition au sens d'un « entrevoir qui pressent »).

Tous ces nouveaux modes d'écriture littéraire de la philosophie – qui pourraient se contenter d'être verbaux – ont pour fonction d'indiquer la conscience critique de l'inachèvement nécessaire d'un discours de l'absolu. Et l'on peut parler à ce moment de l'« agnosticisme »[2] de Fr. Schlegel dans la mesure où il se refuse même à cette « connaissance moralement pratique » qu'au moyen des postulats de la liberté, de l'âme et de Dieu, Kant substituait dans sa seconde *Critique* à la non connaissance théorique de l'absolu ou de l'inconditionné. À cet égard, l'ironie, le fragment et la dialectique sont les plus révélatrices de ces formes de discours.

L'ironie

Dans la littérature classique, l'ironie appartient au genre rhétorique. Relève de l'ironie toute déclaration dans laquelle on veut faire entendre le contraire de ce que l'on affirme littéralement (*cf.* Cicéron, Quintillien, mais aussi la définition qu'en donnent encore les encyclopédistes français). Fr. Schlegel redéfinit l'ironie comme une relation nécessaire d'un auteur créateur avec son œuvre philosophique aussi bien que poétique, plus précisément comme un rapport de rupture critique et de dépassement de soi[3]. Il réinscrit ainsi l'ironie littéraire dans une autre tradition, celle d'une démarche philosophique réflexivement interrogative, autocritique et limitative, dont l'institution, estime-t-il, revient aux Grecs. L'ironie romantique est ainsi rattachée à l'ironie socratique dans la mesure où elle se veut la condition négative d'une maïeutique du dialogue permettant d'accoucher l'esprit de connaissances neuves : « partout où l'on philosophe en dialogues

1. Hegel, *La phénoménologie de l'esprit*, *op. cit.*, p. 69.

2. Au sens le plus général d'une doctrine posant que le fond des choses est en lui-même inconnaissable, voire incompréhensible.

3. Sur l'ironie chez Fr. Schlegel, *cf.* l'ouvrage d'E. Behler, *Ironie et modernité*, trad. fr. O. Mannoni, Paris, PUF, 1996, en particulier les chap. IV et V.

parlés ou écrits, et non sur le mode rigoureusement systématique, il faut exiger et faire de l'ironie »[1].

Cette ironie ne se réfère toutefois pas comme chez Platon à un monde d'Idées dont elle préparerait l'ultime réminiscence, mais à la créativité de formes qui gisent potentiellement dans le « chaos », c'est-à-dire dans l'en soi de l'indistinction originaire, en laquelle Fr. Schlegel a traduit la chose en soi ou l'Absolu de Kant. L'ironie suscite entre les interlocuteurs unis dans une « communauté fraternelle » (la *Verbrüderung*) une création de formes et de réflexions sans qu'il y ait aucune voie imposée d'avance à la pensée. Ainsi « l'ironie est la claire conscience de l'éternelle agilité, de la plénitude infinie du chaos »[2]. C'est que, du point de vue subjectif, la fonction ironique de la philosophie-poésie schlégélienne est capitale : elle instaure une perpétuelle auto-critique, une auto-dissolution de ses approches d'un Tout en lui-même chaotique et inaccessible. Non seulement le sujet est à une distance réellement infranchissable de l'absolu néanmoins posé en Idée – thèse d'origine kantienne chez Fr. Schlegel – mais il établit entre son discours analogique et lui-même une distance qui l'empêche de fixer définitivement en s'y attachant de façon dogmatique ses plus brillantes tentatives. D'où, de façon plus poétique, le recours au *Witz* et à l'humour comme attitudes conséquentes du profond sérieux de l'ironie au sein des énoncés philosophiques. On voit bien ici que le profond (l'ironie) et le léger (le trait d'esprit et la saillie plaisante) sont méthodologiquement unis. L'ironie n'a de sens négatif – autodestructif – qu'à l'égard des créations ou des savoirs déjà réalisés, car elle conserve une signification positive en tant que condition d'un renouvellement créateur ou conceptuel. Aussi bien dans l'œuvre de pensée que dans l'œuvre d'imagination, elle est l'unité d'un « anéantissement de soi » (*Selbstvernichtung*) et d'une « création de soi » (*Selbstschöpfung*). Cette alternance et ce « flottement », de balance et d'oscillation (*Schweben*) entre les deux pôles du Moi de l'individu ironique sont des schèmes de réflexion empruntés à Fichte.

Chez ce dernier, à partir d'une interprétation du schématisme transcendantal kantien, le travail de l'imagination productive consiste à mettre en relation le concept qui va au-delà de ce qui l'affecte sensiblement pour le penser comme identique à une infinité d'autres (il est puissance infinie, en ce sens) et l'intuition déterminée, ouverte à la finité de l'espace et du temps, ce que Schlegel traduit dans les termes d'infinité de la pensée (moment universel) et de finité de la sensibilité, ouverte *hic et nunc* sur le « chaos » :

1. Fr. Schlegel, *Fragments critiques*, 42, *Athenaeum*, AL, p. 85.
2. Fr. Schlegel, *Idées*, 69, *Athenaeum*, AL, p. 213.

« cette relation du Moi avec lui-même est intérieure au Moi, écrivait Fichte, puisqu'il se pose en même temps comme fini et comme infini – une relation qui d'ailleurs consiste aussi dans une contradiction avec soi-même et qui pour cette raison, se reproduit elle-même »[1]. Ayant produit un schème ou une image unissant le fini sensible et l'infini du concept, le Moi « voulant composer l'incomposable maintenant », cherche à saisir l'infini dans la forme du fini (autocréation) et repoussé par l'évanescence du maintenant, cherche à poser l'infini en dehors d'elle (autodestruction). Mais ce n'est que pour se déterminer à nouveau, par et dans la forme finie d'un nouveau maintenant, et ainsi de suite à l'infini. Ainsi « le fondement ultime de toute conscience est une relation d'action réciproque du Moi avec lui-même par la médiation d'un Non-Moi »[2]. Cette alternance d'« autocréation et d'autonégation »[3] du Moi et ce perpétuel jeu de désaisissement de soi sont, dans l'ironie du sujet, à l'image du chaos de l'absolu dans son bouillonnement créateur-destructeur : « la critique qui s'exprime dans l'ironie n'est pas une ironie orientée vers l'extérieur, qui veut juste faire illusion et abasourdir, mais une autocritique de l'artiste, dirigée contre soi-même ("autodestruction") qui doit lui éviter d'investir trop de confiance, d'assurance et d'estimation de soi dans l'"autocréation" »[4].

À l'égard de cela, la présentation critique que Hegel donne de l'ironie schlégélienne comme modalité d'un pur subjectivisme sceptique – en un mime tardif de l'absolutisation du Moi dans la comédie sceptique hellénique[5] – peut sembler inadéquate[6]. Ce qui limite et fausse dans une certaine mesure l'analyse critique hégélienne est l'omission du rapport de l'ironie schlégélienne au Tout absolu visé, Tout impliquant le chaos et la productivité de la nature faisant face. L'ironie artistique est ainsi motivée par une conscience critique philosophique qui relève d'une sagesse des limites de nature kantienne dont on peut penser qu'elle répond par avance aux prétentions du savoir absolu hégélien. Ainsi, Hegel : « travailler avec

1. Fichte, *Œuvres choisies de philosophie première*, trad. fr. A. Philonenko, Paris, Vrin, 1990, p. 100.

2. *Ibid.*, p. 147.

3. Fr. Schlegel, *Fragments critiques* (1797), KFSA, II, p. 151, AL, p. 85.

4. E. Behler, « La polémique de Hegel contre l'ironie romantique », dans *Ironie et modernité*, *op. cit.*, p. 136.

5. Hegel, *La phénoménologie de l'esprit*, *op. cit.*, p. 608 : « lui, le sujet, est par conséquent élevé au-dessus d'un tel moment, comme au-dessus d'une propriété singulière et, revêtu de ce masque, il énonce l'ironie de celui-ci, qui veut être quelque chose par lui-même ».

6. *Cf.* Hegel, *Leçons sur l'histoire de la philosophie*, t. 2, trad. fr. P. Garniron, Paris, Vrin, 1973, p. 289-290 et t. 7, *Formes principales se rattachant à la philosophie fichtéenne*, p. 1998-2001. *Cf.* aussi ses développements dans *Les leçons d'Esthétique*, I, trad. cit., p. 24-26.

d'autres à ce que la philosophie s'approche de la forme de la science, du but consistant pour elle à pouvoir déposer son nom d'amour du savoir et à être un savoir effectif, c'est cela que je me suis proposé »[1]. Tandis que Schlegel écrit de son côté : « la philosophie dans l'ancien sens socratique du terme : amour du savoir, l'attention désintéressée, pure, pour la connaissance et la vérité »[2].

Hegel fait comme si l'ironie romantique n'avait d'autre absolu que le Moi en référence esthétique au scepticisme de la comédie antique ou en référence philosophique exclusive à Fichte : « le sujet se sait en lui-même comme l'absolu, tout le reste est vain à ses yeux »[3]. Il ne semble pas percevoir que chez Fr. Schlegel la référence à Kant, sans doute plus ancienne et plus durable que celle faite à Fichte, s'approprie l'Idée d'un Tout de la réalité inconnaissable à partir des perspectives finies qui le mettent en œuvre[4]. Esthétiquement, dans l'œuvre schlégélienne, la « position de la forme » n'est, selon Hegel, qu'une position de soi par soi : « ce qu'elle exprime poétiquement est l'intuition de la vie propre de sa conscience de soi »[5]. Dans cette succession de positions et d'abandons de formes concrètes ou « figures », l'enchaînement totalisant que devrait assurer le concept philosophique (« l'essence de ce mouvement est concept ») est lui-même à l'abandon, et cette poésie oscille entre universalité du concept et caractère déterminé de la figure sans pouvoir se fixer. Hegel conclut l'analyse de cette poésie ironique en référence au projet schlégélien initial d'unir poésie et philosophie : « elle n'est ni chair ni poisson, ni poésie ni philosophie »[6].

À cette déficience de l'ironie romantique, Hegel n'a de cesse d'opposer la profondeur de l'ironie spéculative qu'il rencontre chez K.W.F. Solger[7] (1780-1819) et qu'il a analysée de façon laudative tout en faisant valoir toutefois son insuffisance eu égard aux exigences du concept spéculatif.

1. Hegel, *La phénoménologie de l'esprit*, *op. cit.*, p. 60.

2. KFSA, II, p. 69. Confrontation de textes proposée par E. Behler, *Ironie et modernité*, *op. cit.*, p. 154-155.

3. Hegel, *Leçons sur l'histoire de la philosophie*, *op. cit.*, p. 1999.

4. De manière générale, comme l'écrit J. Reid, « les textes hégéliens qui portent sur Schlegel, Novalis et Schleiermacher ne font pas preuve d'un véritable effort d'exposition des idées qui leur sont propres », dans Hegel, *L'ironie romantique*, trad. fr. et commentaire, Paris, Vrin, 1997, p. 14.

5. Hegel, *Leçons sur l'histoire de la philosophie*, *op. cit.*, p. 1999.

6. *Ibid.*, p. 2000.

7. Les exposés de Hegel se trouvent dans l'Addition au § 140 des *Principes de la philosophie du droit*; dans les *Leçons sur l'Esthétique* et dans le *Compte Rendu des Écrits posthumes de Solger* (1828), publié dans les *Annales de critique scientifique*, Berlin, 1828.

Tout en concevant, comme Fr. Schlegel, l'ironie comme un mouvement d'extériorisation et d'opposition vis-à-vis de soi-même, Solger dépasse en effet en partie l'ironie romantique considérée avec Hegel comme excessivement anthropocentrée, pour la replacer dans le mouvement de l'Idée divine. La divine ironie consiste pour l'infini à se nier et à s'extérioriser en créant le fini, mais de sorte qu'il se réalise dans la contradiction, notamment dans les contradictions insolubles entre les positions des esprits finis sur toute chose, comme on le voit en particulier dans l'exposé des Tragiques grecs, par exemple dans l'opposition de Créon et Antigone en lesquels la totalité du divin se laisse déchirer. Cette opposition du fini mène à son autodestruction, ce qui entraîne que l'identité infinie demeure seulement en soi-même et ce dont on prend conscience avec la « vanité » ironique du fini, vanité au sens de l'« orgueil » et du « vide » auquel aboutit seulement la manifestation de l'infini dans l'effectivité. Telle est « l'ironie tragique »[1] selon Solger : on voit en quoi Hegel peut le louer d'avoir dépassé la position sceptiquement subjectiviste attribuée à Fr. Schlegel. De sorte qu'en effet, « Solger met en avant une ironie qui est aussi mélancolie (ce qui n'est pas le cas de Schlegel) »[2]. Toutefois, il lui manque d'avoir appréhendé le mouvement de l'Idée dans la forme supérieure du concept, ce qui lui aurait permis de comprendre et d'exposer en quoi la négation de la finitude n'est pas sa simple autodestruction mais la restitution du contenu substantiel de l'infini dans la forme finie qui lui convient, celle du discours spéculatif. C'est donc l'infinité immanente au fini comme esprit absolu que Solger n'est pas parvenu à atteindre.

Pourtant, dès que l'on rétablit chez Fr. Schlegel la référence du Moi ironique au Tout absolu qui est son corrélat, l'ironie a pour fonction d'empêcher que le Moi, comme la nature, reste attaché de façon stérile à ses créations déjà opérées à la façon de produits finis, ce qui veut dire aussi à la façon de produits « morts ». Impliquant une réflexion sur la connaissance et ses conditions propres de production, l'ironie est « tout entière occupée du rapport de l'idéal et du réel »[3], du tout absolu visé et de l'effectivité de la limitation exprimée. Elle est en quelque sorte une réflexion transcendantale de la philosophie et de la poésie sur elles-mêmes. Mais le tout absolu dont il s'agit alors n'est pas le Tout du Moi absolu fichtéen auquel songe

1. Solger, cité par Hegel, *Principes de la philosophie du droit*, § 140 Add., trad. fr. J.-F. Kervégan, Paris, PUF, 1998, p. 246.

2. J. Colette, « Enthousiasme et ironie. La dialectique artistique de K.W.F. Solger », *Études philosophiques*, octobre-décembre 1992, p. 493.

3. Fr. Schlegel, Fragment 238, AL, p. 132.

exclusivement Hegel. Se mettre à distance de soi, souligner critiquement ses imperfections et ses fautes, aller jusqu'à détruire ses anciennes réalisations, tout cela est la condition d'un autodépassement positif de soi-même dans le domaine de la connaissance philosophique, non moins qu'en poésie. L'ironie n'est en effet pas un examen critique « neutre » ou indifférent, elle est accompagnée d'émotion et d'autoaffection. Il est à peine besoin de dire que Nietzsche opèrera la reprise de ce motif éminemment romantique dans sa conception de la création forte, celle du « meurs et deviens » et de la cruauté envers soi en tant que condition d'une expression de soi plus puissante. Mais si l'ironie est l'expression autoréflexive de la finitude dans le discours poético-philosophique, le fragment se donne comme le corrélat objectif de sa réalisation exprimée.

Le fragment

Le « fragment », dont la forme exprime déjà le caractère inachevé, diversifié et fécond de la finitude, est aussi révélateur de ces formes romantiques d'écriture philosophique, conséquence de la critique de la connaissance. S'il y a un « genre » littéraire propre au romantisme, le fragment l'est par excellence, bien que, comme l'ironie, il hérite d'une tradition d'écriture déjà ancienne : celle de Montaigne, Pascal, La Rochefoucauld, Shaftesbury, notamment. Le fragment philosophique a pour constantes habituelles l'inachèvement de la pensée et le caractère hétérogène des sujets traités simultanément, à quoi s'ajoutent chez les romantiques allemands deux traits décisifs : d'abord, son caractère germinatif et séminal et, ensuite, la possibilité de le produire à plusieurs ou dans l'anonymat. On y trouve bien l'idée de production, de « poiétique germinative » à faire fructifier en communauté. Cet effet attendu du fragment est marqué par le titre de *Blüthenstaub* (*Grains de pollen*) donné par Novalis dans la première livraison de l'*Athenaeum*[1]. Il s'agit d'ensemencer l'esprit des lecteurs au point de leur faire co-engendrer l'œuvre visée fragmentairement. La pollenisation de l'esprit du lecteur se fait à partir des éléments germinatifs disséminés par l'auteur. Cette métaphore végétale est toutefois bien différente de celle dont Hegel use dans la « Préface » à la *Phénoménologie de l'esprit* lorsqu'il veut illustrer le cheminement vers la vérité au moyen du processus de la floraison : « le bouton disparaît dans la fleur et celle-ci dans le fruit »[2]. La métaphore hégélienne du développement interne de la vérité ne doit rien

1. Novalis, « Grains de pollen », *Athenaeum*, I, 1 (1798).
2. Hegel, *La phénoménologie de l'esprit*, *op. cit.*, p. 58.

à la dissémination des pensées entre l'auteur et le lecteur, ni à ce dialogue interactif exigé par les romantiques. Pourtant, paradoxalement, le fragment n'exclut nullement la visée de la systématicité, mais cette dernière est intentionnée comme un résultat vers lequel une communauté de penseurs s'orientent et se complètent de façon infinie en dialectisant alors de manière ironique les étapes de leur entreprise commune. Tel est le fragment-projet-de système[1] : « le genre poétique romantique est encore en devenir; et c'est son essence propre de ne pouvoir qu'éternellement devenir, et jamais s'accomplir »[2]. En tant que formation en un devenir systématique auquel participent plusieurs individualités, le fragment unit donc lui aussi le poétique (projection d'une perspective finie de l'imagination) au philosophique (visée d'une totalité systématique infiniment reconduite). Dès lors le mode du fragment ne désigne plus seulement les phrases de forme aphoristique, mais toute réalisation discursive visant une universalité sur laquelle elle ne fournit qu'une perspective susceptible d'être dépassée ou contredite par une autre. Un livre « entier » de philosophie peut et doit s'avérer « fragment de système » et dans la mesure où cette fragmentation est réfléchie comme finitude, elle se construit en se faisant objet autocritique dans son rapport à soi. Le fragment « parfait », si l'on peut dire, dans sa matière et sa forme acquerrait le statut d'une *pars totalis* d'un Tout achevé, ce qu'il est loin d'être et ne sera jamais, étant toujours en cours de constitution : « il n'y a encore rien qui soit fragmentaire dans sa matière et dans sa forme, totalement subjectif et individuel en même temps que totalement objectif et formant comme une partie nécessaire du système de toutes les sciences »[3]. Le fragment réellement organique n'est donc lui-même qu'un idéal, comme le Tout qu'il reflèterait.

Cet aspect « hérissé », insatisfait de soi, résistant et ludique du fragment philosophique selon Schlegel, entraînera les critiques ironiques (en un autre sens que romantique) des philosophes kantiens et postkantiens à son égard. Mais Fr. Schlegel refusait la possibilité d'une intuition intellectuelle (Fichte) ou d'une contemplation rationnelle (Hegel) nous mettant en rapport avec l'absolu, comme premier principe de la doctrine de la science (Fichte) ou comme Idée du système (Hegel). Ses *Leçons sur la philosophie transcendantale* (1800-1802[4]) avaient longuement motivé cet abandon

1. *Cf.* « L'exigence fragmentaire », AL, p. 66-67 : « la fragmentation constitue la visée proprement romantique du système ».

2. Fragment 116, AL, p. 112.

3. Fragment 77, AL, p. 107.

4. Fr. Schlegel, *Transzendental-Philosophie* (Iéna, 1800-1801), KFSA, XII (dorénavant cité TP). Nous suivons la traduction donnée par D. Thouard et par Ch. Berner dans

d'une coïncidence possible avec l'Absolu comme principe. S'il y parle de la « nostalgie » ou du « désir de l'infini »[1] (expression reprise de Fr. Schleiermacher), *la dialectique du dialogue* est selon lui le seul moyen de remonter méthodiquement mais indéfiniment vers l'Absolu visé à partir de ces perspectives contraires qui sont notre ancrage dans le « relatif » des phénomènes.

La dialectique

Après l'ironie, puis le fragment, la dialectiqu est une troisième démarche caractéristique de la théorie de la connaissance selon Fr. Schlegel. Le conflit des opinions sur l'Absolu présuppose la contradiction relevant de notre finitude. « Connaître », c'est connaître le conditionné ou ce qui a sa raison d'être dans un autre (d'où l'usage du principe de raison) ; c'est aussi connaître ce qui est identique à soi en étant différent d'un autre par lequel il est limité (d'où l'usage également nécessaire du principe de contradiction). Il s'ensuit qu'à l'Absolu ou à l'inconditionné ne s'appliquent aucunement les deux principes de connaissance mentionnés, en particulier pas le principe de contradiction, car l'absolu identifie en soi toutes les différences et est au-delà de l'application de ce principe, par exemple : « Dieu n'est pas simplement infini, il est également fini »[2]. D'où la rigueur de l'impératif formulé par Novalis pour la métaphysique : « anéantir le principe de contradiction, telle est peut-être la plus haute tâche de la logique supérieure »[3], impératif auquel fait écho Fr. Schlegel : « la source de la vérité se trouve pour nous bien plus haut que dans ces principes »[4]. Il s'agit bien encore d'une logique – de règles du penser, mais non plus de la logique du connaître. Ne pouvant connaître intuitivement l'absolu (Kant), nous pouvons et devons le « penser » et pour ce faire il faut se reporter à la limitation réciproque de plusieurs pensées qui néanmoins visent l'absolu dans leurs perspectives unifiées idéalement par les Idées de la raison. Tel est l'ancrage de nos pensées dans des perspectives limitées et extérieures à celles des autres esprits auxquels nous nous opposons : « ceux qui philo-

Symphilosophie, *op. cit.* *Cf.* aussi l'article de Ch. Berner, « Polémique, conflit, contradiction. Notes sur la fondation dialectique de la philosophie chez Schlegel, Schleiermacher et Hegel », *Philosophie*, n° 51, 1996.

1. TP, trad. cit., p. 173.

2. Fr. Schlegel, *Fragments* (1798), KFSA, XVIII, p. 329.

3. Novalis, *Schriften*, HKA, p. 570.

4. TP, trad. cit., p. 169-170.

sophent présupposent par l'action la communicabilité; en parlant, etc.»[1], et encore: «chaque opinion différente est en philosophie une opinion opposée. D'où la totalité polémique comme condition nécessaire de la méthode et comme critère du système»[2].

On saisit que le motif kantien des antinomies, dont Kant avait écrit que ce fut originairement le sien en métaphysique, est transposé par Fr. Schlegel dans le milieu des dialogues et entretiens effectifs, permettant aussi d'actualiser une ascendance platonicienne: «le nom grec de dialectique est très significatif. L'art véritable (et non l'apparence, comme chez Kant) de communiquer la vérité, de parler, de rechercher la vérité en commun, de réfuter et d'atteindre (ainsi chez Platon, *Gorgias* – *cf.* Aristote) est alors une partie de la philosophie, ou logique, et un *organon* nécessaire des philosophes»[3]. Mais à la différence de celle de Hegel chez qui «le dialectique» n'est qu'un moment du contenu logique ou rationnel, celui d'une contradiction interne au concept destinée à être surmontée dans une synthèse effectivement atteinte, la dialectique demeure ici une méthode, immanente au fini et extérieure à «la Chose même». On rappelera qu'à Iéna le jeune Hegel assista à ces *Leçons* de Fr. Schlegel sur la dialectique, à une époque où il n'avait pas encore construit le concept de sa dialectique spéculative. Plus tard (1816), il formulera un jugement rétrospectivement négatif sur la forme et le contenu de ces *Leçons*[4] : «nous avons vu donner la plus large place aux idées les plus générales avec le concours de la fantaisie, qui mélange avec profondeur aussi souvent que de façon superficielle l'élevé et le bas, le proche et le lointain, le brillant et le trouble, en utilisant particulièrement pour ce faire les régions de la nature et de l'esprit qui pour elles-mêmes sont troubles et arbitraires»[5].

En conséquence, chez Fr. Schlegel, la remontée dialectique cherchant à échanger, réfuter ou concilier des vues contradictoires en des synthèses inachevées fait renaître de nouvelles et plus complexes antithèses et ne peut viser le terme, la synthèse absolue du savoir, qu'à la façon d'une Idée régulatrice, mais en aucune façon comme un concept constitutif. Nous avons là une nouvelle rémanence kantienne justifiant le contexte de ces

1. Fr. Schlegel, *Fragments*, KFSA, XVIII, p. 521.

2. *Ibid.*, XVIII, p. 517.

3. *Ibid.*, XVIII, p. 509.

4. Comme le rappelle Ch. Berner, «L'idéalisme transcendantal de Friedrich Schlegel», dans *Symphilosophie*, *op. cit.*, p. 134.

5. Hegel, «De l'enseignement de la philosophie à l'Université», trad. fr. G. Coffin et O. Masson, dans *Philosophies de l'Université. L'idéalisme allemand et la question de l'Université*, Paris, Payot, 1979, p. 349.

Leçons sur la philosophie transcendantale, sous son aspect de critique du savoir. Si la dialectique y est – à l'écart cette fois de sa définition comme « logique de l'apparence » par Kant – « l'art de conduire un dialogue scientifique », il reste que « un *comprendre absolu* n'est dans notre perspective absolument pas possible »[1]. Un certain progrès est pourtant admissible dans le perfectionnement des confrontations dialectiques et dans l'obtention de points de vue toujours plus complexes, ce qui se traduit somme toute et à nouveau par une historicisation scientifique du devenir philosophique : la thèse de « l'universalité progressive » caractéristique tant de la poésie que la philosophie.

Un progrès dans l'historicité – histoire d'une communauté fraternelle poétique et philosophique – est donc la conséquence obligée de la pratique de la dialectique. Mais la question ultime est de savoir s'il est possible d'échapper à un scepticisme – sinon de « méthode », puisque l'examen dialogué des opinions contraires est bien une méthode sceptique de philosopher – du moins de « doctrine »[2] : cet agnosticisme serait sceptique si rien de cohérent et d'universel ne pouvait être réellement dit de l'Absolu comme tel : « la proposition que toute vérité est relative pourrait facilement conduire à un scepticisme universel »[3].

L'agnosticisme de Fr. Schlegel, dont le point de départ est une philosophie transcendantale de la finitude à la manière de Kant, trouve alors en Platon – le Platon du *Timée*, semble-t-il[4] – un ultime relais pour penser, d'une part, le rapport cognitif indirect et dialogique de la diversité à l'Unité visée, et d'autre part, le rapport ontologique de l'Unité à la diversité finie qui l'exprime comme réalité mondaine : « sur un tel sujet, écrivait Platon, il convient d'accepter un mythe vraisemblable, sans rien chercher au-delà »[5]. Comparé à Platon, Kant montre son incapacité à s'élever à la spéculation la plus haute. C'est que Platon nous permet, d'une part, de considérer toute réalité finie comme une image – le temps, image mobile de l'Éternité immobile – et, d'autre part, de penser que l'image spécifique que

1. TP, trad. cit., p. 189-190.

2. Kant distingue ainsi la « méthode sceptique » qui « tend à la certitude et « le scepticisme [...] qui mine les fondements de toute connaissance », *Critique de la raison pure*, dans *Œuvres*, *op. cit.*, I, p. 1082-1083.

3. TP, trad. cit., p. 182.

4. Sur les renvois de Fr. Schlegel au *Timée*, *cf.* Ch. Berner, « L'idéalisme transcendantal de Fr. Schlegel », dans *Symphilosophie*, *op. cit.*, p. 157-160.

5. Platon, *Timée*, 29b, dans TP, 43, nous suivons la restitution donnée par Ch. Berner dans « L'idéalisme transcendantal de Fr. Schlegel », dans *Symphilosophie*, *op. cit. Cf.* également, « Platon et l'esprit de la vraie philosophie. Remarques sur l'idéalisme transcendantal de Fr. Schlegel vers 1800 », *Kairos*, n° 16, 2000, *La Grèce au miroir de l'Allemagne*.

nous en sommes nous-mêmes, en tant que réalité humaine, est cette imagination productive et cognitive indirecte qui produit le mythe. En effet, « Platon suppose que toutes les choses que nous voyons et percevons sont formées d'après des archétypes [*Urbilder*] intellectuels – mais que tous les êtres [*Wesen*] ne sont que des images [*Abbildungen*] imparfaites de ces archétypes parfaits – et par conséquent ne serait vérité que ce qu'ils tiendraient des archétypes »[1]. Comme tous les êtres ici-bas, nous sommes donc nous-mêmes des « images » de Dieu, mais des images pensantes et subjectives, productives; nous sommes l'imagination mythique de cet infini qui nous a fait être : « au sens le plus haut (la proposition) Dieu a créé les hommes à son image est le vrai commencement de l'histoire et la philosophie (doit) reformer [*nachbilden*] cette image [*Bild*][2]. C'est que « Dieu a créé le monde pour se présenter lui-même »[3]. En usant du mythe, unissant philosophie et poésie pour dire symboliquement ce que nous ne connaissons pas de science, nous restons donc fidèles à notre condition finie d'images imageantes, et parlons « vraisemblablement » de ce dont nous n'avons pas la science, mais seulement une connaissance indirecte. Il n'est donc pas étonnant mais conséquent de la part de Fr. Schlegel à Iéna qu'il ait d'abord orienté le langage de la philosophie vers des formes cognitives autocritiques disponibles en littérature (poésie pensante, poésie mythologique, poésie du *Witz* et de l'humour) avant de s'orienter ultérieurement et plus décidément encore vers une réactualisation éthique de la religion au sein d'une philosophie de l'histoire.

Fr. Schleiermacher, comme Fr. Schlegel, envisage la dialectique[4] comme une méthode de résolution des conflits exprimés dans un dialogue ; comme lui encore, il pose l'inachèvement théorique de la dialectique dans la saisie d'un Absolu visé en Idée ; et comme lui enfin, constatant l'échec final de la dialectique théorique, il envisage de réorienter la philosophie vers l'éthique. Toutefois, cette réorientation éthique plus satisfaisante n'impliquera aucunement, comme chez Fr. Schlegel après Iéna, l'abandon progressif de la dialectique purement philosophique, mais son insertion dans le mouvement historique de la communauté éthique d'un peuple et de son langage. Il y a donc chez Schleiermacher une dialectique réelle de l'effectivité historique, dialectique spirituelle-populaire qui n'apparaît pas

1. KFSA, XII, p. 139, trad. Berner, p. 154.

2. KFSA, XVIII, p. 518 (10), trad. Berner, p. 154.

3. KFSA, XVIII, p. 156 (402), trad. Berner, p. 154.

4. Les rédactions successives de la *Dialectique* de Fr. Schleiermacher (1811, 1814-1815, 1833) sont postérieures à celle de Fr. Schlegel qui n'a eu connaissance à Iéna que des *Discours sur la religion* (1799) et des *Monologues* (1800).

chez Schlegel, puisque ce dernier maintient la dialectique dans le contexte restreint du dialogue philosophique. Ch. Berner souligne en ce sens que l'esprit du peuple est selon Schleiermacher l'esprit de « l'amour »[1], comme donation et sacrifice de soi de la substance éthique aux individus, puis retour de ces individus à la substance, renonçant à leurs conflits autodestructeurs, et médiatisant ces conflits, les dialectisant et les « interprétant » en faveur de l'unité enrichie de la communauté. C'est donc l'unité éthico-politique qui se présente comme la médiation éthique des conflits non seulement philosophiques mais politiques, entre individus d'un même peuple. Toutefois, Schleiermacher critique ici Platon qui voyait le souverain Bien pratique dernier dans l'omnipotence de l'État ou de la Cité[2]. En effet, la rationalisation de la nature – tâche de l'éthique selon Schleiermacher – ne saurait être parfaitement et suffisamment accomplie par un État imposant ses contraintes sous l'unique autorité des philosophes. L'opposition à l'autorité absolue de l'État platonicien est alors révélatrice du libéralisme éthique et politique de Schleiermacher. Il en résulte que Fr. Schleiermacher construit une dialectique de plus grande extension que celle de Fr. Schlegel, puisque le dialogue dialectique entre individus s'inscrit lui-même dans une dialectique de l'esprit du peuple animé de conflits qui, en dernière analyse, ont une fonction éthique.

Si nous revenons de cette brève comparaison entre les deux dialectiques au « moment philosophique » de Fr. Schlegel à Iéna, il fut en conséquence celui du discours critique, suggestif, réfléchi ironiquement et en progression « zigzagante »[3] à l'infini : « *toute vérité est relative* [...], *tout savoir est symbolique*, [...] *la forme de la philosophie est infinie* »[4], écrit-il encore dans ses *Leçons sur la philosophie transcendantale*. Ainsi « le désir de l'infini doit toujours être désir. Il ne peut passer dans la forme de l'intuition »[5]. Quelques années plus tard, dans la « Critique des systèmes philo-

1. *Cf.* Fr. Schleiermacher : « sans l'amour, il n'y aurait pas d'identité de l'être et du devenir, pas d'extériorisation de la raison comme quelque chose d'objectif », *Brouillon sur l'éthique*, cité par Ch. Berner, dans *La philosophie de Schleiermacher*, Paris, Le Cerf, 1995, p. 248.

2. Sur cette critique de l'État platonicien, *cf.* l'étude de U. Zimbrich, *La* République *de Platon d'après Schleiermacher*, dans *La naissance du paradigme herméneutique*, *op. cit.*, p. 225-244.

3. Fr. Schlegel : « Est-il un symbole plus beau pour le côté paradoxal de la vie philosophique que ces lignes zigzagantes, qui ne peuvent apparaître qu'en fragments », *Conclusion de l'essai sur Lessing* (1801), trad. fr. D. Thouard, *Critique et herméneutique dans le premier romantisme allemand*, *op. cit.*, p. 167.

4. TP, trad. cit., p. 180.

5. TP, trad. cit., p. 174.

sophiques » des *Cours* de Cologne (1804-1806), il confirmera son agnosticisme concernant l'Absolu : « seule la partie négative de la philosophie, c'est-à-dire celle qui vise à anéantir les erreurs et les préjugés non philosophiques possède une certitude parfaite et complètement autonome. En revanche, la partie qui doit concevoir et fonder le système des vérités suprêmes lui-même ne peut que s'approcher peu à peu de l'accomplissement de cette tâche difficile »[1]. Kant l'avait écrit : « Je dus supprimer le savoir afin de garder une place pour la foi »[2]. En kantien, Fr. Schlegel entend la leçon et développe à sa façon une philosophie de la finitude : « l'absolu est inconnaissable, la pensée humaine ne peut que s'en approcher peu à peu : cette conception, liée chez Schlegel à un christianisme renouvelé est devenue familière à la philosophie contemporaine »[3]. Fr. Schlegel, prenant conscience de ce qu'il reste de subjectivité indépassable dans sa philosophie de la connaissance se tournera vers le domaine religieux d'une révélation pensée dans l'horizon d'une historicité de l'Absolu, et n'excluant nullement, plus tardivement, un privilège accordé au catholicisme. Hegel a souligné « ironiquement » cette conversion religieuse dans son interprétation philosophique du Fr. Schlegel d'Iéna : « désespérant de la pensée, de la vérité, de l'objectivité qui est en soi et pour soi, incapable de se donner une base ferme, une activité propre, l'âme noble a été portée à s'en remettre à son sentiment, et à rechercher dans la religion quelque chose de ferme [...] Ce goût pour quelque chose de ferme en a jeté d'autres dans la religiosité positive, dans le catholicisme »[4].

Il faut se tourner vers un autre auteur romantique comme Novalis, pour obtenir la mise en œuvre ou la remise sur le chantier d'un savoir absolu positif et intuitif – celui auquel pourraient nous faire accéder ces médiations troublantes que sont le rêve, l'amour et la mort de l'être aimé, expériences fécondées par l'imagination poétique – nous donnant un accès à l'Absolu dont Kant avait barré la route au savoir. Ce projet reposera sur une réélaboration de la troisième *Critique* moins agnostique que celle de Fr. Schlegel dont nous venons de résumer la démarche à Iéna. Il restructurera les rapports entre vie naturelle et génie esthétique. Novalis ne désespérera d'ailleurs pas d'unifier l'ensemble des sciences à partir de ces trois

1. KFSA, III, p. 315, trad. fr. D. Thouard dans « Friedrich Schlegel entre histoire de la poésie et critique de la philosophie », *Littérature*, n° 120, 2000, p. 56.

2. E. Kant, *Critique de la raison pure*, Préface à la seconde édition (1787), *Œuvres*, *op. cit.*, I, p. 748.

3. D. Thouard, « Friedrich Schlegel entre histoire de la poésie et critique de la philosophie », art. cit., p. 56.

4. Hegel, *Leçons sur l'histoire de la philosophie*, t. 7, *op. cit.*, p. 2000.

expériences apparemment et littéralement « extravagantes », en demandant d'abord à la philosophie de la nature de Schelling de lui fournir les médiations nécessaires exigées pour un nouveau savoir de l'Absolu.

LES MODÈLES POSTKANTIENS DE LA CONNAISSANCE ABSOLUE ET LE MODÈLE ROMANTIQUE DE NOVALIS

L'appropriation novalisienne de Schelling et de Leibniz

Les « trois divisions » de la présentation kantienne de la philosophie (théorique, pratique, téléologique[1]) ont chacune pu fournir un principe de totalisation systématique aux philosophes qui succédaient à Kant et qui héritaient de sa tentative. Le modèle d'une synthèse à dominante pratique (Fichte en 1797 dans *La fondation du droit naturel*); le modèle à dominante théorique (la synthèse spéculative hégélienne élaborée à Iéna entre 1801 et 1807 et s'achevant par la *Science de la Logique*). Enfin, la synthèse romantique à dominante esthétique, poétique et mythologique élaborée entre 1797 et 1801. Les trois événements marquants et « critiques » retenus par Fr. Schlegel dans le fragment 216 de l'*Athenaeum* peuvent d'ailleurs sembler en correspondance avec cette tripartition : la *Wissenschaftlehre* d'abord théorique de Fichte; la révolution française, volonté d'unification pratique absolue; le *Whilhelm Meister* de Goethe, chef d'œuvre esthétique, mais tout entier dominé par le schème téléologique de la formation (*Bildung*) d'un jeune individu. C'est bien déjà à la *poiésis*, formation contemplative et morale, que Goethe, dans son roman, demande d'assurer l'unité du théorique et du pratique. C'est que la philosophie (théorique) séparée de la poésie (pratique esthétique) ne peuvent, en des tentatives isolées l'une de l'autre, effectuer une totalisation satisfaisante : « aux œuvres de la poésie et de la philosophie isolées, si universelles et achevées qu'elles soient, la synthèse ultime semble faire défaut »[2].

Les romantiques allemands, notamment Novalis qui est, à la différence de Fr. Schlegel, le seul à admettre jusqu'au bout les conséquences de cette thèse, ont mis en avant, à partir d'une lecture de la conception kantienne du génie artistique et du symbolisme esthétique, l'idée que la nature donne ses règles à l'art, ce dernier étant précisément entendu au sens de « formation »

1. E. Kant, *Critique de la faculté de juger*, Préface de 1790, IX, en correspondance avec les trois facultés : entendement, raison, faculté de juger, *Œuvres*, *op. cit.*, II, p. 955.

2. *Athenaeum*, I. 2, Fragment 451, AL, p. 177.

belle ou sublime. De même, corrélativement, le symbole exprime indirectement les Idées rationnelles de l'absolu, l'âme, le monde, Dieu, inconnaissables par l'entendement : « le poète ose donner corps à des idées de la raison »[1]. Les deux pôles de cette synthèse que l'on retrouvera par la suite dans les différents domaines de la pensée romantique sont donc la nature et l'esprit. D'un côté, la nature : l'œuvre d'art et l'œuvre de science ont paradoxalement partis liés par la présence d'une productivité des formes naturelles, d'un côté, le génie de la nature (objet de la science romantique) et la genialité de l'esprit-artiste objet de la poétique, de l'autre côté, celui de la critique et de l'herméneutique des œuvres. C'est encore la nature qui produit spirituellement dans l'artiste. La téléologie organique naturelle et la téléologie spirituelle esthétique dont l'unité faisait encore problème chez Kant sont ici d'emblée identifiées. De l'autre côté, l'esprit. L'esprit et la formation spirituelle au sens le plus large (éducation, morale, droit, religion, histoire) seront interprétés à partir du modèle de la génialité artiste (d'un peuple, d'un individu fondateur de religion, d'un héros historique, etc.).

Nous avons vu que Fr. Schlegel restait proche à Iéna, en continuant de l'être par la suite, de la thèse kantienne relative à l'inconnaissabilité de l'absolu, ce qui motivera son détour du « savoir » et son orientation vers un renouvellement de la « foi » religieuse historique. C'est bien plutôt Novalis qui se tourne hardiment vers la reconstitution d'une connaissance de l'absolu en fonction de son interprétation très personnelle des idées de Schelling, mais aussi de Leibniz. Après avoir produit de massives études sur Fichte sur la base des cours suivis à Iéna (1795-1796), Novalis entreprend une révision critique de cet apport fichtéen. Le 14 juin 1797, il écrit : « quant à Schelling, je m'efforce de mieux le connaître. En un sens, il me satisfait davantage que Fichte. Je vais bientôt savoir ce que je peux tirer de lui »[2]. Novalis refuse de Fichte la thèse que l'intuition intellectuelle soit nécessairement celle d'un Moi qui s'oppose un non-Moi extérieur comme condition inéliminable – sinon dans un progrès à l'infini – de sa réflexion sur soi. Lui qui avait en effet commencé par exploiter la philosophie du Moi du premier Fichte – délaissé au contraire assez vite par Fr. Schlegel – cherche à présent un horizon de pensée unifiant plus radicalement esprit et nature, dans une synthèse qui ne sacrifierait pas l'un des pôles à l'autre, en particulier le non-Moi (ou la Nature) comme simple condition négative de position du Moi.

1. E. Kant, *Critique de la faculté de juger*, § 49, *Œuvres*, *op. cit.*, II, p. 1098.
2. HKA, 4, 230, trad. fr. O. Schefer dans *Semences*, Paris, Allia, 2004, p. 20.

Sur ce point, l'interprétation hégélienne de Novalis, posant que « cette subjectivité demeure aspiration-ardente, [et qu']elle n'accède pas au substantiel »[1], paraît manquer la recentration indubitable de la pensée de Novalis sur la nature dans son unité avec l'esprit, en vue précisément d'éviter le danger de subjectivisme menaçant Fr. Schlegel, d'avantage inspiré par Kant et Fichte. Cette « dynamique fondamentale » de l'évolution de Novalis a déjà été remarquée : « à savoir la prise de conscience progressive d'une incompatibilité entre la philosophie criticiste (fût-elle fichtéenne) et le projet romantique »[2]. C'est ici que Schelling a fait figure de fondateur et d'initiateur, notamment par ses *Idées pour une philosophie de la nature* (1797) et *L'âme du monde* (1798), les deux œuvres que s'approprie d'abord Novalis au moment où il esquisse le *Brouillon général* de son *Encyclopédie* (1798-1800). La question décisive est la suivante : « quel est ce lien secret qui attache notre esprit à la nature, parle à notre esprit ou notre esprit à la nature ? »[3]. La réponse schellingienne est qu'il y a une identité absolue de l'esprit en nous et de la nature hors de nous, de la nature de l'esprit et de l'esprit de la nature. De sorte que « la nature doit être l'esprit visible, l'esprit la nature invisible »[4]. Le « doit » signifie qu'il s'agit d'abord d'une tâche que le philosophe doit accomplir et d'un fil conducteur qu'il doit suivre. Le deuxième ouvrage de Schelling met en valeur l'idée que la relation d'attraction-répulsion s'est étendue de la mécanique à la chimie moderne et que cette polarité est finalisée par un principe d'organisation de la nature et de l'esprit (du monde ou de l'« univers » total) pour lequel le philosophe retrouve l'ancienne expression d'« âme du monde ». Novalis exprimera l'idée directrice de l'identité ainsi : « l'univers n'est-il pas en nous ? Nous ne connaissons point les profondeurs de notre esprit. Le chemin mystérieux va vers l'intérieur : en nous, sinon nulle part, est l'éternité avec ses mondes, le passé et l'avenir »[5] et ailleurs : « la nature est une harpe éolienne, elle est un instrument musical dont les tonalités sont à leur tour en nous les notes de cordes supérieures »[6]. Mais ceci ne signifie nullement que l'univers soit absorbé en nous et qu'il soit une projection magique de notre seule idéalité subjective, car une telle interprétation à nouveau subjectiviste de la connaissance et de l'« idéalisme magique » de Novalis manquerait l'orientation effective et originale de sa pensée. Cette « corres-

1. Hegel, *Leçons sur l'histoire de la philosophie*, *op. cit.*, t. 7, p. 2001.
2. J.-M. Schaeffer, *L'art de l'âge moderne*, Paris, Gallimard, 1992, p. 95.
3. SW, II, p. 55-56.
4. Introduction aux *Idées* de 1797, SW, II, p. 56.
5. Novalis, *Pollens*, Fragment 16, dans *Œuvres*, AG, 1, p. 357-358.
6. Novalis, *Das allgemeine Brouillon*, Brouillon général, HKA, III, 452,

pondance » des tonalités naturelles et des « dispositions spirituelles » (*Stimmungen* de part et d'autre) sera retrouvée chez les peintres et les musiciens romantiques et, du côté des poètes, jusque chez le français Baudelaire.

Toutefois, l'interprétation novalisienne de Schelling marque une double prise de distance à l'égard du principe rationnel de sa systématisation. D'une part, Schelling pose dans l'imagination artistique la puissance d'objectiver parfaitement dans une œuvre cette identité de la nature en nous et de l'esprit hors de nous que la raison philosophique exposera rationnellement de son côté comme principe, tandis que l'œuvre d'art l'exposera dans sa « présentation » sensible. Mais Novalis y saisit au contraire une imperfection indépassable de l'art et du rêve humain tout au moins à l'égard de la productivité naturelle. Nous ne pouvons coïncider intuitivement avec la productivité concrète et spécifique de l'esprit de la nature. Cet esprit étant devenu en nous conscience de soi, il est dans une certaine mesure aliéné à soi, extérieur à sa propre intimité inconsciente, de même que notre intériorité est devenue fondamentalement présence à soi et réflexion discursive, savoir proprement dit, en s'éloignant de cet état naturel : « nous ne connaissons proprement que ce qui se connaît soi-même »[1], écrit Novalis. Ainsi, la conscience de soi qui est notre savoir propre est, de manière ambivalente, à la fois un miroir et un écran face à la nature[2]. Sans doute, en vertu de l'identité sujet-objet, esprit-nature, tout « objet » de la nature dispose lui aussi d'une (com)préhension minimale de soi, que l'on peut nommer « pensée de soi », mais la connaissance discursive qui l'exprime est bien spécifiquement nôtre et en ce sens l'aliène en même temps qu'elle la dévoile. Bien qu'à la différence de Fr. Schlegel, elle ait posé l'identité absolue de la nature et de l'esprit et bien qu'elle ait maintenu un possible accès intuitif de l'esprit à la première[3], la spéculation cognitive de Novalis ne peut, comme le fait la spéculation métaphysique de Schelling, admettre l'accès – fût-il le propre du génie esthétique – à cette identité comme à une absolue et parfaite « indifférence » (Schelling). C'était cette équivalence de la nature et de l'esprit, de l'inconscience et de la conscience que Schelling prétendait exposée heureusement, notamment dans l'œuvre d'art géniale. Selon Novalis, la modalité et la différence

1. Novalis, *Œuvres*, AG, II, p. 113 et 263.

2. *Cf.* le chapitre IV consacré par W. Benjamin à « la théorie de la connaissance de la nature dans le premier romantisme », dans *Le concept de critique esthétique dans le romantisme allemand* (1920), trad. fr. Ph. Lacoue-Labarthe et A.-M. Lang, Paris, Flammarion, 1986.

3. « De sorte qu'il identifie la discursivité philosophique non plus à la recherche des *conditions de possibilité* du savoir, mais au projet d'un savoir *total* », J.-M. Schaeffer, *L'art de l'âge moderne*, *op. cit.*, p. 99-100.

spécifiques de cette identité en chacun de ses pôles font à nouveau que la nature nous demeure incompréhensible en son fond originaire – chaque pôle étant lui-même un mode de l'Identité spécifiquement différencié : « la nature est insaisissable *per se*. Incompréhensibilité sereine, cultivée et instruite »[1]. L'incompréhensibilité est devenue en nous philosophique, sagement sereine et instruite de la différence irréductible qui affecte l'Identité de l'absolu.

D'autre part, Schelling bâtit sa philosophie de la nature à partir d'un principe d'opposition bi-polaire récurrent (attraction/répulsion, intériorisation/extériorisation, position/négation, etc. ...) qui lui semble ici encore suffisant pour construire un savoir rationnel et exhaustif de la nature. L'originalité de Novalis est alors de substituer à cette bi-polarité originaire, une multipolarité, et comme une dispersion infinie de points dynamiques dont la bi-polarité n'est qu'une figure de transformation ultérieure parmi d'autres : « la science ne débute pas, écrira-t-il, par un antinôme – un binôme – mais par un infinitinôme »[2]. Le physicien philosophe H. Steffens, l'élève norvégien de Schelling, remarquera cette ouverture préalable à la diversité ou à la conflictualité généralisée chez le poète-philosophe : « il [Novalis] ne veut pas d'une duplicité originaire, mais plutôt d'un infinitisme originaire – aussi comprend-il fort peu la tendance propre de la philosophie de la nature »[3]. La seule philosophie de la nature à laquelle songe ici Steffens est bien celle de Schelling qui procède à partir d'une contrariété originaire et non comme celle de Novalis d'une diversité dont les modalités conflictuelles peuvent certes engendrer des contrariétés bipolaires, mais de manière locale et provisoire, toujours susceptibles de se défaire de façon indéfinie en de nouvelles diversités dispersées. Tel est l'aspect que présente le chaos de la nature selon Novalis : « la première époque est le chaos »[4]. C'est bien pourquoi Novalis fera appel, pour envisager une connaissance approchée et analogique (sans coïncidence totale) de ces modes diversifiés et provisoires de complexité, à une exploitation spéculative des modes correspondants du calcul différentiel et de l'analyse combinatoire[5]. Cette exploitation relève alors d'une appropriation de Leibniz, complémentaire

1. HKA, II, p. 202, AG, 2, p. 263.

2. Novalis, *Le brouillon général*, Fragment 837, trad. Schefer, p. 217.

3. H. Steffens à Schelling, septembre 1799, *Aus Schellings Leben in Briefen*, Plitt (ed.), Leipzig, 1869, p. 277.

4. Novalis, *Le brouillon général*, Fragment 216, trad. Schefer, p. 59

5. À Freiberg Novalis a étudié Ch. Bossut, *Traités de calcul différentiel et de calcul intégral* (Paris, 1798) et Fr. Murhard, *System der Elemente der allgemeinen Grössenlehre* (Lemgo, 1798).

de celle qu'il fait de Schelling. La position d'une infinité de centres actifs ou de « points dynamiques », se combinant et décomposant leurs combinaisons selon certaines règles est en rupture avec le modèle schellingien (et par avance le modèle hégélien), mais se trouve en affinité avec une pensée infinitiste telle que celle de Leibniz. L'incompréhensibilité partielle de la nature exige un procès de connaissance analogique, s'il est vrai que la seule connaissance absolue immédiate dont nous disposions est celle de notre esprit et non celle de la nature en elle-même. C'est en particulier dans la préface du livre de C.F Hindenburg (1741-1808) sur la combinatoire[1], que Novalis trouve exposée la fécondité de l'analyse combinatoire pour la connaissance physique, la connaissance de l'esprit et même la connaissance de Dieu.

Trois expériences mystiques : rêve, amour et mort

Le procès de l'incompréhensibilité et la connaissance analogique indirecte déjà rencontrés chez Fr. Schlegel reparaissent donc dans l'optique novalisienne, mais, à la différence de l'agnosticisme radical de Fr. Schlegel à Iéna, l'intuition de soi de l'esprit en est la condition initiale d'accès, à travers les trois expériences mystiques du rêve, de l'amour et de la mort. Car il s'agit cette fois d'une analogie sur fond d'identité (Schelling) dont l'opérateur n'est plus la figure d'un discours à jamais distancié de l'Absolu, ironiquement auto-critique, comme l'était celui du Schlegel d'Iéna, mais le discours poétique du rêveur, de l'amant et de l'agonisant. Les intuitions puis les images anthropologiques déchiffrées par l'imagination poétique fourniront les analogues d'une intériorité des phénomènes naturels qui, sans elles, nous échapperait totalement. Ainsi le langage de l'imagination poétique et le symbolisme mathématique pourront articuler leurs significations. Le second exprime l'extériorité de formes et de forces auquel le premier donne le sens d'une intériorité signifiante en correspondance avec notre esprit. Novalis orientera en permanence sa pensée vers l'unité du mathématique et du mystique, ou du physique et du poétique : « chercheurs et poètes ont toujours paru, parlant la même langue, appartenir à un même peuple. Ce que les uns avaient rassemblé en gros et rangé en grandes masses ordonnées, les autres s'en sont servi pour satisfaire aux besoins

1. C.F. Hindenburg, fondateur de l'école combinatoire allemande, est l'auteur des *Novi Systematis*… (1781). Novalis se réfère à la « Préface leibnizienne de Hindenburg » dans le Fragment 648 du *Brouillon général*, *op. cit.*, p. 171, *cf.* aussi la citation de la Préface par le traducteur en note.

du cœur humain et lui donner sa nourriture quotidienne »[1]. C'est de cette manière que les phénomènes microcosmiques humains peuvent nous faire accéder à la profondeur du macrocosme mondain : « le monde est le macro-anthropos »[2].

En raison de l'identité posée par Schelling de la nature et de l'esprit, d'une nature qui fournit le fond et l'orientation auxquels la conscience apporte seulement la forme de la réflexion discursive et symbolique, l'art ne peut plus être seulement défini par les procédés fragmentaires distanciés, subjectivement et ironiquement réflexifs, énoncés par Fr. et A.W. Schlegel : « les Schlegel oublient [...] que l'art fait partie de la nature et qu'il est, pour ainsi dire, la nature se contemplant elle-même »[3]. Ainsi que l'écrira W. Dilthey de Novalis dans son essai : « le monde, comme nous ne pouvons le concevoir que par analogie avec notre moi, ne peut être expliqué par la raison, son caractère fondamental, mais seulement à partir des profondeurs bouillonnantes de ce qui, nous demeurant mystérieux à nous-mêmes, se manifeste de façon primaire à travers la volonté, l'âme, l'imagination »[4].

Ces « profondeurs bouillonnantes » sont accessibles grâce aux trois expériences privilégiées déjà indiquées, celles du rêve[5], de l'amour et de la mort[6]. Elles nous donnent accès à un Absolu de façon spécifiquement humaine ou spirituellement finie, quoiqu'en communion avec une même identité infinie. Fr. Schlegel ne prétendait à rien de tel et, sur la base de son agnosticisme, il allait s'orienter vers une philosophie de la révélation historique. Au contraire, selon Novalis, ces trois expériences privilégiées nous font transiter de notre monde particulier en un autre, le grand monde ou macrocosme des gnostiques, en passant par le monde des esprits, à travers à chaque fois une forme nécessaire de souffrance. Ou, pour le dire dans les termes du roman *Henri d'Ofterdingen* :

1. Novalis, *Les disciples à Saïs*, dans *Œuvres*, AG, I, p. 42.

2. Novalis, *Schriften*, III, Fragment 407, p. 316-317. Rappelons que les thèmes de l'analogie universelle et du monde *macroanthropos* se retrouveront littéralement chez Ch. Baudelaire.

3. Novalis, AG, II, p. 399.

4. W. Dilthey, *Das Erlebnis und die Dichtung. Lessing, Goethe, Hölderlin, Novalis*, 3e éd. Leipzig, Teubner, 1910, p. 306.

5. Le somnambulisme est une expérience récurrente chez les romantiques allemands.

6. *Cf.* J. Kerner : « l'union la plus étroite avec l'esprit de la nature ; la maladie est l'aspiration à cette union. La mort est la plus haute apothéose à laquelle l'homme parvienne dans sa vie », lettre du 21 novembre 1812, dans *Les Romantiques allemands*, *op. cit.*, II, p. 1696-1697.

C'est dans la souffrance qu'il faut que se déchire
Le bandeau qui voilait le regard de notre âme
Et que le cœur le plus fidèle soit orphelin
Avant de s'échapper de notre triste monde [1].

Chacune de ces expériences de rupture suppose l'abandon de la confiance naïve mise dans la sensibilité externe comme première condition de la connaissance, confiance en l'expérience clairement extérieure que Kant partageait avec les empiristes. Le primat des sens externes sur le sens interne, évident pour Kant dans le « réalisme empirique » impliqué par « l'idéalisme transcendantal » [2], est ici inversé au bénéfice du primat de l'expérience interne non conditionnée par l'expérience externe de l'objet. Il s'agit bien en ce sens de s'affranchir des limites sensibles de l'espace et du temps pour opérer, non d'abord avec la raison, mais dans une expérience affective intime, l'accès à l'Absolu : « la lumière a son temps, qui lui fut mesuré ; mais le royaume de la Nuit est hors le temps et l'espace. – Et c'est l'Éternité que le sommeil a pour durée » [3]. Cette valorisation de la Nuit n'est pas contradictoire avec la valorisation de la combustion et de la lumière du feu dans la moralisation de la nature, car la nuit symbolise seulement ici une rupture avec l'extériorité sensible éclairée par le jour, extériorité coupée de son centre intérieur et devenue étrangère à lui. Retrouver ce centre intérieur, c'est retrouver la lumière et la chaleur du feu animant toutes choses.

Il est besoin pour cela d'un élément médiateur qui fasse entrer dans la nuit des sens externes, symbolisés par la clarté du jour : l'image de rêve, l'individu dont l'esprit est pris d'amour, le malade aux portes de la mort, dont l'âme se libère du corps. La philosophie est ainsi, comme l'avait déjà indiqué Socrate, une anticipation de la mort. Si « ceux qui, au sens droit du terme, se mêlent de philosopher, s'exercent à mourir » (Socrate [4]), « l'acte authentiquement philosophique est de se donner la mort » (Novalis [5]). Pour Novalis, nul doute que ces expériences aient été vécues dans les rêves, l'amour, la maladie et la mort de sa jeune fiancée de quinze ans Sophie von Kühn [6], décédée en 1797, année où il élabore précisément ses ébauches

1. Novalis, *Henri d'Ofterdingen*, Paris, Aubier, 1942, p. 355.

2. Sur cette implication, *cf.* Kant, *Critique de la raison pure* : « l'idéaliste transcendantal est donc un réaliste empirique », Dialectique transcendantale, Quatrième paralogisme de la raison pure, dans *Œuvres*, *op. cit.*, I, p. 1445.

3. Novalis, *Hymnes à la Nuit*, dans *Œuvres*, AG, I, p. 254.

4. Platon, *Phédon*, 67e.

5. Novalis, *Fragments* de 1797, Fragment 54, dans *Semences*, trad. Schefer, p. 67.

6. Dont il fait la connaissance en 1794. Il ira jusqu'à écrire : « j'ai de la religion pour Sophie, – pas de l'amour », Fragment 56, et « l'amour peut se transformer en religion par une

théoriques : « la mort de Sophie von Kühn eut sur les projets littéraires et philosophiques de Novalis une influence déterminante », écrit en ce sens E. Behler[1]. De façon plus générale, la maladie est une ouverture sur une possibilité de vie plus haute : « les maladies, en particulier les maladies de longue durée, sont les années d'apprentissage de l'art de vivre, et l'école de l'être intérieur [...]. Chaque tourment de la nature, chaque souffrance est un rappel d'une patrie plus haute, le souvenir d'une nature plus noble et d'une parenté plus proche »[2]. Lui-même s'éteindra dans les bras de Fr. Schlegel en vivant indubitablement sa mort comme un accès à une vie spirituelle plus intense. Si, pour Novalis, ces expériences ont toute quelque chose de « nocturne », en opposition au caractère diurne de la sensibilité extérieure, A.W. Schlegel posera également de son côté que l'âme humaine est divisée, à la manière d'une alternance naturelle, « entre lumières et ténèbres », de sorte que « la succession du jour et de la nuit est une image très pertinente de notre existence spirituelle »[3].

L'idéalisme magique

En rapport avec cette fécondité cognitive de la nuit, Novalis forme la dénomination d'« idéalisme magique »[4], mais non pour qualifier une nouvelle forme de l'idéalisme « subjectif » dans laquelle le Moi serait le producteur inconscient, rêveusement magique, du Non-Moi, ce dernier se dissipant dans les vapeurs nocturnes, affectives, oniriques et mortelles du premier. De même que nous faisions valoir le caractère quelque peu tronqué de l'analyse du prétendu subjectivisme sceptique de l'ironie schlegélienne par Hegel, de même convient-il ici de souligner le caractère peu pertinent du prétendu subjectivisme absolu qu'il attribue à la « belle âme »[5] selon Novalis : « la subjectivité consiste dans le manque d'un point ferme, mais avec la tendance à le rechercher, et elle demeure ainsi aspiration ardente. C'est cette aspiration d'une belle âme qui se présente à nous dans les écrits de Novalis »[6]. C'est, « en référence à une base textuelle plus

volonté absolue », Fragment 57, p. 67. *Cf.* les pages essentielles de M. Besset, *Novalis et la pensée mystique*, Paris, Aubier, 1947, chap. II, « L'appel », p. 47-77.

1. E. Behler, *Le premier romantisme allemand*, Paris, PUF, 1996, p. 126.

2. Novalis, *Œuvres*, AG, II, p. 271.

3. A.W. Schlegel, *Leçons sur l'art et la littérature*, 1801-1802, SW, V, 1, p. 524.

4. Novalis, *Le brouillon général*, Fragments 338 399, trad. Schefer, p. 83 et 98.

5. L'expression est tirée des *Confessions d'une belle âme*, Livre VI du *Wilhelm Meister*, I, de Goethe.

6. Hegel, *Leçons sur l'histoire de la philosophie*, t. 7, *op. cit.*, p. 2001.

large que celle dont Hegel pouvait disposer »[1], toute la médiation opérée par la philosophie de la nature et la poésie capable de nous ouvrir effectivement au macrocosme que Hegel paraît alors manquer pour confiner la « belle âme » dans sa subjectivité impuissante. Les étapes de l'intériorisation et de l'extériorisation préalable à l'unité des deux dans le macrocosme sont pourtant nettement indiquées par Novalis dans le *Fragment* suivant : « le désaisissement de soi est source de tout abaissement, en même temps que le fondement de toute élévation authentique. Le premier pas est un regard jeté vers l'intérieur, une contemplation isolant notre Soi. Celui qui en reste là ne parvient qu'à mi-chemin. Le deuxième pas doit être un regard efficace vers l'extérieur, une observation par elle-même active et soutenue du monde extérieur »[2]. Comme l'a montré M. Besset dans son étude sur les traditions mystiques auxquelles a puisé Novalis, ce dernier emprunte certes la ligne augustinienne du renoncement à la réalité extérieure en faveur de l'intimité absolue du divin intérieur à soi ; mais il équilibre cette mystique de l'introversion par un appui tout aussi puissant sur la mystique gnostique en référence à J. Boehme[3]. Il y a dès lors un passage vers le grand monde ménagé par l'abandon du trop petit monde de nos sens extérieurs, tant qu'ils restent à la surface du Tout : « combien s'intérioriser ou s'extérioriser sont relatifs, on le voit bien ici. Ce que nous appelons une plongée en soi, c'est proprement sortir, retrouver et reprendre la forme initiale »[4]. C'est à la reprise de l'inspiration « faustienne » – en un sens démonique, non diabolique – d'une action magique sur la nature que correspond dès lors l'idéalisme magique de Novalis. Mais il convient surtout de souligner l'importance des six thèmes boehmiens réarticulés qu'a analysés M. Besset : gnose et alchimie, organologie morale pour la réception de et l'action sur la divinité (Boehme et Hemsterhuis), retrait de l'extérieur et accès à la Nuit divine (déification[5]), action magique idéelle-

1. P. Garniron, « Complément sur Novalis », dans Hegel, *Leçons sur l'histoire de la philosophie*, *op. cit.*, p. 2164.

2. HKA, II, n° 24, p. 423.

3. Sur les conseils de L. Tieck, Novalis lut J. Boehme ; sur l'influence de Boehme, *cf.* M. Besset, *Novalis et la pensée mystique*, Paris, Aubier, 1947, chap. I, Appendice II et p. 28 : Boehme « est imprégné d'Alchimie et de pensée paracelsiste ». *Cf.* E. Benz, *Les sources mystiques de la philosophie romantique allemande*, Paris, Vrin, 1968.

4. Novalis, *Pollens*, Fragment 45, dans *Œuvres*, AG, I, p. 363.

5. M. Besset, *Novalis et la pensée mystique*, *op. cit.*, p. 12, 15, 16 et 17.

réelle[1], combustion amoureuse (« métaphysique du feu »), opposition morale de la pesanteur et de l'élévation[2].

Supposons que toute chose s'exprime par une relation d'ordre constituant à la fois son essence et son existence, et se retrouvant en grand comme en petit en elle, sa « signature » en quelque sorte. Novalis se réfère fréquemment à la doctrine paracelsienne des « signatures », impliquant une « sympathie entre le signe et le signifié »[3]. La connaissance de cette relation d'ordre exprimée et son application langagière, éventuellement répétée par la médiation d'une technique sur la chose, nous permettraient d'entrer en relation avec elle de façon accordée et communicante. Ce passage d'A.W. Schlegel résume la triple relation de la chose, d'abord avec sa signature, ensuite avec les choses susceptibles d'agir sur elle par affinité, et enfin avec l'univers entier : « chaque chose se présente d'abord elle-même, c'est-à-dire révèle son intérieur par son extérieur, son essence par la manifestation (elle est donc symbole pour elle-même) ; ensuite, elle présente ce avec quoi elle a les rapports les plus étroits, et qui agit sur elle ; enfin, elle est un miroir de l'Univers »[4]. On peut imaginer un « âge d'or » où l'homme comprenait naturellement ce langage expressif des choses, langage qu'il aurait oublié et comme effacé en lui substituant le langage prosaïque de signes arbitraires, ceux du langage commode et commun, se référant aux propriétés extérieures des choses dans l'oubli de leur intériorité expressive. Une troisième époque serait alors envisageable, sorte de « nouvel âge d'or » disposant, grâce à l'exploitation d'une nouvelle forme de langage, à la fois mathématique et mystique, aussi bien d'un déchiffrement que d'une communication pratique avec les choses[5]. Comme cette relation d'ordre est à la fois un langage par lequel la chose se dit et une puissance qui la fait exister – à la façon d'un Verbe, expression d'un sens et souffle puissant – il serait possible, si un ou plusieurs éléments de sa formule structurale lui manquaient, de la reconstituer, en une relation particulière d'affinité avec elle et en lui appliquant la relation qui lui convient.

1. M. Besset, *Novalis et la pensée mystique*, *op. cit.*, p. 24-26.

2. *Ibid.*, p. 26-27 et 35-37. L'expression est d'A. Koyré dans *La philosophie de Jacob Boehme*, Paris, Vrin, 1929, rééd. 1971, p. 284.

3. Cf. *Brouillon général*, Fragment 137. *Cf.* J. Boehme, *De la signature des choses* (1622), trad. fr. P. Deghaye, Paris, Grasset, 1995.

4. A.-W. Schlegel, *Leçons sur l'art et la littérature*, AL, p. 345.

5. Pour un résumé des positions novalisiennes concernant ces âges du langage, *cf.* L. Margantin, *Système minéralogique et cosmologie chez Novalis*, Paris, L'Harmattan, 1999, p. 254-265.

Cette conception très ancienne est celle de la « fonction expressive »[1] du langage qui gouverne la pensée mythique et l'action magique. Ici, le mot n'est pas encore représentation distincte de la chose, encore moins formule-t-il son concept abstrait, il exprime l'essence singulière de la chose. Il en découle que celui qui possède le mot, notamment le nom propre (la « signature »), possède la chose. E. Cassirer cite en ce sens un passage de Goethe dans *Poésie et vérité* : « le nom propre d'un homme n'est pas comme un manteau qui pend autour de lui, et qu'on peut tirailler et arracher, mais un vêtement parfaitement adapté, quelque chose comme une peau qui l'a recouvert entièrement, et qu'on ne peut gratter ou écorcher sans le blesser lui-même ». Le philosophe des formes symboliques souligne que pour la pensée mythique originaire, le nom est encore plus qu'un revêtement épidermique : « le nom exprime l'intérieur de l'homme, ce qu'il a d'essentiel, il "est" exactement cet intérieur »[2]. La magie de Novalis reprend cette conception en substituant au nom linguistique arbitrairement donné à la chose sa formule mathématique ou sa règle de construction la plus singulièrement intime, chaque individu se définissant par une formule unique dans une combinatoire de possibles (exploitation magique de la combinatoire leibnizienne[3] d'ailleurs associée par Novalis au substantialisme immanent). Ici, l'originalité de Novalis est de penser que la fonction « conceptuelle » et mathématique du langage puisse être au service de sa fonction « expressive » magique, puisqu'il accorde à ce langage mathématique moderne une nouvelle fonction magique. Possédant la formule expressive des choses, nous pourrions ainsi être leurs « médecins », les guérir de leur « mal ». Celui-ci sera conçu à la fois comme une maladie existentielle (physique) et un mal moral résidant dans la séparation de certains éléments se mettant à l'écart de leur Tout. La formule de chaque chose est à la fois un langage et une puissance d'être, un vouloir-se-dire et un vouloir-se-faire de la chose, une essence et une existence indissociables : « la force mathématique est celle qui ordonne »[4]. On comprend dès lors l'aspect ontologiquement fondamental de la volonté selon Novalis : « c'est dans la volonté que la création a son fondement »[5].

1. E. Cassirer, *La philosophie des formes symboliques*, 2, *La pensée mythique*, Paris, Minuit, 1972, p. 62 *sq*.

2. *Ibid.*, p. 63.

3. Novalis exploite les acquis leibniziens au plan de la combinatoire et au plan du calcul de l'infini. *Cf.* L. Margantin, *Système minéralogique et cosmologie chez Novalis*, *op. cit.*, III, 1. Le tournant leibnizien, 3. Le nouveau calcul, p. 177-222.

4. *Encyclopédie*, DG, p. 116.

5. Novalis, *Œuvres*, K, III, p. 194, DG, p. 279.

La magie est l'opération qui nous fait entrer en dialogue avec les choses et qui nous permet de les guérir de leurs maux, comme nous des nôtres. Dans un des *Fragments* relatifs à l'idéalisme magique, celui-ci est lié à la pratique médicale : « l'art proprement médical, seulement des ordonnances pour le maintien et la restauration du rapport spécial et de l'échange des stimulations et des facteurs »[1]. Dans cette médecine magique, on notera l'insistance sur le « rapport spécial » (la formule ou signature de la chose) et sur la pratique de stimulation des « facteurs » dynamiques constituant la chose (référence au brownisme). Ici, la création de la nature repose sur un Verbe, exprimé en une multitude de centres expressifs développant leurs formules, mais se défaisant et se métamorphosant aussi, au sein d'une sphère infinie dont la circonférence n'est « nulle part » : « Dieu », disait une formule attribuée à Hermès Trismégiste et reprise par Nicolas de Cues et par Pascal, est « une sphère infinie dont le centre est partout et la circonférence nulle part ».

On comprend aussi l'importance exceptionnelle accordée par Novalis aux mathématiques sous leur aspect de théorie de l'ordre et de combinatoire[2]. Chaque chose se définit par un chiffre qui fournit la clé de son être et dont le déchiffrage est la condition première de l'idéalisme magique. L'« idée magique » est avant tout le « concept » de ce chiffre qui doit résulter d'une comparaison et d'une tabulation de ses combinaisons numériques compatibles ou non avec d'autres. Novalis remonte alors, à travers une lecture de Leibniz, vers les thèses pythagoriciennes[3] selon lesquelles les rapports numériques sont à la fois des essences et des forces existentielles, et il s'interroge : « que pouvaient bien vouloir dire les Pythagoriciens par forces numériques ? »[4]. À la caractéristique mathématique est liée la caractéristique dynamique relevant de la théorie de l'excitabilité[5], puisque, selon les théories du magnétisme et du brownisme, chaque chose (et chaque esprit) peut se définir aussi par une forme et une force d'excitabilité déterminées avec lesquelles un esprit peut se mettre en relation d'influence réciproque. Comme l'a montré le livre de Th. Haering[6], l'idéalisme magique est donc un idéalisme réellement pratique, un « idéal-

1. Novalis, *Le Brouillon général*, Fragment 399, trad. Schefer, p. 97.

2. Cf. *Encyclopédie*, DG, p. 107-137.

3. *Ibid.* : « Magie des nombres. Doctrine mystique de Pythagore. – personnification du 3, du 4, etc. », DG, p. 114.

4. *Ibid.*, K, III, p. 112, DG, p. 114.

5. Sur l'exploitation de la théorie de l'excitabilité par Novalis, *cf.* L. Margantin, *Système minéralogique et cosmologie chez Novalis*, *op. cit.*, p. 182-192.

6. Th. Haering, *Novalis als philosoph*, Stuttgart, 1954.

réalisme» (formule fichtéenne), opérant la reconstitution de la totalité nature-esprit, sur la base d'un projet encyclopédique ignoré de Hegel.

Il s'agit d'abord d'opposer l'idéalité vécue affectivement et imaginativement du Tout à travers un médiateur singulier et intime, donc poétiquement intuitif, à l'idéalité conceptuelle de Schelling, et surtout d'indiquer une autre positivité (mathématique-mystique) de ce savoir. La «magie» est un mode de possession et de maîtrise pratiques spécifiquement humain, qui réussit là où l'entendement et ses techniques restent à la surface de la nature extériorisée et là où la raison spéculative (Schelling), sans doute plus profonde, ne nous fournit pourtant en revanche aucune efficience pratique, ce que permet la magie de l'idéal. L'idéalité est bien ici celle de l'imagination poétique : le poète est le magicien qui, d'une part, doit exprimer pour les autres hommes la nature de ce passage du Moi au Monde totalement unifié qu'il a effectué pour lui-même et qui, d'autre part, doit susciter en eux la même expérience de passage initiatique. Celle-ci, loin de la candeur que l'opinion a retenu de la «fleur bleue» romantique, implique de rigoureux rituels corporels: alimentation (anthropophagie et coprophagie de certains *Fragments*), rêves artificiellement provoqués, médecine de l'âme-corps, expériences sexuelles. La coprophagie, notamment, qui peut surprendre de la part du «doux» Novalis, semble un aspect de l'assimilation des forces vitales : «ne pourrait-on se maintenir en vie, en dévorant ses propres excréments?»[1]. Dans ces pratiques magiques, outre le sens du goût, le sens du tact est le sens magique essentiel. En effet, le «tact» est le seul sens qui soit non seulement réceptif comme la vue ou l'ouïe, mais aussi actif. Il est donc passif-actif et permet de manipuler le réel et de se frotter à lui pour obtenir la fameuse «combustion» novalisienne à la fois physique et morale (on dit d'un individu pourvu de sens moral qu'il a du «tact»), sens qui peut réunifier les êtres (les «guérir»). G. Bachelard a souligné le privilège accordé par Novalis au tact magique: «les êtres du rêve, chez Novalis, n'existent donc que lorsqu'on les touche [...] Au lieu de dire que Novalis est un Voyant qui voit l'invisible, nous dirions volontiers que c'est un Touchant qui touche l'intouchable, l'impalpable, l'irréel»[2]. La dimension pratique ou morale, dont Kant faisait un moyen d'accès à l'Absolu, est déplacée par Novalis en dimension pratique-poétique, dimension synthétique corporelle-spirituelle qui conservera néanmoins aussi une fonction

1. Novalis, *Brouillon général*, 167, p. 52.: *cf.* aussi Fragment 117 sur les excréments comme «puissances fécondantes», p. 43.

2. G. Bachelard, *L'eau et les Rêves*, Paris, José Corti, 1989, p. 172. O. Schefer attire l'attention sur ce passage dans *Derniers fragments de Novalis*, *op. cit.*, Introduction, p. 12.

morale, mais élargie à la dimension de l'univers : « le pratique et le poétique ne seraient-ils qu'une seule et même chose? – poétique voulant dire simplement absolument pratique *in specie* », écrivait-il déjà dans les notes sur Kant de 1797[1].

Rédemption, moralisation, romantisation de l'univers

C'est donc étendu à une « vision morale »[2] des rapports entre Dieu et la nature que se comprend chez Novalis le pouvoir poétiquement et magiquement rédempteur du rêve, de l'amour et de la mort, assuré par la poétisation symbolique-technique, idéelle-réelle. Ici, la lecture du philosophe hollandais Hemsterhuis a été déterminante pour le poète-philosophe encyclopédiste. Hemsterhuis posait le projet philosophique dans la découverte de la dimension morale ou « face morale de l'univers » afin de dépasser l'égoïsme ou la séparation dans le repli sur soi qui est une tendance de toute réalité, naturelle comme spirituelle. L'autre tendance qui oriente le mouvement du réel est la tendance à l'union des êtres, à l'amour, et il s'agit finalement de faire que cette tendance domine la première. Cette affirmation de la bi-polarité des êtres (reprise initialement de Boehme et retrouvée dans les spéculations des physiciens modernes sur la polarité magnétique) assurera, verrons-nous, sa fécondité dans la construction de l'*Encyclopédie* novalisienne. Les expériences du rêve, de l'amour et de la mort, expliqués et pratiqués de façon « philosophique », sont susceptibles de nous fournir les « organes moraux » (Hemersthuis[3]) capables de nous ouvrir à l'extériorité du monde et, réciproquement, à intérioriser son apparente extériorité. Dans ces trois expériences, mais tout particulièrement dans l'amour qui en est le centre (« l'amour est le principe de la possibilité de la magie »[4]) nous pouvons entrer en communication avec le monde invisible, le Tout absolu. Fr. von Baader développera amplement cette réciprocité : si l'amour de la femme est une connaissance de l'Absolu par la médiation d'une autre âme ;

1. Novalis, *Schriften*, II, p. 390 (45).

2. Nous reprenons les hypothèses présentées dans A. Stanguennec, « Une nature inflammable. Remarques sur la signification de la combustion dans les *Fragments* d'Encyclopédie de Novalis », dans *Études post-kantiennes*, I. *Le rationnel et l'irrationnel dans la pensée post-kantienne*, Lausanne, L'Âge d'Homme, 1987, 1re partie, chap. 3, p. 61-73.

3. L'ouvrage essentiel de Hemersthuis, surnommé le « Platon moderne » (1721-1790) est à ce sujet les *Lettres sur l'homme et ses rapports* (1772).

4. Novalis, *Encyclopédie*, DG, p. 374. *Cf.* aussi en ce sens J.W. Ritter : « l'ardente nostalgie [*Sehnsucht*] de la connaissance des choses est seulement un combat en vue de l'art d'aimer », *Fragmente aus dem Nachlass eines jungen Physikers*, Heidelberg, 1810, II, § 625, p. 203.

la connaissance de l'Absolu, par la médiation de la connaissance physique ou chimique d'un corps, est aussi un authentique acte d'union amoureuse, jouissive et féconde. Mais l'organe de cette rédemption morale de l'Univers est bien l'imagination productive. Elle est « le cœur productif »[1]. La vocation de l'esprit est « le dépassement de soi-même »[2], autodépassement à entendre comme le mouvement d'un esprit particulier qui, à partir de la Chute du divin dans la « pesanteur » de la nature et l'extériorité réciproque des corps, s'efforce de reconquérir son union intérieure avec lui en une véritable « rédemption ».

La rédemption repose sur un acte de la volonté, faculté morale fondamentale, principe d'un vouloir dire au service d'un vouloir faire technique et éthique, c'est-à-dire d'un vouloir de rédemption morale de l'univers. La magie des trois expériences mentionnées, toujours entretenue et intensifiée par l'imagination productive, réside dans l'équivalent d'un « saut dialectique » par lequel une réalité se dépasse en quittant la particularité qui l'enchaînait et lui « pesait », se niant comme séparée du Tout, en se conservant toutefois comme intégrée à cette totalité spirituelle qui achève de la relever avec elle[3]. Th. Haering a commenté le « magique » novalisien en tant qu'élévation d'un élément préalablement séparé à la totalité, cette « totalisation »[4] étant une « restitution » de la pureté, en le rapprochant de l'*Aufhebung* dialectique hégélienne. Certains phénomènes naturels, telle la combustion, analogon chimique de l'amour, ont eux-mêmes le sens de cette « moralisation de la nature »[5], de sorte que « la loi morale apparaît ici comme la seule grande loi véritable de l'élévation de l'univers »[6]. Dans le rêve, nous quittons les perceptions diurnes pour entrer dans un royaume nocturne de révélation, dans l'amour cosmique nous quittons notre égoïste amour de nous-même pour nous unir à un autre esprit et à travers lui à l'univers[7], dans la mort, enfin, nous quittons ce corps pour nous unir au monde pluriel des esprits qui nous accueille en son sein. Si la vie est « le commencement de la mort » (entendons de la mort à soi comme

1. Novalis, *Encyclopédie*, DG, p. 38.

2. Novalis, *Fragments*, AG, p. 65.

3. Pour le développement de cette comparaison entre dialectique et amour nous nous permettons de renvoyer à notre étude, *Études post-kantiennes*, *op. cit.*, p. 66-69.

4. Th. Haering, *Novalis als philosoph*, Stuttgart, Rcheim-Schwarzbach, 1954, p. 367.

5. Novalis, *Encyclopédie*, DG, p. 75.

6. *Ibid.*, p. 389.

7. *Cf.* Novalis : « ma bien-aimée est l'abrégé de l'univers et l'univers est le prolongement de ma bien-aimée », *Œuvres*, AG, I, p. 329, *Schriften*, II, p. 485.

esprit lié au Tout), la mort est « tout ensemble terminaison et début, séparation en même temps que plus étroite union avec soi-même » [1].

De telles expériences nous aident à constituer notre intériorité en un microcosme qui pourra nous aider à déchiffrer et à pénétrer le macrocosme mondain. Devenant volontaires et magiques, elles réalisent gnostiquement le Grand Œuvre et nous aident à inverser le mouvement malheureux et malfaisant de la Chute, en œuvrant à la domination omniprésente de Dieu en tout étant : « le monde n'est pas encore terminé – pas plus que l'esprit du monde. Le Dieu Un doit devenir un Omni-Dieu (*Allgott*). Le monde Un, un univers » [2]. « Moraliser l'univers » ne veut donc pas dire imposer au Non-Moi les lois de la liberté du Moi, comme c'est le cas chez Fichte [3], mais relever le Monde de sa chute, rédimer les séparations, « universifier » en quelque manière le monde lui-même en une connaissance et une action salvifiques, car « nous sommes ici-bas en mission : c'est notre vocation que d'éduquer la terre » [4]. Une expression synonyme de « moraliser » est, d'une part, celle de « poétiser » dans le sens élargi d'une poétique de moralisation magique : « dorénavant, écrivait Novalis dès 1798, je ne m'occuperai plus que de poésie – toutes les sciences doivent être poétisées – j'espère pouvoir m'entretenir amplement avec vous de cette poésie réelle [*real*], scientifique » [5]. Et plus tard : « la forme accomplie des sciences doit être poétique » [6] ou « toute science devient poésie – après être devenue philosophie » [7]. Un autre synonyme de « moraliser » est « romantiser » (*romantisieren*), ce qui atteste qu'il s'agit pour Novalis de l'essence de l'attitude romantique : « le monde doit être romantisé » [8].

La réciprocité nature-esprit acquiert dès lors une fécondité épistémologique. Ainsi, grâce à l'imagination productive, il y a réciprocité de lecture de la nature par le moyen de l'art et et de la lecture de l'art (technique magico-mathématique) par le moyen de la productivité naturelle, que la

1. Novalis, *Fragments*, AG, p. 357.

2. Novalis, *Schriften*, III, Fragment 782, p. 421.

3. « Que Novalis élargisse la philosophie fichtéenne du Moi vers le bas, par la *Naturphilosophie*, et vers le haut par la théosophie » (J.-L. Vieillard–Baron, *Hegel et l'idéalisme allemand*, Paris, Vrin, 1999, p. 131) nous semble consacrer plutôt l'abandon de la philosophie fichtéenne que son accomplissement.

4. Novalis, *Pollens*, Fragment 32, *Œuvres*, AG, I, p. 361. La position d'une nature souffrante du mal et qu'il s'agit de sauver se trouve également dans le *Clara* de Schelling.

5. Lettre à A.W. Schlegel du 24 février 1798, *Schriften*, II, p. 316.

6. Novalis, *Schriften*, III, p. 527 (17)

7. *Ibid.*, III, p. 396 (684).

8. Novalis, *Œuvres*, AG, II, p. 66, *Schriften*, II, p. 545.

culture prolonge ainsi sur son propre plan. L'art, poétique, mathématique, technique, permet de lire la nature : il a une fonction épistémologique que l'on confirmera en étudiant « l'épistémologie romantique ».

L'ÉPISTÉMOLOGIE ROMANTIQUE

Science et gnose romantique

La question du rôle conféré à la science dans le savoir romantique doit être traitée en rappelant que le romantisme allemand ne présente effectivement rien qui confirme l'image réductrice et risible d'une irréaliste apologie de l'onirique et du nocturne se tenant au plus loin de l'étude des phénomènes objectifs étudiés par les sciences expérimentales. On ne peut dès lors que s'étonner des appréciations démesurément négatives et erronées de R. Caillois, dans un ouvrage collectif pourtant consacré au romantisme allemand par les spécialistes de l'époque : « la science qui inspire le romantisme allemand n'est point celle des laboratoires, mais celle des salons et des cénacles [...] On écoute Ritter, un pseudo-physicien »[1]. Pour ne prendre que l'exemple de Novalis, ingénieur des mines, celui-ci a étudié mathématiques, physique et géologie à l'Académie des Mines de Freiberg dirigé par A.G. Werner, savant de renommée européenne[2]. Novalis se tiendra constamment informé et nourri des sciences de l'« entendement » (*Verstand*) : « je suis convaincu que, par le Verstand froid et technique et le paisible sens moral, on parvient mieux à de vraies révélations que par la Fantaisie qui semble ne conduire qu'au pays des fantômes, cet antipode du vrai ciel »[3]. Par ailleurs, les membres du Cercle d'Iéna s'efforçaient de pénétrer le contenu des connaissances dans tous les domaines du savoir, non seulement la philosophie et l'esthétique, mais les sciences particulières en ce qu'elles avaient de plus spécifique, dans le but d'atteindre la culture

1. R. Caillois, « L'alternative, *Naturphilosophie* ou *Wissenschaftlehre* ? », dans *Le romantisme allemand*, A. Béguin (dir.), Marseille, Les Cahiers du Sud, 1949, rééd. 1966, p. 110.

2. Pour une pondération plus exacte des propos de R. Caillois, *cf.* L. Margantin, FPDM, p. 369 : « Caillois se trompait de cible en centrant ses attaques sur Novalis, qui possédait une solide culture scientifique ».

3. HKA, II, p. 773, texte rappelé par J.-F. Marquet dans « Culture et chaos dans les philosophies du romantisme allemand », *Études philosophiques*, n° 1, janv.-mars 1983, p. 66. La « fantaisie » est l'imagination qui reproduit sans règles, en opposition à l'imagination scientifique et poétique qui produit selon des règles.

comme formation complète et équilibrée de l'individualité. Mais il est vrai que dans le domaine des recherches françaises « on ne découvre que depuis quelques dizaines d'années la qualité des travaux et recherches scientifiques et philosophiques réalisés par Novalis, notamment en minéralogie et en mathématiques »[1].

Un traitement spéculatif des sciences découle donc de la conception susdite de la connaissance ou de la reconnaissance réciproque de la nature et de l'esprit cultivée par les romantiques allemands s'inscrivant dans l'horizon de l'unité nature-esprit dont Novalis a poussé le plus loin l'élaboration. Toutefois, l'interprétation des sciences vise bien à les ressaisir dans une totalité articulant nature et esprit au sein de l'élément philosophique, celui que Novalis envisage pour sa part comme un « idéalisme magique », conformément à ce que nous savons être sa thèse philosophique fondamentale. G. Gusdorf a ainsi usé de l'expression pertinente d'« épistémologie de la totalité »[2] – expression littéralement contradictoire selon une épistémologie analytique – pour désigner la philosophie romantique des sciences. Il convient dès lors de définir plus précisément le monisme caractérisant le fondement des sciences selon les romantiques. Le romantisme est-il un dogmatisme ? Certainement non, au sens vulgaire de ce terme qui renvoie à une manière d'exposer un savoir refusant autoritairement et prétentieusement toute discussion. Ni même au sens où l'entend Novalis de la construction « logique » des post-kantiens reposant sur une intuition seulement intellectuelle comme chez Fichte : « la présentation de la doctrine fichtéenne de la science ne reste-t-elle pas dogmatique ? »[3]. On peut toutefois parler de « dogmatisme » au sens que Kant donnait à ce concept : la prétention d'accéder au savoir de l'inconditionné en ramenant à l'identité le tout de l'être absolu – le « monde » au sens cosmologique du concept – et les aspects multiples de l'objectivité phénoménale fixés par les différentes sciences relevant de l'épistémologie.

Mais cette unité systématique procédant par identification des choses en soi et des phénomènes – que la philosophie critique rejetait comme une confusion propre au dogmatisme métaphysique – peut se constituer de deux façons inverses. Tantôt l'on présuppose la vérité originaire d'un discours sur l'absolu du monde – mythique, religieux, poétique – indépendant des

1. L. Margantin, « Approche de la pensée lyrique de Roger Caillois », *Littérature*, n° 120, 2000, p. 79. L'auteur renvoie à ses recherches dans *Système minéralogique et cosmologie chez Novalis ou les plis de la terre*, *op. cit.*

2. G. Gusdorf, *Les sciences humaines et la pensée occidentale*, IX, « Fondements du savoir romantique », Paris, Payot, 1982, chap. 10.

3. Novalis, *Schriften*, III, Fragment 57, p. 249.

règles du discours phénoménologique, tout en prétendant néanmoins rejoindre, à partir de lui et par des médiations originales, les propriétés qu'obtient de son côté le savoir phénoménal; tantôt, à l'inverse, partant du savoir phénoménal et des catégories de l'entendement objectif, l'on prétend les dépasser par de nouvelles médiations identifiantes, pour rejoindre rationnellement les propriétés de l'être absolu ou du monde en soi. Les romantiques allemands suivent à l'évidence la première démarche, présupposant posée l'unité du Tout[1], avec toutefois des variantes que nous verrons diversement articulées, tandis que le savoir encyclopédique d'un Hegel par exemple, menant à son accomplissement le dogmatisme métaphysique prékantien, emprunte l'autre voie, partant des résultats du savoir d'entendement pour les inscrire dialectiquement dans le tout rationnel et absolu du vrai. Germaine de Staël, sans être une historienne de la philosophie, a toutefois bien défini les deux démarches méthodiques découlant des présupposés de l'encyclopédisme romantique, démarches que nous verrons appliquées au traitement des différentes sciences particulières: «deux grandes vues générales leur servent de guide dans l'étude des sciences: l'une, que l'univers est fait sur le modèle de l'âme humaine; et l'autre, que l'analogie de chaque partie de l'univers avec l'ensemble est telle que la même idée se réfléchit constamment du tout dans chaque partie et de chaque partie dans le tout»[2].

La tradition à laquelle se rattache la «science» romantique, aussi ancienne, voire plus ancienne que celle prolongée par le dogmatisme rationnel de Hegel, est sans aucun doute la gnose. Dans la gnose, le mythe dispose d'une vertu explicative, et tout aussi opératoire – à travers un rituel religieux et moral correspondant. Ce sont ces prétentions que les religions révélées, établissant leurs propres dogmatiques, soumettront à la critique. La connaissance, par le fait même qu'elle nous unit à l'Absolu, ce qui est l'aspect mystique de la gnose, nous sauve du mal qui est la séparation d'avec le principe du Tout, l'enfermement théorique et pratique dans nos particularités extérieures. C'est là l'aspect moral, sans doute plus fondamental encore dans la tradition gnostique. Ce qui caractérise donc la gnose,

1. Ainsi H. Steffens, dans *Grundzüge der Philosophischen Naturwissenschaft*, Realschulbuchaudlung (ed.), Berlin, 1806, p. 3: «l'unité absolue n'est pas le produit d'une *recherche*, comme si une connaissance pouvait commencer en dehors d'elle et se terminer en elle; cette unité n'est pas non plus un *postulat*, elle est bien plutôt l'*Être éternellement présent*».

2. G. de Staël, *De l'Allemagne*, *op. cit.*, 3e partie, chap. x, II, p. 167. La pertinence des analyses de G.de Staël tient en grande partie aux patientes informations de première main, évidemment compétentes, recueillies auprès d'A.W. Schlegel lui-même.

ce sont les fonctions explicatives et pratiques accordées à l'image mythique originaire, et ce, même après l'apparition historique de la science positive. D'où les tentatives répétées des grandes gnoses de confronter leurs symboles et les concepts positifs de la science dans le but de maintenir un sens ésotérique aux résultats exotériques des savoirs « naïvement » scientifiques. À partir d'une interprétation suffisamment profonde des symboles sacrés, il s'agit d'unir à nouveau le savoir et l'action, tous deux enrichis par les apports de l'analyse et de l'expérimentation positives. Ces trois étapes, d'union primitive, puis de séparation et enfin de réunion de l'imaginaire et du concept objectif sont explicitement mentionnées par Novalis : « originellement le savoir et l'action sont mêlés – ensuite ils se divisent et doivent être réunis au but, en coopération et en harmonie, mais non être mêlés »[1]. On voit ici la confirmation de l'intérêt moralement pratique – magique – du projet encyclopédique de Novalis qui maintient à cet égard la visée qui était déjà celle de Paracelse : la régénération de l'univers après le moment de sa Chute dans le mal et la séparation chaotiquement conflictuelle entre les êtres.

Il ne nous semble pas possible pour ces raisons de rattacher la visée de l'idéalisme de Hegel à celle de la gnose[2]. Le concept de la totalité n'est en effet d'abord pas chez Hegel celui d'une « vision morale du monde », vision maintes fois critiquée par lui[3], et fondamentale au contraire dans la pensée gnostique d'un Novalis. S'il arrive en effet à Hegel de présenter la Nature, en termes représentatifs, comme étant « la chute de l'Idée » (*der Abfall der Idee*[4]), il ne s'agit aucunement de la Chute morale dans le mal et dans ce pesant attachement à un soi particulier qu'y décèlent les gnostiques (Paracelse, Boehme, Novalis) mais de la perte de la subjectivité infinie de l'Idée et de la transparence de sa nécessité interne, Hegel rapprochant le « contingent » (*zufällig*) de ce qui est destiné « à tomber » (*zu fallen*). En effet, le seul lieu originaire du mal est selon le philosophe de Berlin la liberté de l'esprit fini. Ensuite, la « décision de philosopher » à laquelle renvoie en effet le commencement hégélien de la réflexion en un acte de liberté, n'est en rien une « conversion » du mal au bien, une décision de rechercher son « salut » en un héritage moralement gnostique, mais le

1. Novalis, *Schriften*, Fragment 49, p. 49.

2. Nous nous séparons sur ce point des riches analyses de J.-L. Vieillard-Baron dans la Conclusion de son livre *Hegel et l'idéalisme allemand*, *op. cit.*, p. 355-360.

3. Notamment dans *La phénoménologie de l'esprit*, VI, C, La vision morale du monde et dans *Les principes de la philosophie du droit*, III, La moralité, § 139.

4. Hegel, *Philosophie de la nature*, *Encyclopédie des sciences philosophiques*, II, trad. fr. B. Bourgeois, Paris, Vrin, 2004, § 248 Rem., p. 187.

projet d'autonomiser la pensée conceptuelle à l'égard de toute hétéronomie représentative : la représentation religieuse n'y est pas le motif mais l'objet de la philosophie. Reste, enfin, le lien entre philosophie et mystique, dimension cette fois indéniable tant chez Hegel que chez les romantiques, puisque le premier a rapproché lui-même les deux connaissances : « relativement à la signification du spéculatif, il y a encore à mentionner que l'on peut entendre par là la même chose que l'on avait coutume, surtout en rapport avec la conscience religieuse et son contenu, de désigner comme le mystique [...] Le mystique (en tant que synonyme du spéculatif) est l'unité concrète de ces déterminations qui, pour l'entendement, ne valent comme vraies que dans leur séparation et opposition. [...] Tout ce qui est rationnel peut, par conséquent, être désigné en même temps comme mystique »[1]. La dimension « mystico-spéculative » de l'idéalisme hégélien s'inscrit donc dans un contexte rationnel-théorique et non dans le contexte moralement et religieusement pratique qui demeure celui de la gnose : mysticisme spéculatif et mysticisme gnostique doivent en conséquence être distingués. L'union identifiant absolument les opposés, et supérieurement à tous, les deux opposés que sont l'esprit fini et l'esprit infini dans la spéculation philosophique, n'a à nouveau rien d'un salut moral et religieux de nature gnostique, mais se rapproche elle-même de la joie de la pensée évoquée par Aristote et de la béatitude éprouvée par un Spinoza, qui sont les deux références majeures de Hegel dans le domaine de la jouissance spéculative.

Le projet encyclopédique de Novalis

D'une façon qui peut paraître paradoxale, l'ambition « encyclopédique » tant à l'égard des sciences de la littérature (grammaire, philologie, critique, herméneutique, théorie de la traduction) qu'à l'égard des sciences naturelles (physique, chimie, minéralogie, géologie, etc.) est partagée par les romantiques allemands. Leur projet repose d'ailleurs sur un certain nombre de présupposés communs aux encyclopédistes français de la fin du XVIIIe siècle qui, dans le temps, les précèdent de peu, même si la finalité dernière et les moyens qu'ils se donnent pour mettre en œuvre ce projet en diffèrent profondément. Ces suppositions communes aux deux encyclopédismes sont les suivantes : il y a une interrelation entre les différentes sciences dont certaines peuvent servir de modèles pour l'avancement des autres ; il y a un intérêt et une fécondité pratiques des sciences que l'encyclopédie peut permettre de réaliser ; enfin, il existe, à l'époque actuelle, une

1. Hegel, *Encyclopédie*, *op. cit.*, I, § 82 Add., p. 515-516.

pratique collective des sciences et une véritable communauté des savants donnant une impulsion à de nouveaux groupes et à de nouvelles écoles de recherches[1]. Mais, sur la base de ces présupposés communs, finalité et méthode des encyclopédistes allemands sont à distance de celles des encyclopédistes français. Selon A.W. Schlegel la méthode des Français est empirique – procédant par inventaire et juxtaposition de matériaux accumulés sans exclure par ailleurs les techniques artisanales. Il retrouve le reproche que leur faisait déjà Goethe : « quand nous entendions parler des encyclopédistes, et quand nous ouvrions un tome de leur formidable ouvrage, cela nous produisait l'effet qu'on ressent à marcher entre les innombrables bobines et métiers en mouvement d'une grande usine [...] hors d'état de comprendre une installation où tout s'enchevêtre avec une variété infinie »[2]. De plus, leur finalité relève avant tout des *Lumières*, puisqu'il s'agit de vulgariser et de simplifier à l'intention du lecteur commun les connaissances scientifiques. Tâche impossible, estime à nouveau Schlegel, lorsque ces sciences sont éminemment complexes. La méthode des romantiques implique au contraire une difficile initiation au sens ésotérique des sciences et chez les plus exigeants d'entre eux une finalité de salut spirituel de l'humanité relevant d'un projet, qui, nous l'avons dit, participe, particulièrement chez Novalis, de la tradition gnostique. Celui-ci a lu et cité le *Discours introductif* de d'Alembert auquel il reproche une conception trop empirique de la mémoire reproductive et une méthode de simplification excessive par réduction des savoirs[3].

La prétention systématique de la méthode encyclopédique, même s'il s'agit d'un idéal impliquant l'inachèvement effectif, fait plutôt se rapprocher les romantiques des encyclopédies idéalistes et spéculatives. L'une des sources est l'idée kantienne selon laquelle l'exposition des sciences ne doit pas se faire par accumulation ou inventaire rhapsodique, mais à partir de l'Idée de système prise comme principe. Côté philosophie, c'est l'*Encyclopédie* de Hegel qui est le modèle contemporain mettant en œuvre cette Idée. Dès ses années d'enseignement au *Gymnase* de Nuremberg (1808-1816), Hegel donnait à son enseignement la forme d'une initiation encyclopédique, avant d'en publier la totalité développée dans la première

1. Sur ces convergences partielles entre encyclopédistes français et allemands, *cf.* U. Dierse, *Enzyklopädie. Zur Geschichte eines philosophischen und wissenschaftlichen Begriffs*, Bonn, Bouvier Verlag, 1977.

2. Goethe, *Dichtung und Wahrheit*, HA, IX, p. 487, trad. fr. P. du Colombier, *Poésie et vérité. Souvenirs de ma vie*, Paris, Aubier, 1941, p. 313.

3. *Cf.* en particulier sur l'*Encyclopédie* de Diderot et d'Alembert, le *Brouillon général*, Fragments 328-333, avec plusieurs citations des auteurs français, trad. Schefer, p. 81-82.

édition de l'*Encyclopédie* (Heidelberg, 1817). Toutefois, et sans ignorer ces tentatives systématiquement philosophiques, les trois encyclopédistes romantiques que furent les frères Schlegel et Novalis font des schèmes littéraires du symbole et de l'analogie mathématique du calcul – non du concept purement logique ou dialectique – les facteurs d'interrelation entre les différentes disciplines totalisées. Malgré le caractère ébauché de son *Brouillon général*, c'est encore Novalis qui est allé le plus loin dans le projet d'exhaustion relatif aux sciences de la nature et de l'esprit, les frères Schlegel ayant principalement approfondi la problématique encyclopédique des disciplines littéraires en référence au projet antérieur de F.A. Wolf[1]. C'est donc la comparaison de son *Encyclopédie* avec celle de Hegel qui serait ici la plus instructive pour saisir la spécificité des facteurs de totalisation des phénomènes scientifiques, si l'on admet avec W. Benjamin que « la théorie romantique de la connaissance esthétique fut, sous le nom de critique, principalement élaborée par Friedrich Schlegel; celle de la connaissance de la nature le fut, entre autres, par Novalis »[2]. Novalis souligne dans un de ses *Fragments* la fonction d'unification de son projet: « toutes les sciences constituent un seul livre »[3]. Mais il désigne ce projet comme celui d'un « encyclopédistique »[4] plutôt que comme celui d'une « encyclopédie », sans doute pour souligner qu'il s'agit plus d'un thème fonctionnel que d'une substance pleine du savoir.

Reste à envisager un schème, c'est-à-dire une règle de construction permettant de fournir « l'élément » unifiant. Novalis fournit quelques indications en ce sens: « (C'est mon élément) (Ainsi l'oxygène est l'élément du feu). De l'élément des idées – et de chaque idée en particulier – leur indispensable chaleur »[5]. Nous avons déjà insisté sur la portée heuristique de l'expérience centrale de l'amour et de la combustion selon la théorie qu'en élabore Novalis. Dans l'*Encyclopédie*, il met cette expérience de la combustion amoureuse en rapport avec le « dépassement moral de soi-même » à partir de la chute et de l'enfermement dans la particularité d'un secteur du réel dans lequel dominent, réellement et idéellement, la pesanteur, le choc et les forces du milieu extérieur. Deux fragments sont parti-

1. F.A. Wolf, *Vorlesungen über die Altertumwissenschaft* (1785), J.D. Gürder (ed.), Leipzig, Lehnold, 1832-1835. Il faut y ajouter les travaux de Fr. Ast et de A. Boeckh.

2. W. Benjamin, *Le concept de critique esthétique dans le romantisme allemand*, *op. cit.*, p. 91.

3. Novalis, *Encyclopédie*, Fragment 12 (IV-771), DG, p 41.

4. Par exemple, *Brouillon général*, Fragment 218, trad. Schefer, p. 59. Sur ce terme *cf.* O. Schefer, Glossaire, *ibid.*, p. 315.

5. *Ibid.*, Fragment 50 (IV-639), DG, p. 48.

culièrement à retenir ici : « la pesanteur procède de l'esprit »[1] et « Dieu est d'un métal infiniment solide – le plus corporel et le plus lourd de tous les êtres »[2]. Le schème de la totalisation empruntera donc l'analogie – symboliquement morale – d'un mouvement allant des sciences dans lesquelles la pesanteur, la chute et le choc extérieur dominent – astronomie, physique, géologie – vers les sciences dans lesquelles s'amorcent et s'amplifient les phénomènes d'oxygénation, de combustion, d'échange, de reproduction – formation des minéraux, électricité, galvanisme, chimie et physiologie. La minéralogie dont Novalis était un spécialiste apparaît comme une science privilégiée dans cet ensemble[3]. Novalis exploite ici les travaux de Ritter concernant l'opposition et la complémentarité des phénomènes d'oxygénation (oxydation) et de désoxydation, dans le cadre plus général d'une physique des polarités sur laquelle nous reviendrons plus bas à propos du traitement romantique des sciences particulières. Reste bien cet effort de relève et de moralisation immanent à la nature et à l'esprit qui servira de fil conducteur à l'étude de chaque science, en y montrant le degré d'aboutissement de cet effort et ses limites par rapport à d'autres tentatives. La symbolisation de l'« amour » par la « flamme » explique le caractère exceptionnellement important accordé par Novalis au phénomène de la « combustion », c'est-à-dire de l'« oxydation » : « l'anéantissement de l'air est une instauration du royaume de Dieu »[4], et cet anéantissement est une oxydation : « la vie de la nature tout entière est une instauration du royaume de Dieu »[5].

Les historiens des sciences ont vu dans l'alchimie, non un prédécesseur immédiat de la chimie positive – lequel antécédent se situerait plutôt dans la tradition empiriquement artisanale de l'« archimie » – mais un type de discours et de pratique réellement mixte : la « pierre philosophale » détient simultanément des propriétés matériellement chimiques et magiques de nature rituelle et mythique, les secondes commandant les premières[6]. Conformément à la structure de la connaissance gnostique rappelée plus haut, les propriétés objectives de la pierre philosophale – ses effets de remède physique – sont la manifestation exotérique de propriétés participatives de la divinité : celui qui l'utilise « magiquement » opère à nouveau cette unité, répète l'unité de la création. Les phénomènes de liaison et de séparation étant les phénomènes les plus généraux de la nature,

1. *Brouillon général*, Fragment 1039 (IV-146), DG, p. 248.
2. *Ibid.*
3. *Cf.* L. Margantin, *Système et minéralogique et cosmologie chez Novalis*, *op. cit.*
4. Novalis, *Encyclopédie*, DG, p. 248.
5. *Ibid.*
6. R. Alleau, *Aspects de l'alchimie traditionnelle*, Paris, Minuit, 1953.

l'*Encyclopédie* novalisienne considèrera la chimie comme une science modèle, dans la mesure où elle permet de connaître les différents niveaux de liaison et de séparation entre les corps : « on pourrait aussi bien traiter la chimie sur un mode musical, calorique, galvanique et électrique »[1], ceci parce que « dans presque toutes les opérations chimiques, tous les degrés de liaison ou de séparation, etc., préexistantes, apparaissent simultanément dans diverses relations »[2]. Novalis saisit dans la chimie une science qui résout en complexité ordonnée les formes et les couleurs apparemment les plus désordonnées que revêtent les phénomènes : « la chimie est bien la première science qui nous permet de connaître (ou de reconnaître) la complexité de la matière, qui, loin d'être confuse et informe, est composée de formes entremêlées et cependant "lisibles" »[3]. Novalis, en privilégiant l'expérience chimique de la combustion, donnera à l'oxygène le sens de la pierre philosophale : « les anti-phlogisticiens font de l'oxygène la pierre philosophale »[4]. La combustion et dans un contexte géologique les phénomènes volcaniques présenteront donc un intérêt particulier. On sait que théories neptunistes (insistant sur les inondations et le retrait des mers) et théories volcanistes s'affrontent à la fin du XVIIIe siècle pour expliquer l'histoire de la terre. Novalis perçoit vite les insuffisances des premières auxquelles son maître Werner restait attaché. Il n'a pas pu, pour cette raison, ne pas accorder une importance toute particulière aux phénomènes chimiques de combustion et de refroidissement des éléments (sous l'influence en particulier de l'eau) dans la formation de la terre.

Qu'en est-il des théories chimiques de la combustion à cette époque ? Selon G. Stahl, tous les corps combustibles contiennent une matière ou principe du feu (le phlogistique) qu'ils perdent au cours de la combustion ou de la calcination (transformations des métaux en chaux par exemple). Lavoisier a rompu avec ce schéma explicatif en montrant que la combustion n'est pas la perte d'un imaginaire phlogistique mais une fixation de l'oxygène (un gaz observable). Dans cette perspective les « anti-phlogisticiens » romantiques qui, comme Novalis, acceptent l'aspect matériel de l'explication de Lavoisier considèrent pourtant l'oxygène comme un remède chimique et comme un remède magique (participant à l'esprit de la nature). De plus, Novalis continue – contradictoirement selon toute apparence – de se référer à la théorie du phlogistique pour expliquer, non la

1. Novalis, *Encyclopédie*, Fragment 710, DG, p. 182.
2. *Ibid.*, Fragment 711, DG, p. 182.
3. L. Margantin, *Système minéralogique et cosmologie chez Novalis*, *op. cit.*, p. 98.
4. Novalis, *Encyclopédie*, Fragment 1708, DG, p. 378.

combustion, mais les phénomènes opposés de fermentation et d'excrétion. Il avait en effet posé la question : « chaque corps serait-il composé de phlogistique et d'anti-phlogistique ? »[1], en y répondant affirmativement. Il est donc anti-phlogisticien pour expliquer la « flamme positive »[2] (la nutrition, l'assimilation du principe universel), mais il reste phlogisticien pour « expliquer » la « flamme négative » qui fait perdre à un corps ses ferments, ses déchets, ses excréments (moralement interprétée, il s'agit de l'expulsion de la particularité séparée) : « la matière morte est du phlogiston » et « phlogiston = esprit »[3]. Qu'il s'agisse de « l'esprit » ne doit pas troubler l'interprète puisque, dans la nature, toute réalité a une dimension matérielle et une dimension spirituelle, l'essentiel étant de savoir s'il s'agit d'une réalité qui tend à la séparation (particularité, pesanteur, mal) ou à l'union (universalité, élévation, bien). En effet si « la pure chimie est la théorie des affinités », il n'en reste pas moins que dans la nature « seul un soi peut accéder à un soi »[4]. Ainsi la théorie de l'oxydation ne rend compte en « une utilisation ingénieuse » des idées de Lavoisier que de la « moitié »[5] des phénomènes, tandis que la théorie du phlogistique rendrait compte de l'autre moitié (fermentation, décomposition), Stahl présentant lui-même son hypothèse dans les termes d'une « théorie de la fermentation ».

La combustion positive croissante permettrait de comprendre la progression du minéral à l'homme, tandis que la combustion négative expliquerait les régressions et les dégradations de la nature : « la phil(osophie) qui laisse progresser la nature du minéral à l'humain est une philosophie de la nutrition – de la combustion positive – une théorie du feu – celle qui au contraire ferme la marche est la philosophie de la fermentation, de la combustion négative – une théorie de la sécrétion »[6]. Toutefois, l'instabilité et la différenciation incessantes des éléments dynamiques caractéristiques de la nature selon Novalis, empêchent son encyclopédistique d'être unilatéralement progressive, l'idée de métamorphose étant autant chez lui progressive que régressive. Il en résulte que, si nous considérons l'envers spirituel de ces phénomènes, à la moralisation succèderait inéluctablement une démoralisation. Le combat moral est lui aussi infinitisé, sans qu'il s'agisse d'un progrès à l'infini comme chez Kant

1. Novalis, *Encyclopédie*, Fragment 732, DG, p. 185.
2. *Ibid.*, Fragment 690, DG, p. 179.
3. *Ibid.*, Fragment 1038, DG, p. 248.
4. *Ibid.*, Fragment 710 et 712, DG, p. 182.
5. *Ibid.*, Fragment 691, DG, p. 179.
6. Novalis, *Brouillon général*, Fragment 130, trad. Schefer.

et Fichte. L'importance du phénomène de la combustion est telle dans l'*Encyclopédie* de même que dans les productions littéraires de Novalis que G. Bachelard en a fait « le complexe de Novalis », cette tendance universelle vers le feu comme frottement produisant une chaleur partagée : l'intuition chimique de l'oxydation y étant d'ailleurs sans doute plus profonde que l'intuition mécanique du frottement[1].

L'importance de la « métaphysique du feu » était notable chez Boehme pour qui la flamme est unité de la lumière et de l'air (universel) unies à un corps (fait de terre et d'eau) qui est son aliment toujours particulier, en soi obscur. Les quatre éléments, supérieurs et inférieurs, sont donc groupés deux à deux, la flamme étant leur synthèse. La matière terrestre et aqueuse est nécessaire à la lumière pour que celle-ci soit déterminée et qu'elle perde son statut de néant, d'universelle indétermination qu'elle serait sans son opposée, la particularité corporelle qui, en elle-même, tend à la séparation. Si la matière obscure détermine la lumière, réciproquement la lumière du feu permet de réunir la particularité avec d'autres dans la construction progressivement vivante de la nature créée. Toutefois, toute matière locale finit par se consumer et se réduire en cendres, d'où la nécessité d'alimenter sans cesse le feu générateur des étants[2]. Cette unité polémique de la lumière et de la matière consumée dans la flamme se retrouve à l'évidence chez Novalis. La flamme, comme l'amour, opère un double processus, de séparation avec la particularité qui enchaîne un corps de façon pesante en son temps et son lieu circonscrit, et de liaison avec un contenu ou un facteur d'universalisation qui le libère et le relève dans un milieu aérien supérieur : « la flamme lie ce qui est séparé et sépare ce qui est lié »[3]. Brûler (d'amour), c'est se séparer de son moi particulier et obscur – de son moi étroit – c'est pourquoi l'altérité de l'autre commence par nous répugner (répulsion de l'étranger) – et en même temps s'unir à cet autre dans la mesure où il nous universalise en nous assimilant à lui (attraction pour un facteur d'universalisation). Le « stimulant » (*Reiz*) a généralement, dans le vocabulaire de Novalis, cette propriété d'être répugnant-résistant et attractif-sollicitant : « *aller Reiz zieht an* [tout stimulant attire] »[4]. Après Novalis, J.W. Ritter reviendra lui-même synthétiquement sur cette « physique du feu » à la fois matériel et spirituel dans son *Discours à l'Académie de*

1. G. Bachelard, *Psychanalyse du feu*, Paris, Gallimard, 1949.

2. Sur cette unité et ce combat des opposés dans le feu, *cf.* A. Koyré, *La philosophie de Jacob Boehme*, *op. cit.*, p. 279-285.

3. Plusieurs références, DG, Fragment 674, p. 176 et Fragment 163, p. 75 notamment.

4. HKA, II, p. 415.

Munich (1806), traitant de la physique comme art : « cette grande Terre que tu appelles Nature n'a-t-elle fait que pour toi l'expérience de la mort, et sera-ce toi qui, un jour, après une longue séparation, seras celui qui, en se réunissant à elle, viendra la réveiller. Toute la création animée, vois-là comme ce que tu as précipité dans la honte et ce que tu dois sauver [*erlösen*], comme toi-même »[1].

Deux différences se remarquent toutefois entre le projet novalisien d'encyclopédistique et l'*Encyclopédie* de Hegel. Tout d'abord, celui-ci ne saurait accepter que les analogies (qu'il juge arbitraires) de la nature avec l'esprit (et réciproquement) puissent constituer un savoir authentique et il en fait le reproche voilé à Schelling – non nommé – et à ses disciples romantiques dans la *Préface* à *La phénoménologie de l'esprit* de 1807 : « quand le formalisme de la philosophie de la nature vient à enseigner que l'entendement est l'électricité ou que l'animal est l'azote ou encore est égal au sud ou au nord, [...] là-devant, l'inexpérience peut bien être plongée dans un étonnement admiratif, y révérer une profonde génialité. [...] Le truc d'une telle sagesse est aussi vite appris qu'il est aisé de le mettre en pratique »[2]. L'*Encyclopédie* (1827) soulignera plus durement encore ce qu'il tient pour d'impardonnables faiblesses méthodologiques : « encore moins admissible est-il d'en appeler à ce qui a été nommé intuition et qui, habituellement, n'a été rien d'autre qu'une manière propre à la représentation et à l'activité de l'imaginaire [*Phantasie*] et aussi à l'imagination fantastique [*Phantasterei*], de procéder selon des analogies qui peuvent être contingentes ou plus significatives, et qui impriment aux objets des déterminations et des schémas de façon seulement extérieure »[3]. Hegel ignore ici tout l'apport que l'analogie à base de calcul (combinatoire et différentiel) est susceptible de fournir à une encyclopédistique comme celle de Novalis, formant le point de départ et le complément – c'est là sa profonde originalité déjà soulignée – des analogies poétiques proprement imagées.

La seconde différence remarquable concerne la question de l'achèvement de l'exposition encyclopédique. Tandis que Hegel suppose un achèvement de l'histoire des sciences particulières, au moins concernant leurs concepts fondamentaux, ce qui permet de refermer avec sûreté le

1. J.W. Ritter, *Physik als Kunst*, Munich, Lindauer, 1806, p. 53-54, trad. fr. A. Faivre dans « Physique et métaphysique du feu chez Johann Wilhelm Ritter (1776-1810) », *Les Études philosophiques*, n° 1, janvier-mars 1983, p. 40.

2. Hegel, *La phénoménologie de l'esprit*, Préface, *op. cit.*, p. 94-95.

3. Hegel, *Encyclopédie*, II, *Philosophie de la nature*, § 246 Rem., *op. cit.*, p. 186-187.

cercle encyclopédique et de réunir les *membra disjecta* des sciences, Novalis ne suppose pas que les sciences dont il traite soient pour l'essentiel achevées en 1795 – année de l'élaboration de ses premiers « brouillons ». Ceci relève d'une double impossibilité : de forme ou de méthode, et de matière ou de contenu encyclopédique. Concernant la méthode, Novalis est suffisamment clair : « bien des sciences ne sont pas complètes – il leur manque des membres – ce sont des monstres scientifiques »[1]. Ceci lui fait retrouver l'idée, qui était également présente chez Fr. Schlegel, d'une approximation méthodique infinie du système de l'être objectif : « la philosophie ne sera vraiment visible qu'une fois achevé le système complet de toutes les sciences sans exception et pas avant. Par cette condition [...] il est facile d'expliquer pourquoi la vraie philosophie, sa réelle substance, ne saurait jamais être exposée »[2]. À l'égard d'un achèvement encyclopédique tel que Hegel y prétend, tel *Fragment* novalisien serait très critique en y voyant un symptôme de maladie spéculative : « une tendance absolue à l'achèvement et à la perfection est une maladie dès qu'elle se montre destructive et réfractaire à l'égard de l'inachevé, de l'imparfait, etc. »[3]. La dimension autocritique de l'inachèvement en progression vers un achèvement à l'infini confirme ici l'ancrage kantien-fichtéen initial de Fr. Schlegel et de Novalis dans la philosophie critique, bien que le second ait opté, nous l'avons vu, pour une théorie de la connaissance accessible au divin dans la nature, alors que le premier s'orientait vers une substitution historique, celle de l'esprit de catholicité du christianisme, au sein d'une philosophie de l'histoire. Mais c'est aussi eu égard au contenu de cette encyclopédie des sciences naturelles que l'achèvement est impossible. Dans une nature totalement dynamique, il n'y a pas de formations stables et surtout pas de formes achevées : les modes d'union et de séparation, d'attraction et de répulsion se développeront infiniment. Il faut donc plutôt songer à une alternance de composition et de décomposition, plutôt qu'à la maîtrise conceptuelle de composés éternellement stabilisés, car « la nature est ennemie des possessions éternelles. Elle détruit selon des lois immuables tous les signes de propriété, efface tous les monuments distinctifs de la formation »[4].

1. Novalis, *Brouillon général*, 1798-1799, Fragment 782, DG, p. 55.
2. Novalis, Fragment de 1800-1801, AG, 218, p. 413.
3. *Encyclopédie*, DG, p. 384.
4. Novalis, *Pollens*, Fragment 13, dans *Œuvres*, I, AG p. 357.

Le traitement des sciences de la nature

Le premier pôle épistémologique étant celui de la nature, c'est en particulier celui dont traite la physique. La mise en question de l'irréductibilité et de l'autosuffisance du paradigme euclidien-galiléo-newtonien caractérise, dit-on, les « physiciens » romantiques. Dès lors, il serait impossible de pratiquer à leur égard cette « récurrence positive » de l'histoire de la physique que G. Bachelard concevait comme une histoire du jugement sur le modèle d'un tribunal épistémologique. Pourtant, nous l'avons perçu dans le projet encyclopédique novalisien, les savants romantiques, sans aucunement l'exclure, intègrent bien la science positive galiléo-newtonienne mais en la prolongeant en un « savoir interprétatif » d'une autre sorte, ce qui est par ailleurs le présupposé indéniable de leur pré-compréhension d'une unité des phénomènes à reconstruire en termes de « philosophie de la nature » ou de « physique spéculative ». Cette dernière expression schellingienne impose la prise en compte rigoureuse des données empiriques de la physique, mais ne renvoyant qu'à la dimension objective de la nature, dimension qu'il s'agit de compléter par sa dimension quasi-subjective. Dès 1797, dans les *Idées pour une philosophie de la nature* qui seront l'un des livres de chevet des romantiques et dont nous avons vu qu'il est une des lectures de Novalis à Freiberg, Schelling écrivait : « il est exact que la chimie nous apprend à lire les éléments, la physique les syllabes, les mathématiques la nature ; mais on ne doit pas oublier que c'est à la philosophie qu'il revient d'interpréter ce texte lu »[1]. La même année, en critiquant les kantiens qui cantonnent scolastiquement leurs débats autour de la chose en soi et de l'aperception transcendantale, il précise cette intention : « tandis que les kantiens encore maintenant (ignorant ce qui se passe en dehors d'eux) se battent avec leurs fantômes de choses en soi, des hommes d'esprit véritablement philosophique font sans bruit dans les sciences naturelles et la médecine des découvertes auxquelles bientôt s'attachera immédiatement la saine philosophie et qu'un cerveau doué d'intérêt pour la science doit achever de rassembler »[2].

Goethe avait donné l'impulsion à la critique du réductionnisme newtonien et à la philosophie de la nature dans sa *Farbenlehre* (la *Théorie*

1. Schelling, *Idées pour une philosophie de la nature* (1797), trad. Raulet dans *Les lumières allemandes*, *op. cit.*, p. 142.

2. Schelling, « Article du Journal philosophique » (1797), dans *Sämtliche Werke*, Stuttgart, Augsburg, 1856-1861, I-1, p. 348, trad. Raulet, dans *Les Lumières allemandes*, *op. cit.*, p. 135, n. 28.

des couleurs[1] élaborée entre 1790 et 1810, année de son édition définitive) que soutiendront explicitement les physiciens romantiques, au premier rang desquels J.W. Ritter[2]. La théorie newtonienne des couleurs s'inscrivait dans l'horizon général de son optique, elle-même encadrée par sa mécanique et sa physique mathématique : *Optics, or a Treatise of the Reflexions, Refractions, Inflexions and Colours of Light* (1704). Celle de Goethe s'effectue dans le cadre d'une sorte de phénoménologie de la nature[3] où celle-ci apparaît complémentairement sous deux aspects, quantitatif et qualitatif, le second étant seul à même – c'est la thèse fondamentale de Goethe – de donner son sens plein au premier : « si nous observons cet univers selon les facultés qui nous ont été données, de toute notre pensée et de toutes nos forces, nous reconnaissons que la quantité et la qualité sont les deux pôles de la réalité phénoménale »[4]. D'où le primat accordé à une approche psychophysiologique de l'expérience des couleurs à laquelle Goethe accordera la prévalence même dans la restitution des expériences physiques et chimiques, en dénonçant ironiquement la « cécité » de Newton, concernant la constitution de « la couleur physiologique »[5]. Ce dernier n'a considéré comme déterminants que les substrats matériels des « couleurs physiques » et des « couleurs chimiques »[6].

Toutefois, selon Goethe, notre expérience subjective de la couleur s'inscrit elle-même dans le « phénomène originaire » (*Urphänomen*) que présente toute réalité naturelle, phénomène exposant une polarité ou unité-dualité en tension : « la nature ne peut nous apparaître, ne peut venir au-devant de nous sous la forme d'un phénomène qu'en se présentant d'une manière qui indique soit une division primitive susceptible de réunion, soit une unité primitive susceptible de division. Diviser ce qui est uni, unir ce qui est divisé, voilà l'activité de la vie, l'action élémentaire de la nature ; voilà cette systole et cette diastole éternelles, cette éternelle *Synkrisis* et *Diakrisis*, cette inspiration et cette expiration du monde au sein duquel

1. Newton, *Traité d'optique*, trad. fr. P. Coste (1722), rééd. Paris, Gauthier-Villars, 1955.

2. Il est même arrivé à Ritter d'expérimenter sur les couleurs en compagnie de Goethe, *cf.* Goethe, *Weimar Ausgabe*, III abt, 3 Bd., *Journal de Goethe*, p. 7-11.

3. Cette proximité entre la « *Naturphilosophie* » de Goethe et la démarche d'une phénoménologie de la perception de type husserlien est mentionnée par L. Van Eynde dans *La libre raison du phénomène*, *op. cit.*, p. 78-108.

4. Goethe, *Maximes et réflexions*, trad. fr. G. Bianquis, Paris, Aubier, 1943, p. 180-181.

5. De même qu'il qualifiera les newtoniens de « vrais obscurantistes », *Maximes et réflexions*, *op. cit.*, p. 173.

6. Goethe, *Die Schriften zur Naturwissenschaft, Auftrage der Deutschen AKademie der Naturforscher, Zur Farbenlehre*, I, Bd IV, Weimar, 1955, Einleitung, p. 20.

nous vivons, nous nous mouvons et nous sommes »[1]. Concernant la théorie des couleurs, il est significatif de son égal anti-newtonisme que Hegel ait suivi de près la théorie goethéenne maintes fois citée avec approbation dans sa *Philosophie de la nature*. Il s'y appuie comme Goethe sur l'observation de la « vision des couleurs » et non sur leur simple construction mathématique et physique. Et il le fait en reprenant les critiques de Goethe relatives à la composition de la lumière blanche par une multiplicité de couleurs fondamentales (§ 320) et à la « cécité théorique » du savant anglais : « Goethe a illuminé ces ténèbres »[2]. Ainsi les couleurs résultent de l'unité de la lumière (principe d'union) et de l'obscurité (principe de division) se spécifiant en divers degrés. Hegel donnera une forme conceptuellement (dialectiquement) rationnelle à cette unité des opposés dont le sens génialement goethéen « anticipe » selon lui sa propre compréhension rationnellement dialectique : la lumière est l'identité à soi simple du soi matériel et l'obscurité est sa différence pesante, séparée dans des masses quantitativement différenciées[3]. L'admiration mutuelle des deux auteurs allemands concernant la *Naturphilosophie* ne va toutefois pas sans réserves de part et d'autre. Goethe, pour qui la nature est absolument substantielle et autosuffisante, voit dans la dialectique hégélienne une fâcheuse manière de nier le supposé négatif de la nature massive au bénéfice de l'esprit[4]. Or c'est l'esprit qui est le Rien : « l'esprit qui toujours nie » (*der Geist der stets verneint*[5]). Par contre, la nature, « ce qui s'oppose au Rien, le quelque chose [*das Etwas*], ce monde massif, écrit-il, je n'ai, quoique j'aie tenté, jamais pu l'entamer »[6]. De son côté, Hegel voit dans le « phénomène originaire » goethéen une intuition de l'entendement abstrait n'anticipant que de très loin les déterminations concrètes des concepts spéculatifs : elle ne fait que « découvrir le phénomène primitif, le saisir "abstraitement" (comme nous disons) »[7].

Toutefois et par avance, comme le gnosticisme romantique, la philosophie goethéenne de la nature inscrit bien les phénomènes objectivement dérivés de la physique mathématique dans une phénoménalité originaire de

1. Goethe, *Die Schriften zur Naturwissenschaft, op. cit.*, I, Bd IV, § 739, p. 216-217, trad. Gusdorf dans *Le savoir romantique*, *op. cit.*, p. 221.

2. Hegel, *Encyclopédie*, II, *Philosophie de la nature*, § 320, *op. cit.*, p. 276.

3. Hegel, *Philosophie de la nature*, Encyclopédie, II, § 276, *op. cit.*, p. 231.

4. *Cf.* les *Conversations de Goethe avec Eckermann*, trad. fr. J. Chuzeville, Paris, Gallimard, 1949, p. 547 : « je suis bien sûr que plus d'un esprit atteint de dialectique pourrait trouver sa bienfaisante guérison dans l'étude de la nature ».

5. Goethe, *Faust I*, trad. fr. H. Lichtenberg, Paris, Aubier, 1932, p. 44.

6. *Ibid.*, p. 45, traduction légèrement modifiée.

7. Hegel, *Correspondance*, trad. fr. J. Carrère, Paris, Gallimard, 1962, II, p. 212.

la nature pourvue d'un sens vital dont la compréhension suscite une correspondance entre « division » (source d'affects négatifs) et « union » (source d'affects positifs), toujours en rapport de combinaison avec dominante entre les extrêmes de la lumière et de l'ombre. Il n'est donc pas étonnant que dans sa théorie des couleurs Goethe fasse état d'une lettre du peintre Ph.O. Runge[1] dans laquelle ce dernier lui fait part de ses observations sur les oppositions, la complémentarité et les valeurs affectives symboliques des couleurs de paysage.

Dans ce prolongement, pour les physiciens romantiques, le vitalisme naturaliste n'exclut point tant le mécanisme qu'il n'en fait le moyen de la finalité vitale, de même que la réalité corpusculaire n'empêche point tant l'organicisme qu'elle n'en fournit le matériau à informer. L'objectivité empirique du phénomène, construite expérimentalement et séparément sur son plan propre n'est que la manifestation d'une essence qui s'y exprime, tout en s'y dissimulant, tant du moins que l'on ne dispose pas de la clé interprétative gnostique. À qui manque cette clé, la compréhension totale du phénomène échappe, même s'il peut prétendre l'avoir expliqué dans la ligne horizontale du mécanisme et de l'analyse. Telle est éminemment la thèse du physicien J.W. Ritter (1776-1810[2]). La figure de ce dernier, en raison de son savoir étendu, de ses contributions scientifiques et de ses interprétations totalisantes, domine la science romantique. Il ne fut pas le « pseudo-physicien » stigmatisé durement par R. Caillois. Goethe lui-même l'appréciait particulièrement : « un véritable Ciel de savoir sur la Terre ». Novalis aura ce mot : « Ritter est chevalier (comme son nom l'indique). Nous ne sommes que des écuyers »[3]. Ritter décomposa expérimentalement l'eau en ses deux gaz ; il réalisa les premières électrolyses[4] et découvrit le rayonnement ultraviolet. Auteur d'études électro-chimiques sur le « galvanisme animal »[5] qui feront aussi date dans l'histoire de la

1. Sur la peinture de Runge, *cf.* plus bas, chap. II, 2, p. 150-151.

2. Sur J. Ritter, *cf.* W.D. Wetzels, *Johann Wilhelm Ritter: Physik im Wirkungsfeld der deutschen Romantik*, Berlin-New York, de Gruyter, 1973, et R. Ayrault, *La genèse du romantisme allemand*, *op. cit.*, t. IV ; *cf.* aussi X. Léon, *Fichte et son temps*, Paris, Armand Colin, 1922-1927, rééd. 1958, II, p. 395-404.

3. Novalis, Lettre à Caroline Schlegel du 20 janvier 1799.

4. *Cf.* H. Schimann, « J.W. Ritter, der Begründer der wissenschaftlichen Elektrochemie », *Deustches Museum*, n° 6, 1933.

5. Galvani (1737-1798) puis Volta (1745-1827) firent les premières observations d'électricité animale. J.W. Ritter, après des études de pharmacie, de médecine, de physique et de chimie, rédigea les « *Démonstration d'un galvanisme constant accompagnant le processus vital dans le règne animal* » (Weimar, 1798). *Cf.* aussi les *Contributions à une connaissance plus précise du galvanisme et des résultats de son exploration* (4 tomes, 1800-1805), et

physiologie, Ritter propose toutefois, en philosophe et à la suite de Mesmer, une interprétation globalement cosmologique du magnétisme en l'inscrivant dans une forme de pré-spiritualisation naturelle d'ailleurs conforme, comme nous l'avons montré, au schéma encyclopédique novalisien. L'on comprend que la *Revue Europa*, sous la coordination de Fr. Schlegel, ait publié, dans un « Aperçu des progrès récemment accomplis en physique »(1803), un compte-rendu de ses travaux rédigé par H.Ch. Oersted. Ce dernier contribua par ailleurs à présenter l'unité des phénomènes magnétiques, électriques et chimiques de façon décisive[1].

Avant Schelling, Fr. von Baader avait élaboré l'hypothèse générale du calorique[2] dont il faisait le principe animant tous les phénomènes particuliers – physiques, chimiques, physiologiques. H. Steffens (1773-1845[3]), disciple de Schelling, reçut l'enseignement du maître géologue A.G. Werner (1749-1817) à l'École des mines de Freiberg. Ce dernier enseignait la « géognosie », c'est-à-dire l'analyse descriptive des montagnes fondée sur la composition des roches et leur spécificité minéralogique et l'oryctognosie, méthode de reconnaissance des roches utilisée par les mineurs s'appuyant sur leurs propriétés perceptibles par nos sens[4]. Ses plus célèbres élèves furent le géographe A. von Humboldt, le futur Ministre d'État von Stein (ami de Hegel) et surtout Fr. von Hardenberg (Novalis[5]). Mais Novalis se montrera critique vis-à-vis des critères de classification de son maître, relevant selon lui seulement de signes perceptibles extérieurement et à des fins pratiques (le « point de vue » des mineurs) : « Werner est dogmatique (unilatéral = *einseitig*) lorsqu'il intègre principalement les signes caractéristiques extérieurs dans la minéralogie.

Fragments posthumes tirés des papiers d'un jeune physicien (1810), posthume, trad. fr. Cl. Maillard, Paris, Premières Pierres, 2001.

1. H. Ch. Oersted (1777-1851), théoricien de l'électromagnétisme (1820).

2. Fr. von Baader, *Du calorique, de sa répartition, de sa fixation et de sa libération, principalement dans la combustion des corps*. Sur les figures des savants romantiques d'importance (Fr. von Baader, Wagner, Passavant, Eschenmayer, Kielmeyer, Kieser, Ennemoser, Steffens, Oken, Ritter), *cf.* quelques pages d'A. Béguin dans *L'âme romantique et le rêve*, *op. cit.*, p. 62-67). Fr. von Baader est par ailleurs un commentateur et un « passeur » de Boehme en Allemagne auprès des romantiques et de Hegel.

3. H. Steffens, *Contributions à l'histoire naturelle de la Terre; Caractères fondamentaux de la science philosophique de la nature*, Berlin, 1806 ; *Ce que j'ai vécu*, Breslau, 1840 *sq.* Nommé Professeur à Berlin (1832), il continuera à soutenir l'essentiel des thèses de la *Naturphilosophie* au sein du « romantisme tardif ».

4. *Cf.* G. Gohau, *Les sciences de la Terre aux* XVII*e et* XVII*e siècles. Naissance de la géologie*, Paris, Albin Michel, 1990, p. 227-231.

5. *Cf.* L. Margantin, *Système minéralogique et cosmologie chez Novalis*, *op. cit.*, II, 2.4, sur l'enseignement et la critique de Werner, p. 156-166.

Ils sont importants, mais pas principaux, ni supérieurs »[1]. Novalis introduira la nécessité de lier l'extériorité des formes et des couleurs aux forces responsables chimiquement des structures moléculaires internes des minéraux, bref de lier l'extérieur à l'intérieur : « l'extérieur est pour ainsi dire simplement la traduction étalée d'un intérieur – un intérieur supérieur »[2]. Nous retrouvons ici la prépondérance de l'intériorité chimique pour Novalis qui lui donne, par une interprétation mystique de la formule mathématique des combinaisons et de ses différentielles, ainsi que nous l'avons montré, un sens également spirituel et moral. H. Steffens contribua surtout de façon originale à promouvoir les recherches en chimie et en géologie. Les phénomènes d'oxydation des métaux, la composition gazeuse de l'air, le rôle de l'oxygène dans la respiration résultent d'expériences qu'il a reproduites en laboratoire, tout en incluant l'oxydation[3] dans une interprétation de la nature dont elle fournirait une manifestation possédant aussi une signification spirituelle immanente. C'est cette interprétation de l'oxydation par Steffens qui joua chez Novalis le rôle capital que nous avons dit dans le cadre de la « moralisation » de la nature.

Ce n'est pas directement que le discours organiciste des romantiques s'élabore comme opposition immédiate au discours physicien du mécanisme : les schèmes de l'affinité et de la combustion chimiques, de la polarité électrique et de la transmission magnétique ont chez eux joué un rôle essentiel, de façon préalable. En effet, l'ordre vital, puis l'ordre psychique ne sont pas d'emblée projetés dans l'ordre physique et chimique. Certes, c'est la notion d'une « force organisante » ou « force auto-formatrice » de la nature qui est le dénominateur commun aux phénomènes physiques, chimiques, électriques et magnétiques et non celui d'une « force motrice » purement mécanique (Newton). Mais cette auto-organisation, à travers les phénomènes de polarisation, n'est point encore « la vie de la nature », encore moins « l'âme de la nature » qui apparaissent à des niveaux supérieurs d'organisation spécifiques et irréductibles. Entre eux et les niveaux de base n'existe précisément que l'analogie, c'est-à-dire, si l'on respecte la logique et les limites de ce raisonnement (ce que ne font pas tous ni toujours les romantiques), une identité générale de forme ou de relation qui implique la différence spécifique non réduite des phénomènes

1. HKA, III, p. 144.

2. *Ibid.*, p. 403, trad. Margantin.

3. En 1800, Schelling publie dans sa *Revue de physique spéculative*, I, 1 (Iéna-Leipzig, C.E. Gabler, 1800, p. 139-168) son article « Sur le processus d'oxydation et de désoxydation de la Terre ».

rapprochés. H. Steffens, J. Ritter et Fr. Baader, bien que « physiciens mystiques et gnostiques », ne sont pas des « physiciens hylozoïstes » qui mettraient immédiatement la vie et la pensée dans la matière élémentaire[1].

À cet égard, c'est bien la structure et le fonctionnement dynamique du « magnétisme », impliquant une relation d'unité polarisée par des forces actives de sens contraire, qui se voient accorder le bénéfice de la propriété la plus générale de l'« organisation naturelle » pour les romantiques allemands. Cette polarisation magnétique se spécifiera d'ailleurs jusque dans les phénomènes biologiques et psychiques, conscients et inconscients. Ici à nouveau, il convient de marquer l'insuffisance du modèle newtonien de l'opposition des forces au regard du nouveau modèle des deux forces qui conduisit à l'élaboration du magnétisme. De la force active d'attraction, Newton distinguait la force passive d'inertie que la masse oppose à l'unique force motrice en une dualité irréductible. De cette dualité d'une force active et d'une résistance, Buffon, Boscovitch et Kant passeront à une dualité de deux forces actives de sens opposé : attraction et répulsion. Tel est le nouveau cadre dans lequel s'inscriront les recherches et les spéculations des physiciens et des philosophes post-kantiens relatives au magnétisme. Dans tous les phénomènes naturels, l'unité se fait complémentarité de forces actives de sens opposé, en relation tantôt d'harmonie équilibrée, tantôt de conflit dysharmonique, tantôt d'inversion de domination. La découverte de l'oxygène par Priestley et Lavoisier (1774) et la nouvelle théorie de la combustion par oxydation permettaient d'interpréter les phénomènes de fixation d'oxygène et de réduction à une polarité entre intégration et désintégration dans le cadre de la nouvelle physique des forces. C.A. Eschenmayer[2] et Schelling (les *Ideen* de 1797) inscriront l'alternance d'oxydation de l'air (entretenu par le rejet végétal) et sa désoxydation (par le rejet animal) dans une interaction générale des forces d'intégration et de désintégration naturelles. Selon Mesmer déjà[3], le magnétisme particulier – qu'il soit physique, chimique, organique ou psychophysiologique – n'est qu'un aspect du magnétisme cosmique de la nature et il faut le mettre en rapport avec ce dernier pour lui donner ou lui restituer sa forme harmonique, notamment dans une perspective médicale. À partir de Mesmer rompant avec la science des Lumières, deux courants de pensée divergents

1. Comme le souligne J. Schlanger, dans *Les métaphores de l'organisme*, Paris, Vrin, 1971, p. 109.

2. A.C. Eschenmayer, *Les principes de la métaphysique de la nature appliqués aux objets de la chimie et de la médecine* (1797).

3. A. Mesmer (1734-1815), *L'influence des planètes sur le corps humain* (1766), *Mémoire sur la découverte du magnétisme animal* (1776).

s'élaboreront vis-à-vis du magnétisme animal ou « fluide universel » : l'épistémologie romantique pour laquelle le mesmérisme fournit un cadre herméneutique global satisfaisant (en 1816, l'Académie de Berlin ouvre deux chaires pour l'étude du magnétisme animal[1]) et les travaux sur l'hypnose qui chercheront à purifier le mesmérisme de ses nombreuses scories, théoriquement mystiques et pratiquement charlatanesques (d'abord le médecin écossais J. Braid, ensuite le médecin français J.-M. Charcot[2]).

En vertu du paradigme organique caractérisant le savoir romantique, paradigme que nous verrons transféré avec plus ou moins de prudence dans le domaine de la culture et de la politique – accompagné de ses éventuelles conséquences pratiques « médicales » – ce sont pourtant les sciences du vivant végétal et animal qui ont constitué l'investissement privilégié des romantiques. Prenant le relais du galiléisme, lui-même rompant avec la scolastique des puissances et « vertus », l'exploitation du paradigme newtonien avait de son côté donné lieu à des transferts et des spéculations sur l'attraction (et plus récemment la « répulsion ») reportés dans les domaines chimiques, biologiques[3] et psychologiques, voire sociaux et politiques[4]. Car c'est précisément à la fin de la Question 31 que Newton envisageait lui-même l'extension de l'explication par l'attraction aux phénomènes chimiques et électriques, de sorte que « la nature se trouvera très simple et très conforme à elle-même, produisant tous les grands mouvements des corps célestes par l'attraction d'une pesanteur réciproque et presque tous les petits mouvements de leurs particules, par quelques autres puissances attractives et repoussantes, réciproques entre ces particules »[5]. Ce sont d'audacieuses transpositions du même ordre que le savoir romantique se proposait d'effectuer à partir de la théorie du magnétisme et de l'organisme polarisé. De sorte que l'organisme biologique lui-même n'apparaîtra plus que comme un cas particulier, encore imparfait et insuffi-

1. Tenues par W. Wolfart et D. Koreff. Ce dernier, médecin du Chancelier Hardenberg, crédibilisa publiquement ces théories auprès de personnalités politiques et littéraires de premier plan, dont E.T.A. Hoffmann, berlinois à cette époque.

2. *Cf.* R. Darnton, *La fin des Lumières, le mesmérisme et la révolution* (1968), Paris, Librairie Perrin, 1984, en particulier p. 44 et 138. *Cf.* également, M. Klein, « Sur les résonances de la philosophie de la nature en biologie moderne et contemporaine », *Revue philosophique*, novembre-décembre 1954.

3. *Cf.* G. Cuvier : « Pourquoi l'histoire naturelle n'aurait-elle pas aussi un jour son Newton ? », dans *Discours sur les révolutions de la surface du globe*, Paris, 1850, p. 2-3.

4. *Cf.* Saint-Simon, *Œuvres choisies*, Paris, PUF, 1965, I, p. 161-162 : « Newton n'a su ni généraliser ni coordonner ses pensées ».

5. Newton, *Traité d'optique*, trad. fr. Coste, Paris, 1727, rééd. Paris, Gauthier-Villars, 1955, p. 453-454.

samment complexe, du concept organisationnel comme principe interprétatif global, signifiant l'auto-organisation d'une totalité, devenu un présupposé ontologiquement premier : « le concept est pris ici, non comme l'expression d'une classe de phénomènes, mais comme l'expression d'un principe spéculatif universel – un principe qui définit précisément le but ultime et le centre d'unité systématique de la spéculation romantique » [1].

Concernant l'investissement « biologique » de la pensée organique, il faut rappeler que le terme de « biologie » n'apparaît forgé dans un écrit de K.F. Burdach qu'en 1800 et qu'en 1808, G.R. Treviranus publie la première *Biologie oder Philosophie der lebenden Natur für Naturforscher und Ärtzte*. Nous savons combien les analyses kantiennes de la « finalité interne » et de la « force formatrice » de l'organisme ont fécondé, surtout par la médiation de Goethe et de Schelling, récepteurs de plus du magnétisme animal, les spéculations « organicistes » des romantiques : *Déduction de l'organisme vivant* (Eschenmayer, 1799) ; *Exposition de la Physiologie-organologie* (Görres, 1805) ; *Aphorismes sur la physiologie des plantes* (Kieser, 1808).

Magnétisme et structure polarisée continuent de jouer ici leur rôle : toute unité vivante suppose une dualité de forces antagonistes de directions opposées, celles par lesquelles elle intériorise les forces du milieu et celles par lesquelles elle y répond en réagissant sur lui. Mais cette dualité est, de manière ambivalente, à la fois une menace et une source d'activité progressive pour la totalité. L'équilibre entre deux énergies polarisées et de sens contraire – structure matricielle issue de la lecture du magnétisme – se retrouve dans la lecture romantique de l'organique quel que soit le degré de complexité de ce dernier. La théorie des phénomènes vitaux, de leurs pathologies et de leur traitement médical fut en particulier celle de l'irritabilité organique, développée par John Brown dans *Elementa Medicinae* (1795) et diffusée en Allemagne par A. Röschlaub [2]. Elle aura une influence fécondante sur la philosophie de la nature schellingienne et novalisienne, tout particulièrement [3]. En réalité, J. Brown reprenait la théorie inaugurée par le suisse A. von Haller, qui avait fait de l'irritabilité des fibres organiques le phénomène physiologique fondamental, impliquant une inter-

1. E. Cassirer, *La philosophie des formes symboliques*, I, *Le langage*, Paris, Minuit, 1972, p. 101.

2. A. Röschlaub, *Untersuchungen über Pathogenie* (1799), publié dans le *Journal de médecine* dirigé par T.H. Hufeland.

3. Sur cette assimilation *cf.* J.-F. Marquet *Liberté et existence. Étude sur la formation de la philosophie de Schelling*, Paris, Gallimard, 1973.

action entre le milieu actif et l'organisme réactif[1]. Le médecin anglais explique à partir de là que toute maladie peut être interprétée en termes de déséquilibre des forces, et traitée par une correction de ce déséquilibre. Il est ainsi amené à faire la différence entre deux types d'affections : la sthénie, ou excès de stimulation, symptôme d'une excitation trop vive, et l'asthénie, ou défaut de stimulation, symptôme d'une excitation trop faible. La sthénie pathologique est un excès de force centrifuge et le malade y est en permanence « hors de soi » ; l'asthénie est un excès de force centripète qui replie le malade sur lui-même, aussi bien physiquement que mentalement. Ce modèle d'approche de la maladie entraînait un abandon du modèle millénaire de la médecine humorale. En bref, il s'agissait de substituer à une pathologie substantielle et extensive, le modèle d'une pathologie relationnelle et intensive. En effet, selon les principes d'Hippocrate, la santé réside dans un équilibre général des quatre humeurs, équilibre qui tolère néanmoins quelques dominantes déterminant l'un des quatre « tempéraments » possibles : sanguin, bilieux, mélancolique, flegmatique. Santé et maladie ont donc un substrat interne substantiel et c'est l'extension plus ou moins grande des humeurs qui explique l'état de l'organisme. Brown et les romantiques envisagent au contraire que la santé et la maladie résultent de l'intensité de forces interagissantes dans la relation entre le corps et le milieu. De ce fait, on est amené avec G. Gusdorf à souligner que la médecine romantique institue une médecine de la totalité humaine, puisque c'est l'ensemble organisme-milieu qui est à prendre à présent en considération[2]. Mais à son habitude, Novalis envisagera de rallier synthétiquement les deux traditions, celle des « pathologistes des humeurs [...] des médecins philosophes objectifs – des réalistes » et celle des « médecins philosophes subjectifs (concept plus vaste de l'humeur, concept plus vaste des nerfs) »[3].

Après son transfert physiologique et médical, le transfert anatomique du modèle de la polarité magnétique du vivant considère d'abord la simple cellule, polarisée par une force d'intériorisation centrée sur le noyau et une force d'extériorisation et d'ouverture au milieu à travers la perméabilité de sa membrane. Mais la théorie cellulaire expérimentale n'a précisé que peu à peu les fonctions exactes du noyau et de la membrane. Les premières

1. A. von Haller (1708-1777), médecin (*Elementa physiologiae* (1757-1766) et poète dont la célébrité littéraire dut beaucoup à son recueil *Die Alpen* (1729), admiré de Kant pour son évocation lyrique de la sublimité de l'Infini et de l'Éternité.

2. G. Gusdorf, *L'homme romantique*, Paris, Payot, 1984, p. 238 *sq.*

3. Novalis, *Brouillon général*, trad. Schefer, Fragment 622, p. 161. *Cf.* le résumé de ces positions par O. Schefer dans sa traduction des *Derniers Fragments*, Introduction.

spéculations sur les cellules furent le fait d'un disciple romantique de Schelling, L. Oken, qui ne les envisageait que comme des « monades organiques », dans un cycle d'association et de dissociation d'organismes pluricellulaires : « tous les animaux supérieurs doivent se composer d'animalcules constitutifs »[1]. Dans l'organisme végétal et animal pluricellulaire, les pôles tensionnels de l'intériorisation et de l'extériorisation se sont démultipliés en réseaux d'organes différenciés, nutritifs, sensoriels, moteurs, sexuels, etc. Mais on peut toujours lire dans leur activité le conflit des énergies opposées. Si, dans la lecture romantique des rapports entre physiologie et anatomie, c'est l'énergétique des forces (physiologie) qui rattache le vivant aux activités non vivantes de la nature (magnétisme, électricité, chimisme), il en découle que les formes biologiques des organes (anatomie) sont les moyens spécifiques de contenir des forces qui complexifient leurs modes d'action. L'anatomie est considérée comme une production de médiations morphologiques résolvant les conflits pour des tensions trop fortes, en les convertissant en collaboration et en complémentarité d'activés néanmoins toujours sous tension. Bref, il y a une prévalence à la fois théorique et pratique de la physiologie vis-à-vis de l'anatomie.

Les métaphores de la plante originaire et de l'arbre cosmique reviennent en force dans les analogies privilégiées et l'analogie vitaliste du végétal y détrône celle, classique, de l'horloge des mécanistes. L'essai goethéen sur *La métamorphose des plantes* (1790) demeure à ce sujet une référence incontournable. L'idée de la plante originaire (*Urpflanze*) et de sa métamorphose implique que la forme ne soit pas un modèle extérieur (de type platonicien), mais une activité immanente et structurée (plutôt de type aristotélicien) qui est elle-même mouvante, se métamorphosant par soi. Plutôt qu'une image ou un schéma – bien que Goethe dessinateur nous ait laissé de nombreuses figurations –, il s'agit d'un schème idéel général, c'est-à-dire d'une loi de construction interne réglant dynamiquement la production et la transformation des parties du végétal : « on se représente ces différentes parties, explique Goethe, issues d'un corps originel idéel, formées peu à peu selon des degrés divers [...] Ce corps originel idéel, qui porte déjà en lui une certaine déterminabilité à la dualité, nous le laissons

1. L. Oken, *De la génération* (1805), Gaebhardt (éd.), Bamberg, 1805. A. Comte a fâcheusement confondu les premières recherches expérimentales plus tardives mais positives de M.J. Schleiden et Th. Schwann (1838-1839) avec les spéculations romantiques de L. Oken sur les cellules. Sur cette confusion comtienne, *cf.* A. Stanguennec, « Le scalpel contre le microscope. Auguste Comte et la théorie cellulaire », *History and Philosophy of the Life Sciences*, 6, 2, 1984, p. 170-182.

d'abord reposer au sein de la nature »[1]. Mentionnant cette dualité, le poète savant évoque sans aucun doute la polarité structurale des phénomènes naturels à laquelle il était attentif. Si l'arbre devient une figure végétale nettement privilégiée, tant par la science descriptive que par la métaphorique romantique, c'est en raison de l'évidente polarité spatiale de sa structure, polarité du terrestre où il s'enracine et de l'aérien dans le lequel il se dresse, métaphoriquement dit : de l'inconscience obscure de l'intériorité et de la conscience claire de l'extériorité.

C'est là une dualité tensionnelle de nature spatiale que complète une polarité temporelle entre la permanence de la forme enracinée et le renouvellement cyclique de son feuillage, en un équilibre parfait – plus évident que dans l'organisme animal qui s'en écarte souvent – entre la forme de l'espèce et l'individualité singulière qui l'exprime au-dehors. Cet individu expressif est cependant sous-tendu par un aspect de l'opposition magnétique, celui de la positivité interne (terrestre) de la substance et de la négativité ou diversité superficielle (aérienne) des branches comme des feuilles qui le singularisent. Elles l'exposent aux affections dont les forces entraîneront son déclin d'individu précaire : « nous répondons à la question : pourquoi les germes de la racine se développent vers le bas et ceux de la feuille vers le haut ? – en disant qu'ils sont, d'après le dualisme général de la nature qui se particularise en eux, opposés ». C'est ainsi que Goethe souligne l'uni-dualité caractéristique de la polarisation du végétal, écrivant encore de la racine et de la feuille : « elles sont originellement unies, et on peut même dire qu'on ne peut penser l'une sans l'autre. Elles sont aussi originellement opposées »[2]. C'est ainsi encore que les romantiques métaphoriseront les âges de toute vie par ceux de l'arbre : germination, floraison, fructification, (nouvelle germination), vieillissement et mort. Hegel les suivra sur ce point, notamment pour exprimer la fructification de l'esprit d'un peuple avant son vieillissement et son déclin.

À la frontière de la nature et des phénomènes psychiques humains, c'est-à-dire des sciences de la nature et des sciences de l'esprit, se situe le domaine de l'inconscient et du rêve longuement exploré par plusieurs romantiques comme I.-P. Troxler, G.H. von Schubert et C.-G. Carus[3].

1. Goethe, *La métamorphose des plantes*, « Scission organique », trad. Margantin, LFPDM, p. 351.

2. *Ibid.*, p. 352.

3. *Cf.* les chapitres consacrés par A. Béguin à ces auteurs dans *L'âme romantique et le rêve*, *op. cit.*, III, chap. VI, « Métaphysique du rêve (Ignaz-Paul Troxler) », chap. VII, « La Symbolique du rêve (G.H. von Schubert) », chap. VIII, « Le mythe de l'Inconscient (Carl-Gustav Carus) ».

Mais Ritter, à nouveau ici, a fait figure de pionnier, en soulignant l'importance des pensées, images, voire des écritures dictées par l'inconscient : « je crois, écrit-il dans une lettre à Baader de 1807, avoir fait une découverte importante, celle de la conscience passive, de l'involontaire [...] Chacun porte en lui son somnambule dont il est lui-même le magnétiseur ». G.H. von Schubert (1781-1860), dans sa *Symbolique des rêves*[1] n'est pas loin d'anticiper l'interprétation freudienne du rêve comme satisfaction déguisée d'un désir que les contraintes de l'état de veille conduisent à refouler. Il remarque et souligne en effet que, au-delà de l'incohérence apparente des images et des événements, l'une des manières d'interpréter de façon féconde les symboles oniriques repose sur l'hypothèse suivante : les plaisirs diurnes trop vifs d'une journée sont contredits la nuit par des rêves de peine et d'angoisse, et, inversement, les peines de la journée sont compensées par des rêves de plaisir : « des deux visages de Janus de notre double nature, l'un semble toujours rire lorsque l'autre pleure, l'un paraît sommeiller et ne plus parler qu'en rêve quand l'autre est le plus éveillé et parle haut [...] Plus l'homme extérieur se laisse vivre avec une robuste énergie, et plus l'autre, impuissant, se retire dans le monde imagé des sentiments obscurs et des rêves »[2]. Il ne serait pas difficile de retrouver ici un cas particulier de la théorie « magnétique » des deux forces orientées en sens contraires (vers l'extérieur, forces conscientes et vers l'intérieur, forces de l'inconscient) dont l'équilibre psychique manifeste à la fois la tension et la complémentarité (par compensation dans les rythmes diurnes et oniriques), complémentarité que rompt le trouble mental. Cette récognition serait d'autant plus aisée que les recherches schubertiennes en philosophie de la nature mettaient déjà l'accent sur la tension du diurne et du nocturne dans les phénomènes naturels (*Aspects nocturnes des sciences naturelles*, 1808).

L'Encyclopédie des sciences de la littérature : Wolf, Ast, Fr. Schlegel

Le projet encyclopédique est indéniablement aussi consistant et prometteur pour les sciences de la littérature que pour les sciences de la nature. D'un strict point de vue scientifique, les travaux de Fr.A. Wolf (1759-1829[3]) sont la référence incontournable des romantiques comme

1. G.H. Schubert, *Die Symbolik des Traumes* (Bamberg, 1814), *La symbolique des rêves*, trad. fr. P. Valette, Paris, Albin Michel, 1982.

2. *Ibid.*, trad. fr. A. Béguin, dans *L'âme romantique et le rêve*, Paris, Librairie J. Corti, 1957, p. 115.

3. Élève de C.G. Heyne (1729-1821) à Göttingen, centre de la philologie germanique. Ce dernier poursuit déjà la tâche d'unifier les sciences de l'Antiquité.

des kantiens (W.V. Humboldt[1]). Wolf, élève de C.G. Heyne à Göttingen, entreprit de fonder la philologie moderne, science unifiant la grammaire, la critique des textes, l'herméneutique et l'histoire de la littérature, dans une unique « science de l'Antiquité » (*Altertumwissenschaft*). Ses ouvrages maîtres sont sa traduction de l'*Iliade* et ses *Prolegomena ad Homerum* (1795). Si son ambition était une « *Encyclopaedia philologica* » (1785) destinée à l'étude scientifique de l'Antiquité, il se refusait pourtant à n'être qu'un « philologue de métier », en se souciant d'introduire philosophiquement l'Idée d'un système de ces sciences et en enracinant ses présupposés dans la philosophie de l'*Aufklärung* tardive. Rappeler quelques éléments de cette tradition philologique dans l'horizon des *Lumières* nous permettra de mieux mesurer la rupture introduite dans ce domaine par la philologie de Fr. Ast (1778-1841), élève de Schelling, contemporain des romantiques et lié à Fr. Schlegel. Wolf et Ast sont en effet les deux grands noms auxquels se référera plus tard principalement Fr. Schleiermacher, instaurateur de l'herméneutique générale des discours et des textes, comme le confirme le *Discours sur l'herméneutique* du 12 août 1829 : « sur la notion d'herméneutique, en références aux indications de Fr.A. Wolf et au manuel d'Ast »[2]. Le concept d'« histoire universelle » introduit en philosophie par la pensée des *Lumières* supposait un « état primitif » des peuples et un progrès de l'humanité par étapes dans lequel les progrès particuliers des sciences et des arts étaient supposés déterminants. J. Winckelmann écrivit la première *Histoire de l'Art antique* (1764) qui suivait ce schéma quadripartite : état primitif, croissance, apogée, déclin de l'Art antique[3]. L'imitation des œuvres de l'antiquité, principe de Winckelmann, impliquait la reprise d'un progrès vers la perfection caractéristique des *Lumières* : « l'unique moyen pour nous de devenir grands et, si c'est possible, inimitables, c'est d'imiter les anciens »[4]. Fr.A. Wolf « qui, selon A. Neschke-Hentschke, partage entièrement la vision globale de Winckelmann »[5], entreprend un projet semblable étendu à l'ensemble des

1. Sur les rapports de Wolf avec Humboldt, *cf.* J. Quillien, *L'anthropologie philosophique de Guillaume de Humboldt*, Lille, PUL, 1991, I, chap. IV, 1, « F.A. Wolf et la philologie », p. 189-214.

2. Fr. Schleiermacher, *Herméneutique*, trad. fr. Ch. Berner, Paris-Lille, Le Cerf-PUL, 1987, p. 155.

3. *Cf.* les textes mentionnés par A. Neschke-Hentschke, « Le texte de Platon entre Friedrich August Wolf (1759-1824) et Friedrich Daniel Schleiermacher (1767-1834) », dans *La naissance du paradigme herméneutique*, Lille, PUL, 1990, p. 254-255.

4. Winckelmann, *Réflexions sur l'imitation des œuvres grecques en peinture et en sculpture* (1765), dans LFPDM, p. 440.

5. A. Neschke-Hentschke dans *La naissance du paradigme herméneutique*, *op. cit.*

textes de l'Antiquité. Bien que ce projet s'inscrivît dans un cadre philosophique explicité, il restera étranger à la philosophie kantienne, ce que lui reprochera l'un de ses plus éminents élèves en philologie, le kantien W. von Humboldt.

Dans l'horizon post-kantien idéaliste et romantique qui nous occupe, il faut partir des tentatives de Fr. Schlegel comme l'a souligné H. Schanze dans son étude du projet encyclopédique : « du point de vue de l'histoire des sciences, la présentation méthodique du champ des "humanoria" comme disciplines aussi légitimes et scientifiques [*i.e.* que les sciences de la nature] doit être considérée comme le véritable acte fondateur d'une méthodologie des sciences de l'esprit »[1]. Dans cette totalisation et cette classification, ce n'est ni la philologie ni la philosophie qui constituent les facteurs immédiatement dominants, car Fr. Schlegel se préoccupe d'abord d'un système général des arts, et cherche à mettre la poésie par rapport aux autres arts, dans une position aussi fondatrice et surplombante que l'est la philosophie par rapport aux sciences particulières de la nature. « De même que la mathématique, la chimie et la physique, écrit-il, ne font que montrer isolément, mais de manière plus précise, c'est-à-dire plus spécifique, ce qui est déjà contenu dans la philosophie, de même, la peinture, la sculpture et la musique expriment séparément, mais de manière vivante et mieux que la poésie, ce qu'elle réalise globalement. En ce sens la littérature comprend toutes les sciences et tous les arts, elle est l'Encyclopédie »[2]. On remarque d'abord le postulat d'un lien de spécification maintenu entre sciences et philosophie, de même qu'entre arts particuliers et poésie. Le premier lien de spécification a été expliqué plus haut lorsque nous avons rattaché l'encyclopédie novalisienne des sciences de la nature à la gnose, tout en faisant valoir que la métaphysique encyclopédique hégélienne admettait aussi ce lien de spécification pour d'autres raisons dans son contexte propre. On remarquera ensuite que la notion de « littérature » reçoit ici un sens élargi puisqu'il s'agit non pas de la distinction de l'art vis-à-vis de la science mais d'un discours signifiant et fondateur sur l'ensemble des sciences et des arts, au sein desquels on distinguera deux discours fondateurs plus spécifiques (philosophie des sciences, poésie des arts).

Mais il semble alors que ce discours unifiant et fondateur lui-même ne saurait relever que de la philosophie – et non de la poésie, qu'on entende

1. H. Schanze, trad. fr. D. Thouard dans « Friedrich Schlegel entre histoire de la poésie et critique de la philosophie », *Littérature*, n° 120, 2000, p. 12.

2. Fr. Schlegel, *Histoire de la littérature européenne* (1803), KFSA, XI, p. 8, trad. Schaeffer dans *L'art de l'âge moderne*, *op. cit.*, p. 131-132.

celle-ci au sens de la poésie originaire *stricto sensu* (mythologie) ou de la poésie devenue un art particulier, l'*art particulier des poèmes* (*Dichtkunst*). Il s'agit en effet d'une *théorie générale* de la littérature – celle que soutient précisément ici Fr. Schlegel – présentant un aspect conceptuel et autoréfléchissant manifeste *qui sera celui de la théorie critique ou Poétique*. Nous avons souligné l'inspiration kantienne de Fr. Schlegel à Iéna, visible dans l'idée que c'est l'esprit humain qui donne forme à une réalité en soi chaotique et « incompréhensible » comme telle. Il faut toutefois distinguer l'œuvre de science et l'œuvre d'art proprement dite. Comme Kant l'a montré, la première repose sur une mise en forme par catégories *a priori* qui assurent par principe une claire et universelle communicabilité de son sens et de sa vérité dans les sciences. Il en va autrement – selon Kant lui-même – de l'œuvre d'art. Celle-ci mérite seule le titre d'œuvre au sens propre du terme, en ce qu'elle présente un caractère fondamentalement individué, point de départ d'un jugement réfléchissant esthétique, tout en se proposant pourtant à l'appréciation et au jugement de tous les esprits. Mais ici, ce n'est pas l'esprit logique universel qui impose son sens à la nature, c'est, selon la formule tout aussi célèbre qu'énigmatique de Kant, « la disposition innée de l'esprit [*ingenium*] *par le truchement de laquelle* la nature donne à l'art ses règles »[1]. Mais cette nature reste incompréhensible en son fond : « qui peut arracher complètement son secret à la nature ? »[2]. Il est vrai que Kant propose au § 47 une « Explication et confirmation de la précédente définition du génie », mais sans expliquer davantage en quoi consiste exactement ce « don naturel », formule dont il se contente et que les romantiques chercheront à interpréter plus avant. C'est au fond pour cette raison que seule l'œuvre d'art, *envisagée ici sous l'aspect de l'œuvre littéraire en général*, exige d'être véritablement critiquée, traduite et interprétée, de sorte qu'une discipline critique et herméneutique s'impose. C'est à partir d'elle qu'une poésie de tous les arts pourra être fondée. En raison du caractère individué du produit, la compréhension claire et strictement universelle de tout ce que présente l'œuvre ne semble pas possible, de même que l'apprentissage d'une méthode de connaissance de la littérature ne peut prendre en l'occurrence l'aspect d'une méthodologie scientifique exactement objective, bien qu'on puisse en faire, en tant que science, l'équivalent d'une « physique de la fantaisie » (Fr. Schlegel).

1. Kant, *Critique de la faculté de juger*, § 46, *Œuvres*, *op. cit.*, II, p. 1089, nous soulignons.
2. Kant, *ibid.*, § 17, p. 996.

La théorie de la critique

Il ne s'agira pas ici de la critique historique des textes entendue comme discipline philologique – établissement, sources, confrontation, traduction littérale[1] –, mais de la critique des œuvres littéraires envisagées sous l'aspect de leur contenu de sens et de leur valeur. La tâche de la critique littéraire s'impose alors en sa spécificité : la critique – *crisis* signifiant d'abord distinction réfléchie – doit établir les limites de ce qui peut se comprendre et de ce qui provisoirement semble obscur et imparfaitement compris dans l'œuvre, de sorte qu'elle préserve son fond productif mystérieux et proprement génial, son *aura*. C'est ce fond ou cette « réserve » de sens infini qu'une autre œuvre et une autre critique, plus compréhensives, pourront prétendre « traduire » peu à peu, sans pour autant l'épuiser à leur tour, puisque l'œuvre est en permanence au-delà d'elle-même. Dans l'optique classique, la critique d'une œuvre d'art consistait à confronter sa réalité aux normes extérieures du goût, dans le but de la faire admirer ou refuser par le public : le critique était le juge extérieur du goût. Que l'on doive, « dans l'œuvre d'art, non pas simplement découvrir les beaux passages, mais saisir l'impression du Tout »[2], car dans l'optique romantique, la critique est avant tout une science compréhensive du sens interne de l'œuvre, de la norme immanente qui oriente sa réalisation ou de ce qui motive son processus intentionnel, tout en restant en excès de sens vis-à-vis de ses significations exprimées.

Si la référence à Kant s'impose ici par cette dimension critique de recherche de la condition de possibilité de l'œuvre, il y a toutefois rupture avec la thèse kantienne selon laquelle « il n'y a pas de science du Beau, mais il n'en existe qu'une critique »[3], les romantiques restituant à la critique sa fonction d'un savoir encyclopédique, même s'il ne s'agit pas d'une science objective naturelle. Pour eux, « critique » n'exclut pas mais implique « doctrine » du sens esthétique. Pour « comprendre » ce sens, intérieurement normatif, à la façon d'un *eidos* intentionnel, et pour en « expliquer » le contenu, la critique doit ressaisir l'œuvre dans la série des réalisations du même artiste, puis, nouvel élargissement comparatif, inscrire cette « inspiration » normative, dans l'ensemble des tendances des différents arts de l'époque, ensemble envisagé comme une totalité cohérente et tendant à la

1. Cette critique philologique est la discipline fondamentale dans les Encyclopédies des littératures anciennes de l'époque.

2. Fr. Schlegel, *Kritische Schriften*, p. 377, dans A. Berman, *L'épreuve de l'étranger. culture et traduction dans l'Allemagne romantique*, Paris, Gallimard, 1984, p. 195.

3. Kant, *Critique de la faculté de juger*, § 44, *Œuvres*, *op. cit.*, p. 1086.

systématisation. Est ainsi confirmé le caractère « encyclopédique »[1] de la science critique : « cette doctrine de formation, cette physique de la fantaisie et de l'art devrait bien constituer une science particulière, que j'aimerais appeler encyclopédie »[2]. Dans la mesure toutefois où la critique ouvre l'œuvre à un avenir indéfini de perfectibilité, la critique encyclopédique répète à l'égard des œuvres littéraires, comme une « physique de la fantaisie », la même thèse d'inachèvement et de perfectibilité que l'encyclopédie de la physique réelle posait dans le contexte de la théorie de Novalis et que la philosophie en général pose relativement à ses essais fragmentaires.

En 1804, en accompagnement d'un choix de textes de Lessing, Fr. Schlegel donnera le programme encyclopédique de la critique en trois tâches précises. D'abord une tâche polémique : « l'art de traquer le mauvais principe de la vulgarité et de l'ignorance dans ses plus hautes puissances, et de le suivre jusque dans ses hauteurs, là où l'imitation servile du vrai savoir et de la culture font le plus complètement illusion, cet art est celui de la polémique »[3]. Ensuite une tâche organisatrice : « car il ne suffit pas d'écarter ce qui est inauthentique, il faut également organiser ce qui est juste. Pour que la force du savoir et de la formation véritables atteigne plus aisément son but, l'intuition et l'organisation du tout – un tout qui doit être engendré et sur lequel il faut agir – s'avèrent essentiels »[4]. Organisation des disciplines, des genres et des thèmes idéaux faisant force et sens – c'est là, selon l'interprétation qu'en donne Schlegel, cette nature qui, selon Kant, donne ses normes à l'art : ici se concentre le programme encyclopédique. Troisième tâche de la critique : « j'ajoute qu'il reste à cette science encore une tâche à accomplir [...] On peut en revanche sûrement éveiller, stimuler et nourrir le génie, de même qu'on peut le rapprocher plus aisément de son but, en lui indiquant la voie à suivre et celle qui est à éviter »[5]. Et la même opposition à l'esthétique encyclopédique de Hegel s'y retrouve, puisque celle de Hegel est rétrospective, sa thèse étant « le « caractère passé de l'art »[6] et que, les œuvres anciennes (grecques) étant choses du passé,

1. *Cf.* O. Schefer : « Schlegel inscrit ce vaste programme au sein d'une *encyclopédie littéraire*, car la critique ne se contente pas d'œuvres singulières (fussent-elles aussi magistrales que le *Don Quichotte* de Cervantès ou le *Wilhelm Meister* de Goethe), elle a en vue la littérature mondiale », LFPDM, p. 559.

2. Fr. Schlegel, dans A. Berman, *L'épreuve de l'étranger*, *op. cit.*, p. 195.

3. Fr. Schlegel, *De l'esprit combinatoire* (1804), trad. Schefer, LFPDM, p. 560.

4. *Ibid.*

5. Fr. Schlegel, *De l'esprit combinatoire* (1804), trad. Schefer, LFPDM, p. 561.

6. Hegel : « l'art est et demeure, du point de vue de sa plus haute destination, quelque chose de passé », *Leçons sur l'Esthétique*, *op. cit.*, I, p. 62 et : « il a cessé de répondre au besoin le plus profond de l'esprit », *ibid.*, p. 169.

« notre faire [*unser Tun*], dans la jouissance que nous prenons d'elles, n'est donc plus le faire propre au service divin »[1]. On ne voit pas comment on pourrait prolonger ce « faire divin » en une « œuvre d'art de l'avenir » : c'est pourtant exactement ce que prétendront la critique et la poétique du « faire » romantique. La troisième tâche est bien supérieure et c'est elle que préparent les deux autres. À l'inverse de l'esthétique hégélienne, la critique encyclopédique des romantiques est prospective, en raison de cette ouverture à l'avenir qui est la dimension d'illimitation ou d'infinité de l'œuvre géniale susceptible d'une reprise à l'infini. Comme tout produit d'une authentique culture, l'œuvre d'art « cultivée » détient un illimité au sein même de ses limites : « une œuvre est cultivée [*gebildet*] lorsqu'elle est partout nettement délimitée, mais dans ses limites illimitée et inépuisable; lorsqu'elle est parfaitement fidèle à soi, partout égale, et pourtant supérieure à elle-même »[2].

Critique et traduction

La véritable portée de la critique au sens des romantiques allemands ne se dégage que de leur pratique et de leur théorie de la traduction. La traduction est le moyen de la critique, et comme tel totalement subordonnée à elle : « je ne montre ma compréhension d'un auteur qu'à partir du moment où je puis œuvrer dans son esprit; où, sans amoindrir son individualité, je peux le traduire et le transformer de diverses manières »[3]. Non seulement A.W. Schlegel[4], Fr. Schleiermacher[5] et L. Tieck[6] ont eu une activité intense de traducteurs, mais cette activité de traduction elle-même a bien eu selon eux une fonction critique. La traduction n'est pas seulement une relation interlinguistique horizontale, mais, lorsqu'elle est elle-même œuvre de culture, elle devient la mise en évidence de la forme-sens de l'œuvre originale, celle qui impulsait sa réalisation empirique dans les formes signifiantes d'une langue. C'est elle que doit d'abord dégager la critique à la manière d'une condition transcendantale. En d'autres termes, la traduction

1. Hegel, *Phénoménologie de l'esprit*, *op. cit.*, p. 615. Il faut rappeler que le contexte de ce constat hégélien est justement celui de l'art grec évoqué dans cette page.

2. F. Schlegel, *Athenaeum*, Fragment 297, AL, p. 141.

3. *Ibid.*, Fragment 287, AL, p. 140.

4. A.W. Schlegel est un traducteur dont l'ampleur et la qualité n'ont guère été surpassées en Allemagne. Ses cours de Berlin (1801) et surtout de Vienne (1808) ont contribué, grâce à la publication de l'ouvrage de G. de Staël, à la diffusion du romantisme en Europe.

5. Fr. Schleiermacher a traduit les œuvres de Platon en allemand, six volumes.

6. L. Tieck a publié une traduction du *Don Quichotte* demeurée un modèle et il a également collaboré à la traduction de W. Shakespeare par A.W. Schlegel.

est une sorte d'« imitation » qui, comme toute imitation, est susceptible de deux sortes, particulièrement distinguées par Novalis dans un de ses *Fragments*, dualité que nous retrouverons ultérieurement lorsqu'il s'agira de la peinture : « il y a une imitation symptomatique et une imitation génétique »[1]. L'imitation symptomatique est une réplique extérieure, un équivalent parallèle à l'original, le reproduisant dans ses signes (les « symptômes ») : correspondance en parallèle des formes signifiantes empiriques. L'imitation génétique est une mimésis interne de l'œuvre, elle suppose une coïncidence de l'esprit du traducteur avec l'acte original de sa genèse, c'est-à-dire de son processus intentionnel.

Transposée dans le domaine langagier de la traduction, cette dualité renvoie d'abord à la « traduction symptomatique » qui se contente d'être un équivalent « grammatical », sémantique et syntaxique, de l'œuvre sans intention de faire œuvre elle-même. La situation-limite de ce type de traduction est une relation purement horizontale de « correspondance » – sans prétendre à aucune « équivalence » esthétique effective. Ensuite, l'imitation génétique se transpose dans une traduction de type génétique, impliquant que le traducteur, comme l'a fait avant lui l'auteur de l'œuvre à traduire, abandonne ses schèmes linguistiques « naturels » et se « rende étranger à soi » pour s'approprier les schèmes transcendantaux de l'œuvre, en d'autres termes son eidos dynamique : « nous ne comprenons naturellement tout ce qui est étranger que par un se-rendre-étranger – une modification de soi »[2]. Ce faisant, le traducteur va lui-même faire passer à l'acte dans sa langue naturelle des virtualités d'expression qui étaient en elle sur un mode non actualisé. Exprimée en termes phénoménologiques plus contemporains, une traduction génétique consiste en la coïncidence entre deux actes intentionnels ou deux visées identiques animant de façon convergentes (non parallèles en extériorité comme dans la traduction symptomatique) deux matières linguistiques structurées différemment. La traduction génétique élargit ainsi la portée de l'œuvre, achève et confirme sa valeur universelle, en lui faisant accomplir métaphoriquement une sorte de voyage de « formation », un « grand tour » des nations : « ce qui la couronne et l'achève, c'est, comme dans l'éducation d'un jeune Anglais, "le grand tour"[3]. Il faut qu'elle ait voyagé à travers les trois ou quatre continents de l'humanité, non pour limer les angles de son individualité,

1. Novalis, Fragment II, 1890, p. 41, AG, p. 171. *Semences*, trad. fr. et commentaire O. Schefer, Paris, Allia, 2004, Fragment 41, p. 132.

2. Novalis, Fragment I, 236, p. 71, AG, p. 171.

3. Expression française utilisée par Fr. Schlegel.

mais pour élargir sa vision, donner à son esprit plus de liberté et de pluralité interne, et par là d'autonomie et d'assurance »[1]. L'individuation de l'œuvre est là : comme un individu se cultivant en se formant dans les voyages à l'étranger, approfondissant son unité d'universel et de singularité, l'œuvre confirme son universalité en s'inscrivant dans les rencontres d'étrangers singuliers qui toutefois la reconnaissent en enrichissant sa forme.

De cette analyse de la traduction découlent trois thèses romantiques fondamentales. Première thèse : l'œuvre originale est elle-même la « traduction » (l'*Übersetzung*) ou la « transposition empirique » d'une Idée ou Verbe intentionnellement visé par l'auteur. C'est cette traduction d'un langage-Verbe en discours de langue qui rend possible la « traduction » de l'œuvre ou de « l'original » dans une autre langue, ainsi que le montre A. Berman : « l'original lui-même, dans ce que les Romantiques appellent sa "tendance", possède une visée *a priori* : l'Idée de l'œuvre que l'œuvre veut être, tend à être (indépendamment ou non des intentions de l'auteur) »[2]. Cette première thèse est éminemment spéculative et « monologique » : il est posé que c'est un seul et même *logos* qui se transpose et se réfléchit dans l'œuvre originale, puis dans ses diverses traductions à condition que celles-ci fassent l'effort d'être « génétiques » – et non platement « symptomatiques » – pensantes, poétiques et œuvrant à leur tour.

Seconde thèse : il s'en suit qu'une véritable traduction de l'œuvre est meilleure que l'œuvre elle-même, précisément parce qu'elle est génétiquement réfléchissante et qu'elle est capable, mieux que l'auteur original, de distinguer l'essence visée de l'expression qu'il en a donnée : « elle a écarté de force l'œuvre de sa couche empirique première qui la séparait de sa propre Idée »[3]. Autrement dit, elle l'a « potentialisée ». La traduction critique vise la potentialité et la pulsion opérée par la « tendance » de l'Idée, en opérant une variation empirique de son invariant ou *eidos* (son Verbe). Elle a donc une puissance supérieure à l'œuvre elle-même, elle est surpuissante et par là elle-même surpotentialisée. Et dans la mesure où la traduction n'est qu'un *organon* s'effaçant derrière la critique, la seconde thèse revient à dire que pour les romantiques la critique doit être supérieure à l'œuvre critiquée, tandis que, classiquement, la critique était conçue comme s'effaçant derrière l'œuvre. Ce point a été souligné par W. Benjamin : « dans l'art romantique au contraire, la critique n'est pas seulement possible et nécessaire ; elle contient dans sa théorie ce paradoxe de valoir

1. Fr. Schlegel, Fragment 297, AL, p. 141.
2. A. Berman, *L'épreuve de l'étranger*, *op. cit.*, p. 172.
3. Formulation nettement phénoménologique d'A. Berman, *ibid.*, p. 172.

plus que l'œuvre »[1]. On retrouve donc ici, appliquée au domaine de la traduction et de la critique, la prétention qu'avait déjà formulée Kant, selon laquelle il est possible de mieux comprendre un auteur qu'il ne s'est compris lui-même : « il n'y a rien d'étrange à ce que, soit dans l'entretien familier, soit dans les écrits, on arrive, en confrontant les pensées qu'un auteur exprime sur son objet, à le comprendre mieux qu'il ne s'est compris lui-même, faute d'avoir suffisamment déterminé son concept et pour avoir été conduit ainsi à parler contre son intention »[2].

Troisième thèse : cette potentialisation de l'œuvre est à nouveau en quelque sorte « surpotentialisée » par la critique proprement dite. Le travail spécifique de cette dernière est en effet de confronter l'œuvre originale et éventuellement ses multiples traductions avec son eidos visé, de telle sorte que la « réserve » infinie de sens de celui-ci soit maintenue tout en étant surexploitée. Cette conception de la traduction qui fait œuvre de poésie à l'égal – voire au-dessus (*cf.* l'*Über-setzung*) – de l'original ouvre une nouvelle conception de la critique pour la modernité, l'artiste-auteur se continuant dans le critique-traducteur[3] et réciproquement le critique – traducteur se faisant lui-même artiste-auteur : « le vrai critique est un auteur à la deuxième puissance »[4]. La supériorité du critique sur l'auteur se confirme donc avec cette thèse de la surpotentialisation en devenir, ce dont la Recension du *Wilhelm Meister* par Fr. Schlegel (Athenaeum, 1798) fournit un exemple en tant qu'« Übermeister ».

Un Fragment de Novalis nous permet de distinguer et d'articuler clairement les trois types de traductions décelés dans ces réflexions : « une traduction est soit grammaticale, soit changeante, soit mythique »[5]. Cette énumération va de la traduction poétiquement inférieure à la traduction éminente. Les traductions grammaticales sont ce qu'on entend par traduction « au sens habituel du terme » (*cf.* les traductions « symptomatiques »). Elles sont des traductions au sens banal et « requièrent beaucoup d'érudition, mais des dispositions seulement discursives »[6], et non une imagination poétique. La traduction « changeante » ou « transformante » (*verän-*

1. W. Benjamin, *Le concept de critique esthétique dans le romantisme allemand*, *op. cit.*, p. 177.

2. E. Kant, *Critique de la raison pure*, Dialectique transcendantale, *Œuvres*, *op. cit.*, I, 1980, p. 1027. On sait que Fichte prétendra appliquer à Kant et à son œuvre ce même principe.

3. On pense par exemple aux traductions d'E. Poë par Baudelaire et Mallarmé.

4. Fr. Schlegel, *Fragments*, trad. fr. Ch. Leblanc, Paris, J. Corti, 1996, Fragment du Lycée, 8, p. 98.

5. Novalis, *Pollens*, fragment 68, dans *Semences*, trad. Schefer, p. 82.

6. *Ibid.*

dernd) est elle-même un œuvre poétique visant l'imitation « génétique » de l'original : « le véritable traducteur dans ce domaine doit en fait être lui-même l'artiste capable de donner à volonté l'idée du tout, de telle ou telle manière ». Il doit donc exposer, de façon également poétique, l'Idée-mère de l'œuvre originale en choisissant telle ou telle manière de s'exprimer, tel ou tel style. Mais cette traduction ne peut se pratiquer et se comprendre sans référence à la traduction « originaire » ou transposition symbolique de l'Idée. En effet, le traducteur « doit être le poète du poète et doit pouvoir ainsi laisser le poète exprimer à la fois sa propre idée et celle du poète ». En d'autres termes, le poète traducteur doit être capable d'exprimer sa propre idée de l'œuvre – en référence à la norme originaire du poète – et celle du poète qu'il traduit : la même idée exprimée différemment en reprenant le processus intentionnel de l'expression. On peut donner comme exemples de « traduction transformante », les traductions d'Homère (1781, 1793) par J.H. Voss. Il traduit dans la forme de l'hexamètre rythmique allemand, forme qu'avait fixée Fr. Klopstock (1724-1803) les vers d'Homère et de Virgile pour les rendre « poétiquement » à son tour. Ce premier essai de Voss fera l'objet des éloges de Fr. Schlegel : « son mérite, comme traducteur et comme artiste de la langue, qui lui fit défricher une terre nouvelle avec une vigueur et une persévérance indicibles, continuera à briller avec d'autant plus d'éclat que ses travaux préparatoires seront plus largement surpassés, ultérieurement, de meilleurs ; car on s'apercevra alors que seuls les premiers avaient rendu possibles les seconds »[1].

Quant à la traduction « mythique », on n'en peut donner beaucoup d'exemples indubitables pris dans les œuvres historiques, car celles-ci ne se conçoivent pas sans une référence minimale à des œuvres antérieures qu'elles traduisent – ne serait-ce que de façon « changeante ». Une traduction mythique serait l'expression de l'Idée (ou du Verbe) sans aucune référence historique à une œuvre antérieure : « je ne crois pas qu'il en existe de modèle parfait ». Sa référence se fait donc à un discours n'entrant pas encore dans la catégorie de l'œuvre d'art. Elle partira d'un donné qui n'est pas œuvre d'art ou discours artistique antérieur mais religion, par exemple la religion nationale des anciens Grecs a été « traduite » dans leur mythologie et leurs poèmes homériques. Exemple : W. von Humboldt avait déjà supposé (contrairement à l'hypothèse de son maître Fr.A. Wolf) un « Homère collectif » réélaborant des données dispersées. Il soutenait qu'Homère aurait « poétisé » de façon géniale plusieurs fragments rhapso-

1. Fr. Schlegel, Entretien sur la poésie, *Athenaeum*, III, 1, 1800, AL, p. 309.

diques dispersés, en une sorte de « traduction mythique » en termes schlégéliens. L'on comprend à présent le sens de l'expression « mythique », puisque seuls les mythes fondateurs des cultures sont de telles traductions, de telles transpositions en Absolu de données rhapsodiques (récits) et de pratiques *religieuses*, pré-esthétiques. Novalis mentionne donc les mythes fondateurs de la Grèce : « la mythologie grecque est pour une part une semblable traduction d'une religion nationale »[1]. La traduction comme « transposition » mythique nous fait bien plutôt revenir à la production des Idées esthétiques par le génie selon Kant, celles dont nous étions parti au début de cette analyse du projet encyclopédique littéraire. « Kantiennement parlant, elle est le "schème sensible" d'une Idée, non la représentation d'un être réel », écrit A. Berman de la traduction mythique en commentant ce Fragment[2]. Mais on voit que le caractère très exigeant de la théorie novalisienne de la traduction lui fait réserver le génie aux œuvres transposant métaphysiquement et mythiquement les données religieuses de l'antiquité ou de la modernité.

Critique et herméneutique

Tout en restant jusqu'à plus ample analyse dans le domaine des œuvres littéraires, la question fondamentale devient celle de l'interprétation de cette nature productive qui donne ses règles à l'art tout en individuant son produit : elle est proprement herméneutique. En effet, si la critique et la traduction ont pour tâche de distinguer (*krinein*) le sens de l'œuvre comme ce modèle infini qui se dépasse en elle et comme la force même de son sens (*son energeia*), reste la question de savoir *comment* cette « nature » qu'est le sens – nature étonnamment admise en tant qu'essence et force du sens – donne sa norme à l'esprit singulier des artistes, indépendamment de toute règle préétablie. La critique et la traduction requièrent donc, pour se fonder et communiquer leur contenu à partir de ce fondement, une herméneutique : « l'interprétation est-elle autre chose que la communication herméneutique, l'enseignement de la critique du sens ? » demande Fr. Schlegel[3]. Interpréter le sens signifie ici de façon générale – antérieurement à la méthodologie de l'interprétation des œuvres particulières au sein d'un genre – comprendre la façon dont ce sens agit en tant que nature au sein de

1. Novalis, *Pollens*, fragment 68, dans *Semences*, trad. Schefer, p. 82.
2. A. Berman, *L'épreuve de l'étranger*, *op. cit.*, p. 181.
3. Fr. Schlegel, KFSA, XVI, *Sur la philologie*, III, trad. fr. Ch. Berner dans *Au détour du sens*, Paris, Le Cerf, 2007, p. 35.

l'esprit, action dont résultent l'art et son œuvre. Quel est l'être de ce sens agissant dans l'esprit de l'œuvre? Il s'agit bien d'abord du fondement ontologique de l'herméneutique. Cette fondation de l'herméneutique est éminemment philosophique et spéculative, car il ne s'agit pas encore à proprement parler d'une méthodologie et d'une technique de l'interprétation, puisque celles-ci sont normées – comme nous le verrons chez Fr. Ast et Fr. Schleiermacher[1] – par une telle position ontologique. Ici, deux hypothèses de réponse peuvent être d'abord apportées que n'ont pu ignorer les romantiques allemands. Soit cette nature est celle du monde naturel, sa « chose en soi » (Kant) ou son « chaos » (Fr. Schlegel) se faisant ordre et règle à travers l'esprit de l'artiste; soit c'est la nature singulière de l'esprit de l'artiste qui donne sa règle à l'œuvre, y projetant une régularité inédite émanant de sa singularité psychologique et motivant alors la désignation d'un style.

Encore faudrait-il, dans ce second cas, suivant les remarques faites par A.W. Schlegel[2], distinguer la manière singulière qui n'exprimerait que spontanément l'individualité – comme le geste de la main, *maniera* – et le « style » proprement dit qui, comme le *stylus* sur la cire, implique une élaboration et une mise en forme seconde de la « manière naturelle de faire ». Ici, A.W. Schlegel semble reprendre la distinction déjà établie par Goethe en 1789 entre « simple imitation de la nature, manière et style »[3]. Avec deux différences toutefois. D'une part, la « simple imitation » de la nature qu'analyse Goethe est son imitation extérieure, « lorsqu'il copie au plus près les figures et les couleurs de celle-ci en faisant preuve de fidélité et d'application »[4]. Il ne s'agit pas de cette nature qui produit elle-même au-dedans de l'esprit artiste, à laquelle se réfère A.W. Schlegel dans une première hypothèse. D'autre part, ce que Goethe entend par style n'est précisément pas la simple élaboration formelle et intersubjectivement acceptable de la « manière » (le « style » au sens d'A.W. Schlegel) mais une forme de production proche de la productivité géniale de la nature – et proche en conséquence de la première conception du génie mentionnée, centrée sur la nature en elle-même. En effet, le « style » exprime « les

1. A. Neschke-Hentschke montre que « l'herméneutique est un élément constitutif de la philosophie de Schleiermacher », dans « Platonisme et tournant herméneutique au début du XIXe siècle en Allemagne », dans *La naissance du paradigme herméneutique*, *op. cit.*, p. 124.

2. A.W. Schlegel, *Leçons sur l'art et la littérature*, 1801-1802, SW, V, 1, p. 264 *sq.*

3. Goethe, *Simple imitation de la nature, manière et style* (1789), trad. Schaeffer, dans *Écrits sur l'art*, Paris, GF-Flammarion, 1996, p. 82-87.

4. *Ibid.*, p. 83.

propriétés des choses et leur manière d'être »[1] ou encore : « le style repose sur les fondements les plus profonds de la connaissance, sur l'essence des choses pour autant qu'il nous soit permis de la connaître sous forme de figures visibles et tangibles »[2]. En réalité, le « style » goethéen nous ramène à la première hypothèse interprétative du « génie », dans la mesure où c'est alors l'essence active et productive de la chose même qui s'exprime dans l'œuvre par la médiation de la connaissance qu'en a l'artiste.

Or, non seulement ces deux hypothèses sur le fondement ontologique de l'interprétation ne paraissent pas compatibles, mais, plus gravement, l'une comme l'autre ne peut maintenir l'herméneutique et la critique dans un cadre strictement kantien. La première hypothèse nous ramène à un modèle antique : la nature est la force et la forme productives qui n'utilisent l'artiste que comme un médium, un lieu de passage pour opérer la transition de son activité productive infinie en produit fini, achevé au regard de tous. Mais ce modèle consiste, en termes kantiens, à identifier la chose en soi – l'absolue productivité de la *phusis* – et le phénomène apparaissant ou produit : c'est la définition même du dogmatisme selon Kant, pour qui le criticisme repose sur la distinction de l'absolu et du fini, des choses en soi et des phénomènes. Réactualiser cette conception dans l'herméneutique et la critique des œuvres littéraires en général (impliquant, ne l'oublions pas, une unité de la littérature et de la philosophie) serait renoncer à la modernité et régresser du criticisme au dogmatisme. Selon la seconde hypothèse, apparemment plus moderne, c'est la nature ou personnalité psychologique particulière de l'artiste qui s'exprime dans l'œuvre en lui conférant son style propre que la critique doit s'efforcer de distinguer de tout autre, afin que le public l'apprécie dans toute son originalité. Toutefois cette hypothèse herméneutique ne peut que conduire à un relativisme concernant le génie littéraire, de même qu'à un scepticisme esthétique : seules les subjectivités de même nature, ou analogues à celle de l'auteur, pourront se comprendre et juger la valeur de l'œuvre dont l'universalité effective sera perdue. Dans les deux cas, le transcendantal est ruiné.

Reste une troisième voie qui semble susceptible de dépasser l'alternative entre dogmatisme antiquisant et modernisme psychologisant. Elle consistera à inscrire la condition *a priori* de possibilité productive des œuvres dans le génie de la langue et de « l'esprit des peuples », à la manière d'une substance collective dont les artistes singuliers figureront des « modes » éminents. Cette curieuse substantialisation du transcendantal,

1. Goethe, *Simple imitation de la nature, manière et style*, *op. cit.*, p. 86.

2. *Ibid.*, p. 85.

contradictoire selon un kantisme strict, n'était-elle pas la voie vers laquelle nous menait la « traduction mythique » selon Novalis ? L'artiste y mène à l'actualisation la tendance infinie vers l'Absolu immanente à l'esprit grec (mythologie ou poème homérique). Ce schème substantialiste – emprunté parfois plus ou moins directement à Spinoza – se retrouvera chez Schleiermacher : « ce qui n'implique pas, écrit D. Thouard, la disparition du sujet, mais sa reconstitution face au "transcendantal-historique" de la langue, présupposition de l'herméneutique »[1]. Tenons-nous en d'abord à l'exemple des œuvres de langage : sans doute le transcendantal est-il d'abord la forme *a priori* de la langue ; mais la langue sans « l'esprit de la langue » n'est pas plus concevable que la catégorie kantienne sans le « je pense » qui doit toujours pouvoir l'accompagner ; enfin, cet esprit n'est pas une subjectivité abstraitement logique mais la conscience de soi historique d'un peuple particulier, producteur d'œuvres à proposer et à traduire, par le medium de ses artistes et dans ses échanges avec d'autres esprits populaires.

L'interprétation la plus fortement métaphysique de l'esprit du peuple comme substance de l'activité productive et de l'activité compréhensive des œuvres littéraires fut sans doute celle de l'herméneutique de Fr. Ast (1778-1841[2]). Le projet d'Ast était celui d'une totalisation systématique des sciences littéraires de l'Antiquité au sein de laquelle étaient destinées à prendre place grammaire, herméneutique et critique dans un ensemble encyclopédique. Mais ce projet encyclopédique d'un élève de Schelling se distinguait radicalement de celui de F.A. Wolf mentionné plus haut qui s'inscrivait dans la perspective de la philosophie des Lumières. À travers le langage de l'Antiquité, c'est, selon Ast, l'esprit de ses peuples qui s'exprime et forme le lien cimentant toutes les expressions culturelles : « le centre de cette étude est l'esprit de l'Antiquité qui se reflète de la manière la plus pure dans les œuvres des écrivains antiques »[3]. Ast peut prétendre dépasser l'alternative ruineuse entre esprit de la nature et esprit psychologique, naturalisme et psychologisme, en introduisant le concept d'esprit du monde historique, substance spirituelle universelle se modalisant dans les expressions et manières d'être des différents peuples particuliers qui peuvent toutefois se comprendre comme les organes particuliers de ce Tout

1. D. Thouard, *Critique et herméneutique dans le premier romantisme allemand*, *op. cit.*, Introduction, p. 31.

2. En particulier dans Fr. Ast, *Grundriss der Philologie* [*Précis de philologie*] et *Grundlinien der Grammatik, Hermeneutik und Kritik*, Landshut, 1808.

3. *Précis de philologie*, p. 1, trad. Thouard, p. 37.

vivant. Il ne comporte ainsi « absolument rien d'étranger en soi parce qu'il est l'unité supérieure et infinie, centre de toute vie qu'aucune périphérie ne limite »[1]. Une partition quadripartite de l'histoire universelle – qui n'est pas sans faire penser à celle de Hegel[2] – scande selon lui le développement de l'esprit : unité de l'esprit oriental dans l'indivision ; différenciation organique dans l'esprit du cosmos grec ; scission de cet esprit en transcendant et immanent, réflexif et spontané dans le monde chrétien ; aspiration à une réunion enrichie de toutes les phases de développement précédentes dans l'esprit moderne.

De cette métaphysique de la compréhension découle la mise en place du cercle herméneutique que l'on doit à Fr. Ast et que reprendra Fr. Schleiermacher dans son contexte philosophique propre, référé à Platon. Il s'agit bien d'un mouvement circulaire allant d'abord des parties à interpréter au tout, puis revenant de celui-ci aux parties. Cette démarche circulaire vaudra autant appliquée à la lecture interprétative d'une œuvre singulière d'auteur, que du rapport d'un ensemble d'œuvres à l'esprit de la culture et du peuple qui le soutient. Le premier demi-cercle remonte de la lettre des textes et produits particuliers vers l'esprit commun dont ils dépendent, esprit commun dégagé d'abord par abstraction comme une constante par l'interprète. Cette dépendance se vérifie alors, inversement, en partant de la teneur de cet esprit commun – à chaque étape d'une série d'œuvres singulières d'auteur ou à chaque période de la quadruple partition historique universelle – et en retrouvant un même contenu de sens dans diverses *autres* productions particulières – ce que n'explicitait pas le premier mouvement analytique ascendant en partant du produit particulier initial. Il s'agit donc d'une confirmation par comparaison. Reste alors à spécifier la différence de chaque expression spirituelle en deçà de la communauté universelle de sens partagée avec les autres œuvres de la totalité spirituelle envisagée.

Quel que soit son domaine d'application – une œuvre singulière ou un ensemble d'œuvres historiques – chaque démarche analytique et synthétique, présuppose l'autre sans contradiction, et le cercle n'est pas aporétiquement vicieux, puisque le point de vue sur le sens n'est pas le même dans les deux démarches : le point de vue analytique ascendant et son ordre sont celui de notre connaissance (antérieure pour nous) ; le point de vue synthé-

1. Fr. Ast, § 69, trad. Thouard, p. 38.

2. *Cf.* Hegel dans l'Introduction aux *Leçons sur l'histoire de la philosophie*, trad. fr. G. Marmasse, Paris, Vrin, 2004, p. 156 : « Le *compendium* d'Ast – Friedrich Ast, *Abrégé d'une histoire de la philosophie*, Landhut, 1807 – présente en revanche beaucoup d'avantages ».

tique descendant et son ordre sont celui de l'être (antérieur en soi). Mais l'optimisme métaphysique d'Ast lui fait cependant poser que l'ordre analytique et régressif de notre connaissance rejoint l'ordre synthétique et progressif de production de la substance spirituelle. Ceci a pour conséquence d'ôter à l'avance à l'herméneutique tout caractère problématique et autocritique, de même que toute relativité interprétative au plan de la réflexion et de la confrontation avec d'autres hypothèses.

De son côté, Fr. Schleiermacher construira une méthodologie générale de l'interprétation valant pour tout type de discours, y compris pour le discours parlé, et c'est bien à lui que l'on doit l'extension universelle du concept d'« interprétation » rendant possible sa problématisation dans des contextes ultérieurs au XXe siècle. Pour les philologues qui le précèdent immédiatement, l'herméneutique était déterminée par le contenu que le discours comporte et plus précisément chez F.A. Wolf et F. Ast par l'unité présupposée comme évidente des discours grecs, latins et chrétiens puisqu'il s'agissait d'une encyclopédie philologique homogène impliquant une philosophie de l'histoire de l'esprit universel. Schleiermacher, à l'inverse, ne recherche pas immédiatement le fil conducteur de l'herméneutique dans le contenu de sens spirituel, supposé unique, des littératures mais bien dans la forme – grammaticale ou psychologique – par laquelle passent les discours envisagés avant tout comme des modes de communication entre les esprits. Comprendre, c'est en quelque sorte toujours « se comprendre » entre esprits, en corrigeant au mieux une incompréhension préalable. Le centre de l'herméneutique se déplace du contenu spirituel universel vers la forme intersubjective de l'échange verbal ou écrit entre sujets situés dans leur langue. Fr. Schleiermacher distinguera d'abord ainsi une dimension grammaticale de l'herméneutique – permettant de comprendre tout discours (l'œuvre d'art n'est plus qu'un cas particulier) à partir de la langue « objectivée » d'un peuple dans sa grammaire (dimension formelle) et sa sémantique (dimension plus matérielle). Puis, il en distinguera une interprétation psychologique associée à une interprétation dite « technique », la première renvoyant à la « vie » et à la perspective originale de l'auteur, la seconde à son « savoir-faire », mettant en « œuvre » la langue, c'est-à-dire la faisant servir à sa perspective de pensée[1] ; les deux interprétations, grammaticale-linguistique et psychologique-technique, doivent être combinées avec des dosages variables, dans toute interprétation complète digne de ce nom. Or, F. Ast, élève de Schlegel et Schelling,

1. *Cf.* F.D.E. Schleiermacher, *Herméneutique*, *op. cit.*, p. 196-197.

a selon Schleiermacher failli à la tâche de construire cette herméneutique rigoureuse des « discours ».

Pourtant, ontologiquement compris, l'esprit de l'individu créateur – poète ou philosophe – *est* un mode singulier de l'esprit substantiel de son peuple, puisque « *tout dans chaque nation forme une seule culture*, mais vivifiée par une foule d'individualités et d'oppositions relatives »[1]. Schleiermacher note au début de ce passage : « schème général, philosophie », ce qui indique qu'il ne s'agit plus d'une thèse méthodologique, mais d'une position ontologique ressourcée à la fois à Spinoza et à Platon dont les apports sont conjoints dans sa philosophie[2]. Au plus haut degré des discours singuliers se situent les œuvres des génies, artistes ayant non seulement sur toute réalité une perspective originale à exprimer, mais un style, une manière d'exprimer le sens qui deviendra une norme, au point même d'enrichir la langue : « c'est de là, écrit Schleiermacher, que vient précisément l'enrichissement de la langue avec de nouveaux objets et de nouveaux pouvoirs qui partent toujours de l'activité linguistique d'hommes singuliers »[3]. L'« esprit des peuples antiques » n'était pas lié avec précision au fonctionnement de la langue chez Ast, tandis que c'est sur cette productivité spirituelle de la langue et des discours, dont elle conditionne la possibilité, que s'est concentré Schleiermacher. Ce dernier vise donc à articuler avec précision le philologique-linguistique au psychologique-technique au sein de l'herméneutique. De sorte qu'à travers ses modes singuliers les plus actifs la substance universelle de l'esprit d'un peuple s'enrichira en faisant retour sur elle-même au moyen de nouveaux développements « psychologiques » créateurs, en un nouvel aspect du « cercle herméneutique ».

Si nous omettions l'inscription de l'herméneutique « technique » et « psychologique » dans la perspective méthodique d'une effectuation historique de l'éthique, c'est-à-dire d'une effectuation de la raison dans la nature extérieure et intérieure d'un peuple[4], nous pourrions détacher les productions individuelles du génie de leur assise ontologiquement ou métaphysiquement substantielle. Or, c'est bien en référence positive à Fr. Ast cette fois que Schleiermacher inscrit l'herméneutique dans une

1. Fr. Schleiermacher, *Herméneutique générale de 1809-1810*, § 50, trad. Berner dans *Herméneutique*, *op. cit.*, p. 87, souligné par nous.

2. Sur la réappropriation de ces métaphysiciens par Schleiermacher, *cf.* Ch. Berner, *La philosophie de Schleiermacher. Herméneutique, dialectique, éthique*, Paris, Le Cerf, 1995.

3. Fr. Schleiermacher, *Herméneutique générale*, *op. cit.*, § 15, p. 75.

4. Sur cette définition de l'éthique, *cf.* Fr. Schleiermacher, *Brouillon sur l'éthique*, cité par Ch. Berner, *La philosophie de Schleiermacher*, *op. cit.*, p. 241.

téléologie de l'esprit humain finalisée par l'aspiration à la compréhension de soi-même[1]. Sinon, nous placerions trop aisément l'herméneutique schleiermacherienne dans le contexte de la seule génialité individuelle, au sens quasi-individualiste d'un certain romantisme esthétique. Mais ce serait omettre l'inscription de la singularité psychique dans l'ethos spirituel du peuple et plus fondamentalement dans l'horizon auto-actif de l'Univers créé, en référence aux Idées que Schleiermacher pose en Dieu conformément à son platonisme.

Fr. Schlegel a sans doute formé le soupçon d'un retour du dogmatisme métaphysique et spéculatif dans les réinterprétations de l'herméneutique du genre de celle de Fr. Ast présupposant l'existence d'un Esprit de l'Antiquité, sous l'influence de Schelling : « ce cadre philosophique inspiré de Schelling, a-t-on remarqué, donne à la philosophie son objet et en garantit même par avance le succès »[2]. Il en va de même de Fr. Schleiermacher, ce dernier insérant son herméneutique dans l'horizon d'une éthique et d'une théologie métaphysique devant beaucoup, outre à Ast, à Spinoza et à Platon : « à bien des égards, c'est la compréhension particulière de Platon qui fonde l'herméneutique comme partie du système »[3]. Sur ce point, Schleiermacher, en référence à la transcendance de l'idéalité chez Platon, se sépare de W. von Humboldt et des « kantiens »[4] stricts. Humboldt prolonge la philosophie transcendantale de Kant dans une philosophie du langage qui demeure une anthropologie critique, même si, mais seulement à titre d'Idée régulatrice au sens kantien, il inscrit la pulsion linguistique humaine dans la totalité des « pulsions formatrices », modalités plurielles de la « force fondamentale » de l'Univers.

On peut sans doute dire que Fr. Schlegel va lui aussi insérer sa pensée d'après Iéna dans l'horizon du troisième modèle de l'herméneutique que nous avons proposé de distinguer, celui d'une philosophie de l'histoire et

1. Sur cette téléologie universelle de l'esprit, *cf.* A. Neschke-Henteschke, « Matériaux pour une approche philologique de l'herméneutique de Schleiermacher », dans *La naissance du paradigme herméneutique*, Lille, PUL, 1990 p. 55-57.

2. D. Thouard, « Friedrich Schlegel : de la philologie à la philosophie (1795-1800) », dans *Symphilosophie*, *op. cit.*, p. 42.

3. A. Neschke-Hentschke, « Platonisme et tournant herméneutique au début du XIXe siècle en Allemagne », dans *La naissance du paradigme herméneutique*, *op. cit.*, p. 124. *Cf.* encore : « Schleiermacher identifie ce savoir transcendant avec la connaissance de Dieu, ce qui signifie que, dans l'Idée du savoir, l'Idée de Dieu est toujours déjà donnée », *ibid.*, p. 128.

4. *Cf.* J. Quillien, « Schleiermacher n'est pas kantien et bien plus, il récuse le kantisme », dans « Pour une autre scansion de l'histoire de l'herméneutique. Les principes de l'herméneutique de W. von Humboldt », dans *La naissance du paradigme herméneutique*, *op. cit.*, p. 82, n. 29.

des esprits des peuples. Mais concernant le concept de compréhension, il a maintenu dès le début la compréhension comme fondée sur « l'incompréhensibilité » de l'être posé comme « chaos » : « un comprendre absolu n'est dans notre perspective absolument pas possible. Cela reviendrait au dogmatisme »[1]. Or l'herméneutique romantique construisait avec Ast et Schleiermacher un concept de compréhension fondé sur l'appropriation de totalités systématiques, tandis que, de manière toutefois non sceptique, Fr. Schlegel avait introduit le concept paradoxal d'un incompréhensible irréductible comme fond de la compréhension, ménageant la possibilité d'une expérience religieuse de ce fond « chaotique » pour la raison spéculative : « pas plus que la théorie de la compréhension de Schlegel n'est fondée sur des contextes saisissables de façon systématique, son caractère ne peut être décrit de manière satisfaisante avec les simples concepts de doute, de scepticisme et de soupçon »[2].

Dès lors, il renoncera à la fondation métaphysique conceptuellement et strictement spéculative de cette philosophie de l'histoire des esprits populaires pour n'admettre que l'expérience religieuse[3] de la révélation comme source exclusive de son sens, d'abord inscrit dans la langue des mythes fondateurs. Le dépassement non sceptique d'une herméneutique de l'incompréhensibilité originaire se trouvait rendu possible par la promotion de la seule expérience religieuse du sens. Il s'ensuivra que Fr. Schlegel réorientera de plus en plus fermement son intérêt nostalgique vers la mythologie, la religion et la politique comme fondements d'une possible reconstitution morale de la totalité européenne, sur la base de la prévalence réaffirmée par lui de l'intérêt pratique – rémanence de son « kantisme ». Ainsi qu'il le notera plus tard sur ce qui manquait à Iéna : « notre nouvelle critique spirituelle : la seule chose à manquer était le centre spirituel de l'illumination et de la foi, que j'ai pourtant commencé tôt de chercher »[4]. On fait généralement dater de l'époque des Idées (*Athenaeum*, 1800), et des *Cours* d'Iéna (1800-1801), de *L'histoire de la littérature européenne* (1803) plus haut citée, puis des *Cours* de Cologne (1804-1806), le tournant de sa pensée préparant sa conversion au catholicisme (1808), et son réengagement proprement politique à travers ses écrits (1815). Cet intérêt schlégélien pour la philosophie de l'histoire, relevant de la philosophie

1. KFSA, XII, p. 124.

2. E. Behler, « La théorie de la compréhension de Friedrich Schlegel », dans *Symphilosophie*, *op. cit.*, p. 115.

3. *Cf.* E. Behler, *ibid.*, p. 124 : « il est clair que la théorie de la compréhension de Schlegel comporte des traits qui visent finalement la sphère religieuse ».

4. KFSA, XIX, p. 346, dans E. Behler, art. cit., p. 128.

de la culture entendue comme formation morale tant personnelle que collective, passe toutefois par une réflexion serrée sur la linguistique et la philologie. Elle justifie son insertion dans l'épistémologie romantique de la littérature, tout en réaffirmant la prévalence de l'expérience religieuse dans cette relecture des données linguistiques.

Les *Leçons sur l'histoire universelle* (1805-1806) puis l'essai *Sur la langue et la sagesse des Hindous* (1808) envisagent bien l'histoire universelle dans la perspective du développement moral de l'homme. Le bilan des résultats de ces spéculations à prétention scientifique sera donné par A.W. Schlegel dans *De l'origine des Hindous* (1833). Toutefois, c'est toujours « la langue » qui est le principe absolu de l'histoire : « le principe à partir duquel l'histoire peut commencer, sur lequel elle peut être fondée et grâce auquel la généalogie des nations peut être produite est la langue »[1]. Les sciences du langage se voient conférer un rôle stratégique majeur dans la perspective moralement pratique du romantisme du second Schlegel. Si la mission spirituelle de l'Allemagne est de régénérer moralement les peuples de l'Europe, elle trouve sa justification dans la thèse selon laquelle la langue allemande est l'héritière linguistique de la langue sanscrite hindoue, à l'issue de ses développements grecs et latins. L'avantage unique de l'Inde est d'avoir conservé pratiquement intacte sa langue d'origine de même que la structure fortement hiérarchisée de la société et de l'État qui lui correspond. Le messianisme religieux et politique de Fr. Schlegel peut dès lors s'autoriser d'une caution prétendument scientifique quant à la structure des langues. Car deux origines sépareraient nettement les langues humaines, celle des langues dont les formes sémantiques et grammaticales sont *à flexions* organiques et fondées sur l'*a priori* productif de l'esprit de leur peuple, et celle des langues *à affixes* ou additions mécaniques, fondées sur la réceptivité additive et imitative de données sensibles dispersées. La langue indienne est la première langue à flexions dont la force est demeurée inaltérée : « étant tout à fait organique, et se ramifiant, pour ainsi dire, à l'aide de flexions, de modifications intérieures, et d'entrelacements variés du radical selon ses diverses significations, elle ne se compose point par la simple agrégation mécanique de mots et de particules ajoutées les unes aux autres, assemblage dans lequel la racine elle-même reste, à proprement parler, immuable et stérile »[2].

1. Fr. Schlegel, *Vorlesungen über Universal Geschichte*, KFSA, XIV, p. 6, trad. fr. M. Crépon, *Les géographies de l'esprit*, Paris, Payot-Rivages, 1996, p. 235.

2. Fr. Schlegel, *Essai sur la langue et la philosophie des Indiens* (1808), trad. fr. A. Mazure, Paris, 1837, p. 47.

Si l'esprit d'un peuple est l'esprit de sa langue, la hiérarchie entre peuples inférieurs et peuples supérieurs semble une conséquence inéluctable d'une telle classification. L'esprit d'une « langue organique » conservera davantage la mémoire de son origine et de sa filiation que celui d'une langue addictive superposant mécaniquement des strates dont les plus récentes occulteront les plus anciennes tout en leur étant hétérogènes. Plus fondamentalement, les langues addictives se trouvent sans « racine » véritablement unique et commune, « sans famille », à la différence des langues indo-germaniques. La structure grammaticale d'une langue est corrélative de la nature de son origine. Les langues à flexions supposent un *a priori* spirituellement actif qui crée la langue comme un « accord » de la communauté, tandis que les langues addictives, originairement réceptives, sont d'abord fondamentalement imitatives de données empiriques naturelles, qu'il s'agisse de perceptions extérieures (Leibniz) ou de tonalités affectives (Rousseau). Toutefois, l'organicité de ces langues à flexions implique leur fragilité, leur exposition aux maladies et aux déclins, tandis que les langues à affixes, n'étant faites que de mécanismes, ont une robustesse qui, bien qu'artificielle, leur permet de se « refaire » sans cesse. Les langues organiques comme l'allemand ont d'ailleurs pour principale faiblesse d'être exposées aux agressions syntaxiques et sémantiques des autres langues qui les affaiblissent et les contaminent à présent dans l'environnement européen : « la plus belle langue n'est pas exempte de dégénérer. Nous l'éprouvons au reste assez sensiblement nous-mêmes dans notre langue allemande »[1]. L'hégémonie du français sur l'allemand aux XVIIe et XVIIIe siècles est indubitable. La langue française – réinstituée par l'Académie Royale – est la langue de l'aristocratie et de la diplomatie dans la plupart des pays d'Europe et au-delà. Mais, précisément, si le peuple allemand souffre de voir sa langue ainsi affaiblie, c'est le signe de la présence en elle d'un noyau sain d'authenticité sur lequel l'on peut faire fond pour la régénérer.

Comme nous l'avons souligné, ces projets d'Encyclopédie des sciences de la littérature, de même que la théorie de la critique littéraire des œuvres, impliquaient qu'il y s'agissait de leur valeur et de leur contenu de sens poétique et esthétique. D'où la nécessité d'envisager à présent l'Esthétique romantique allemande en et pour elle-même.

1. Fr. Schlegel, *Essai sur la langue et la philosophie des Indiens*, *op. cit.*, p. 47.

CHAPITRE II

L'ESTHÉTIQUE ROMANTIQUE ALLEMANDE COMME POÉTIQUE

Le sens propre avec lequel ce genre de philosophie doit être saisi est donc le sens esthétique, et c'est pourquoi la philosophie de l'art constitue le véritable organe de la philosophie [1].

DE LA *CRITIQUE DE LA FACULTÉ DE JUGER* À LA POÉTIQUE ROMANTIQUE

L'appropriation de la théorie kantienne des Idées esthétiques

Dans la mesure où l'imagination géniale est posée comme l'unité de la nature et de la culture, elle assume une fonction de médiation entre le théorique (connaissance et science de la nature) et le pratique (la formation juridique, politique, historique, morale et religieuse d'un peuple). En conséquence, c'est comme poétique que cette médiation mythologique est déterminée esthétiquement. En effet, le langage, entendu comme une mythologie originaire, est à la fois forme esthétique (poésie), forme philosophique (vision du monde) et forme religieuse (foi et affection relatives au divin), motivation morale et politique, et en ce dernier sens, forme culturelle privilégiée.

1. F.W.J. Schelling, *Sur la philosophie transcendantale*, dans *Système de l'idéalisme transcendantal* (1800), trad. fr. Ch. Dubois, Louvain, Peeters, 1978, p. 17.

Le langage originaire des langues, tant chez A.W. et Fr. Schlegel que chez Novalis, se présente comme la « figure » de cette mythologie de l'origine. En réalité, c'est le mythe qui est ici considéré comme le premier langage, unissant de façon syncrétique ce qui deviendra ultérieurement philosophie, poésie, et religion proprement dites. Les romantiques reprennent dans une large mesure à ce sujet les idées de Herder sur l'origine du langage comme *Dichtung*, mot qui contient selon lui précisément trois éléments : l'élément fictif et imaginatif de la poésie (*die Poesie*), l'élément formateur d'une vision du monde (le mythe qui la condense) et l'élément sacré d'un sentiment religieux. On sera donc attentif au fait que notre mot de « poésie » peut, selon les contextes que nous préciserons, renvoyer tantôt à la mythologie comme « poésie originaire » (*Urdichtung*), tantôt à la poésie comme « art particulier du langage » (*Dichtkunst*), tantôt à la poésie comme élément fictif et imaginatif présent dans tous les arts (*Poesie*). Déjà Hamann, dont bien des pensées ont fécondé Herder, écrivait en 1762 : « la poésie est la langue maternelle de l'humanité, comme le jardin est plus antique que le champ cultivé »[1]. Dans son essai de 1770 sur l'origine du langage, Herder fait donc appel au mot *Dichtung*, encore peu en usage, pour désigner ce pouvoir de création langagière, tout à la fois poétique, mythique (préphilosophique) et religieux. À leur suite, Fr. Schlegel veut accorder une supériorité originaire à la poésie (*Urdichtung*), si l'on considère de façon historique sa constitution protofondatrice. Il pourrait répéter ici son fragment de l'*Athenaeum* : « le poète a peu à apprendre du philosophe, lequel a beaucoup à apprendre de lui »[2]. En effet, de ce point de vue historique – nous retrouvons la problématique de l'histoire universelle qu'avaient en vue Winckelmann et Wolf – c'est la mythologie qui est le discours total le plus ancien et qui contient en lui de façon syncrétique poésie, philosophie et histoire : « une autre raison pour laquelle il faut d'une certaine manière donner la préférence à la poésie sur la philosophie réside dans le fait que, en ce qui concerne l'Europe, c'est elle qui est l'activité la plus antique et la racine commune de toutes les sciences et de tous les arts. La poésie la plus ancienne est en effet mythologique ; et la mythologie est à la fois poésie, philosophie et histoire »[3]. Cet infléchissement dans le sens de l'histoire, voire de l'historicisme, a déjà été décelé chez Fr. Schlegel,

1. J.G. Hamann, *Aesthetica in Nuce* (1762), trad. Le Blanc, LFPDM, p. 147 ; trad. R. Deygout, *Aesthetica in Nuce. Métacritique du purisme de la raison pure*, Paris, Vrin, 2002, p. 79.

2. Fr. Schlegel, Fragment 131, AL, p. 115.

3. Fr. Schlegel, *Histoire de la littérature européenne*, p. 14, trad. Schaeffer, *L'art de l'âge moderne*, *op. cit.*, p. 134.

lorsqu'il s'agissait de sa rupture avec la « philosophie pure » à Iéna et de la réinscription de sa pensée dans l'historicité du mythe et de la religion. *C'est de cette poésie mythologique que se séparera ultérieuremen la poésie comme traitement esthétique d'une forme de langage et art particulier dont nous traiterons plus bas en rapport avec les autres arts.* Dès sa naissance, donc, la notion de *Dichtung* se trouve investie d'une triple connotation. Mais ses trois dimensions de sens se trouveront parfois dans un état de séparation – précisément aussi la poésie comme art particulier – entraînant l'oubli fâcheux de leur origine commune. Concernant la religion, nous en développerons plus bas le concept en étudiant sa fonction dans la mission culturelle que s'octroient les romantiques dans l'époque. À ne retenir pour l'instant que l'unité du philosophique et du poétique dans la *Dichtung* mythique, l'on saisit à nouveau que cette unité correspond bien à une interprétation possible de ce que Kant entendait par Idée esthétique dans la *Critique de la faculté de juger*[1].

Partant du caractère inconnaissable des Idées rationnelles (l'âme, le monde, Dieu), parce qu'inexponibles dans une intuition directe et schématisante, Kant ajoute toutefois que, pour compenser ce manque, il existe des Idées esthétiques, produits du génie humain exposant de façon indirecte, analogique et symbolique, de telles Idées rationnelles : « on peut nommer *idées* de telles représentations de l'imagination ; d'une part parce que au moins elles tendent vers quelque chose qui se situe au-delà des limites de l'expérience et cherchent ainsi à s'approcher d'une présentation [*Darstellung*] des concepts de la raison (des idées intellectuelles) [*der intellektuellen Ideen*] – ce qui leur donne l'apparence [*den Anschein*] d'une réalité objective »[2]. L'expression *intellektuelle Ideen* ne renvoie pas ici aux « concepts de l'entendement » (catégories) qui peuvent être schématisés et objectivés directement et adéquatement, mais aux concepts de ce qui est purement intelligible, l'inconditionné de l'âme, du monde ou de Dieu. Cette « apparence » (*Anschein*) n'est pas l'« apparence » (*Schein*) que produit l'Idée rationnelle dans la raison, en la menant aux « erreurs » du discours métaphysique, mais l'apparence sensible qui leur est donnée indirectement dans l'œuvre du génie spirituel. On sait que Kant distingue soigneusement l'« apparence » (*Schein*) – indéracinable – à laquelle donnent lieu les Idées et les « erreurs », dont l'usage transcendant qui en est effectivement fait par les métaphysiciens est responsable, usage dont peut toutefois s'abstenir une raison critiquement instruite, ce qui est le

1. Kant, *Critique de la faculté de juger*, *op. cit.*, § 49 et § 59.
2. *Ibid.*, § 49, II, p. 1098.

but ultime de la première *Critique*. Ainsi peut-on bien, avec une prudence critique, jouir de cette « apparence esthétique » de l'Idée sans toutefois succomber à l'« erreur » du discours pseudo-savant qu'elle risque elle aussi d'engendrer. « D'autre part, ajoute Kant, et surtout, dans la mesure où elles sont des intuitions intérieures, aucun concept ne peut leur être complètement adéquat. Le poète ose donner corps à des idées de la raison »[1].

Toutefois, Kant maintient une différence et une distance irréductibles entre le contenu métaphysique des Idées esthétiques et le contenu imagé qui le symbolise. Si, de l'image poétique, par exemple, il affirme qu'il est possible « d'en faire usage au profit du supra-sensible et pour ainsi dire comme schème du supra-sensible »[2], il y a là deux restrictions. D'une part, l'usage de la poésie renvoie à un Absolu qui ne s'exprime pas directement en elle, et, d'autre part, il ne s'agit pas effectivement, mais « pour ainsi dire », d'un schématisme : car le symbolisme indirect n'est pas en toute rigueur de termes le schématisme qui exposerait directement ou intuitivement son contenu de sens. Sur ces deux points, nombre de romantiques effaceront les limites : l'Art sera l'autoprésentation ou l'autodiction de l'Absolu et l'image sensible – du sens interne médiatisant le sens externe – le mode de sa présence sensible comblant le discours vide de la métaphysique discursive qu'elle soit prékantienne ou kantienne. Comblant ce vide du discours métaphysique et de sa symbolique allégorique, une telle théorie de l'art – fondamentalement poétique – pourra bien être dite « spéculative » au sens le plus fort, c'est-à-dire au sens « ontologique » de l'expression[3] : « ce qui ne saurait être résumé en un concept se laisse peut-être présenter par une image ; et ainsi la nécessité de la connaissance mène à la présentation, amène la philosophie à la poésie »[4]. Hegel, rétablissant pourtant la raison spéculative dans ses droits, n'en fera pas moins lui aussi de l'art une « représentation » manifestant effectivement l'absolu et s'inscrira dans le cadre de cette conception spéculative nouvelle. Enfin, ce ne seront pas seulement, pour un Novalis, les images artistiques qui seront des automanifestations de l'Absolu, mais plus immédiatement et totalement, le monde sensible lui-même sera donné comme le symbole-signe expressif – et non le symbole indirect – du monde suprasensible. La philosophie de la nature de Novalis tend en effet au monisme plus systéma-

1. Kant, *Critique de la faculté de juger*, *op. cit.*, § 49.

2. *Ibid.*, § 53, p. 154.

3. *Cf.* par exemple, la Partie du livre de J.-M. Schaeffer, « La théorie spéculative de l'art », dans *L'art de l'âge moderne*, *op. cit.*, dans laquelle l'auteur développe cette idée.

4. Fr. Schlegel, *Histoire de la littérature européenne*, KFSA, XI, p. 9, trad. Schaeffer, p. 135.

tiquement que celle des Schlegel, de sorte que le sensible et l'intelligible, tendent à n'être chez lui que deux expressions parallèles d'un même être absolu, même si, à l'intérieur de la nature, l'Absolu se sépare de soi en chutant et tendant à se réunir à soi en un procès d'« élévation » morale. Sa conception du symbole est ainsi autotélique, ce contre quoi Kant s'était élevé par avance en stigmatisant Swedenborg : « donner avec Swedenborg les phénomènes réels du monde qui s'offrent aux sens pour un pur symbole d'un monde intelligible qui serait maintenu en réserve et caché, c'est là de l'exaltation [*Schwärmerei*] »[1]. La conception kantienne du symbolisme des Idées esthétiques voit de cette manière la finitude qui la limitait dépassée, puisqu'elle s'étend d'un symbolisme esthétique à un symbolisme de l'infini présenté dans les figures naturelles, bien que W. Schlegel se soit référé à Kant pour tenter de le justifier : « Kant parle quelque part de l'écriture chiffrée par laquelle la nature, dans ses belles formes, nous parle de manière figurée »[2].

L'interprétation romantique de la conception kantienne du génie

De façon complémentaire, le traitement romantique de la théorie du génie procède à la même transgression, le génie étant précisément la faculté de produire de telles Idées. Précédemment abordé dans le contexte de la *critique des œuvres littéraires*, le concept de génie fait ici l'objet d'une interprétation dans le cadre de l'*esthétique générale* des romantiques avec un sens élargi. Lorsque, dans ses *Leçons sur l'art et la littérature* (1801-1804[3]), A.W. Schlegel traite de l'unité de la productivité naturelle organique et de la productivité géniale de l'art, il pose par là même, en un geste aussi simple qu'audacieux – les kantiens stricts l'estimeraient arbitraire – une interprétation homogène unifiant les deux parties de la troisième *Critique* – la téléologie organique et l'esthétique du génie. Son auteur ne l'avait évidemment jamais formulée comme telle : « si donc l'on prend la nature selon ce sens vénérable entre tous – non pas comme une masse de produits, mais comme cela même qui produit – et si l'on prend de même

1. Kant, *Anthropologie*, § 38, trad. fr. M. Foucault, Paris, Vrin, 1970, p. 64.

2. A.W. Schlegel, *Cours*, AL, p. 133. Schlegel cite exactement Kant : « langage chiffré dont la nature se sert pour nous parler par symboles dans ses belles formesl » (*Critique de la faculté de juger*, *op. cit.*, § 42, p. 1081).

3. Ces *Leçons* de Berlin d'A.W. Schlegel, puis les *Leçons sur l'art dramatique et la littérature* (Vienne, 1809-1811) publiées en 1813, ont dès ce moment fourni la référence obligée pour l'histoire de la littérature selon le romantisme allemand. La traduction française par Madame Necker de Saussure date de 1814 ; la traduction anglaise par J. Black (Londres), de 1815 et G.de Staël y a puisé pour *De l'Allemagne* (II, XXI).

l'expression d'"imitation" au sens noble où elle ne signifie pas la singerie des manières extérieures, [...] il n'y a plus rien à ajouter au principe "l'art doit imiter la nature". Il veut dire en effet que l'art doit créer comme la nature, étant organisé et organisant, pour former des œuvres vivantes » [1].

Il y a là un déplacement caractéristique de la notion de génie lorsque l'on passe de Kant aux romantiques allemands : on est passé d'une conception du génie encore centrée sur l'esprit et le goût de l'artiste, même si c'est la nature qui lui donne ses règles, à une conception du génie centrée sur la nature productive de l'organisme et du génie lui-même comme une œuvre vivante. A.W. Schlegel reconnaîtra que le premier à avoir formulé cette conception de l'imitation, qui revient à une véritable coïncidence par sympathie intuitive du « produire naturel » par le « produire imaginant » de l'artiste, est K.-Ph. Moritz[2] dans son essai *Sur l'imitation formatrice du beau* (1788[3]). Il y soutient que l'artiste imite non pas les produits de la nature exactement observés dans leur extériorité, mais qu'il imite la nature en tant que celle-ci est un principe producteur et actif avec lequel il s'identifie en esprit : « l'artiste-né, écrit-il, ne se contente pas d'observer la nature, il doit l'imiter, la prendre pour modèle, former et créer comme elle » [4].

Il est remarquable que Moritz formule avant Kant (1790) une conception du génie où la nature comme productivité donne ses règles à l'art, puisque, selon Kant, le génie ne se réfère en effet pas à une nature extérieure (« l'ensemble des phénomènes du sens externe soumis à des lois ») à laquelle l'entendement donnerait ses règles. La formule kantienne, énigmatique en soi, ne peut que renvoyer, estimeront les romantiques après Moritz, à l'intériorité productive d'une nature sur le modèle d'une force formatrice et organique, bien que Kant ne se soit jamais prononcé explicitement en ce sens. J.V. Troxler avait souligné de son côté que « le mot de Haller tant admiré par Kant, "nul esprit créé ne peut pénétrer au cœur de la création"[5], perd alors toute signification. Car la vie intérieure de la nature

1. A.W. Schlegel, *Leçons*, AL, p. 346.

2. K.-Ph. Moritz (1756-1793) est l'auteur d'une œuvre de romancier et de philosophe écourtée par une mort précoce qui ne lui permit pas de se joindre aux premiers romantiques. Ces derniers mentionnent toutefois ce en quoi ils lui sont débiteurs sur de nombreux points de théorie de la mythologie et d'esthétique.

3. A.-W. Schlegel, *Leçons sur l'art et la littérature*, AL, p. 346-347.

4. K.-Ph. Moritz, *Schriften zur Aesthetik und Poetik*, Kritische Ausgabe, Tübingen, H.J. Schrimpf, 1962, p. 121.

5. *Cf.* Kant : « Qui peut arracher complètement son secret à la nature ? », *Critique de la faculté de Juger*, *op. cit.*, § 17, p. 996.

n'est pas un objet extérieur pour l'esprit créateur »[1]. Goethe, quant à lui, développera aussi sa conception du génie dans le prolongement et le dépassement de la troisième *Critique*, en entendant la productivité de la nature dans l'esprit du génie sous la forme d'une vitalité organique, qu'il nommera le « démonique », énergie productrice de formes équivalente à celle qui, dans la nature, produit l'*Urphänomen* : « en général, le démonique se manifeste de la manière la plus variée dans toute la nature, qu'elle soit visible ou invisible »[2], de sorte qu'« une œuvre d'art parfaite est une œuvre de l'esprit humain et en ce sens elle est aussi une œuvre de la nature »[3].

Génie des langues et poésie mythologique

Quant à la célèbre définition novalisienne de la poésie comme d'un langage dans lequel on laisse la langue se parler elle-même, puisque « le propre du langage [est] qu'il n'est occupé que de lui-même »[4], loin de préfigurer les théories purement autoréférentielles et structuralistes de la poésie contemporaine, athéistement anthropocentrées, elle renvoie au contraire à une autodiction de l'Absolu dans la langue, et se maintient dans une onto-théologie parente du substantialisme spinoziste, mâtinée de leibnizianisme comme l'analyse de son projet encyclopédique nous en a convaincu. Moritz, Goethe, Schlegel, Novalis : une même ligne d'interprétation concernant la relation génie-nature tend donc à se dessiner, avant comme après la troisième *Critique*. Cette ligne d'interprétation tend à interpréter le génie comme une productivité naturelle s'exerçant dans le langage premier de la mythologie identifiée à une poésie originaire. Même quand la fondation onto-théologique sera abandonnée, et la poésie dédivinisée, la sacralisation de la poésie continuera de s'opérer chez des auteurs comme Mallarmé, tant il est vrai que le « divin » n'est lui-même qu'une modalité du « sacré ».

Enfin, quand A.W. Schlegel livre sa théorie de la mythologie, il semble à nouveau reprendre pour l'essentiel la conception d'une unité originaire de la philosophie (Kant : Idée rationnelle) et de la poésie (Kant : Idée

1. I.-V. Troxler, cité sans référence par A. Béguin, *L'âme romantique et le rêve*, *op. cit.*, p. 89.

2. J.P. Eckermann, *Conversations avec Goethe*, Paris, Gallimard, 1988, p. 395.

3. Goethe, *Du vrai et du vraisemblable dans les arts*, trad. fr. J.-M. Schaeffer, dans Goethe, *Écrits sur l'art*, Paris, Klincksieck, 1983, p. 161.

4. Novalis, AG, II, p. 86.

esthétique), en faisant du mythe la poésie métaphysique originaire, ce qu'à nouveau Kant ne faisait pas explicitement : « de même que le langage, le mythe est un produit universel et nécessaire de la faculté poétique des hommes : c'est en quelque sorte une poésie originelle du genre humain »[1]. Et Fr. Schlegel, de son côté : « le noyau, le centre de la poésie, on le trouve dans la mythologie des Anciens. Rassasiez-vous de l'idée de l'infini et du sentiment de la vie et vous comprendrez les Anciens et la poésie »[2]. En tant qu'unité originaire du sens (Idée du tout absolu) et du sensible, cette Idée est l'« exposition » directe de l'Idée métaphysique manifestée dans l'image mythologique. Un mythe n'a pas alors de signification allégorique qui renverrait à un concept d'objets ou d'événements, supposé abstrait et extérieur que l'on pourrait, de façon également abstraite et au fond arbitraire, signifier à travers une autre image.

Contre cette interprétation allégorisante de la mythologie, K.-Ph. Moritz s'était déjà élevé, en indiquant l'essentiel : « vouloir transformer, à l'aide de toutes sortes d'interprétations, l'histoire des dieux des Anciens en pures allégories, est une entreprise aussi folle que celle qui consiste à vouloir métamorphoser ces poésies en bonnes histoires vraies, à l'aide de toutes sortes d'explications forcées »[3]. Goethe, à nouveau dans la même ligne interprétative, exposait clairement cette différence : « il y a une grande différence entre le poète qui cherche le particulier correspondant à l'universel et celui qui regarde l'universel dans le particulier. La première démarche produit l'allégorie, dans laquelle le particulier ne possède qu'une valeur d'exemple, d'illustration de l'universel ; mais c'est la seconde qui correspond à la véritable nature de la poésie, elle énonce quelque chose de particulier sans penser à l'universel et sans y renvoyer. Celui qui comprend ce particulier de manière vivante, recueille en même temps l'universel, sans s'en apercevoir ou alors seulement plus tard »[4]. Il n'est guère étonnant que Schellling, après avoir discrètement rendu hommage à Moritz, ait plus fermement encore introduit sa célèbre distinction entre allégorie et tautégorie dans sa définition de la mythologie : « la mythologie n'est pas allégorique, elle est tautégorique »[5]. C'est celle-là même que reprendra Novalis :

1. A.W. Schlegel, *Leçons*, SW, V, 1, p. 49.

2. Fr. Schlegel, *Athenaeum*, 1800, Idées, 85, AL, p. 214.

3. K. Ph. Moritz, *Schriften*, *op. cit.*, p. 196, trad. fr. T. Todorov, dans *Théories du symbole*, Paris, Seuil, 1977, p. 196.

4. Goethe, *Écrits sur l'art*, Maxime n° 279, trad. Schaeffer, p. 273.

5. Schelling, *Introduction à la Philosophie de la mythologie*, Paris, Aubier, 1946, I, p. 237-238.

« image – non pas allégorie – non pas symbole de quelque chose d'autre – symbole de lui-même »[1].

A.-W. Schlegel soulignera quant à lui la portée historique de cette unité originaire : « aux premières époques de la culture est née dans le langage et à partir de lui, mais de façon nécessaire et aussi peu intentionnelle que lui, une vision poétique [*dichterisch*] du monde, c'est-à-dire une vision gouvernée par la fantaisie. C'est la mythologie »[2]. L'unité de la raison et de la sensibilité dans l'imagination mythique est également précisée par A.W. Schlegel. Il s'agit du « langage imagé de la raison et de l'imagination sa sœur : ici chaque corps se voit attribuer une âme, et tout ce qui est invisible est rendu visible »[3]. Dans la mesure où cette production, comme l'avait souligné Kant, n'est pas empirique, mais relève de facultés transcendantales, A.W. Schlegel en tire la conséquence que cette productivité mythologique ne renvoie pas à un passé qui serait révolu, mais à une productivité et à un besoin nécessaires et universel de l'esprit humain. Si le transcendantal – comme y insiste encore davantage de son côté Fr. Schlegel – est la condition a priori de l'expérience humaine, le mythe est bien le transcendantal premier – avant même celui de la science d'entendement – puisqu'il fournit l'horizon spirituel au sein duquel chaque expérience humaine est reliée aux autres en un tout systématique. Le mythe satisfait donc bien cette exigence d'un sens unique où tout se trouve compris et le « besoin naturel de la raison » d'un « système des lois empiriques » (Kant) n'en est qu'une expression dérivée. Mais lorsque les productions esthétiques d'une époque ne présentent pas ce contenu de sens mythologique, l'esprit humain, frustré et déçu, souffre de ce manque ou le satisfait de manière dévoyée au moyen de pâles et inauthentiques succédanés.

Dans cette optique, la poésie, avec son sens mythologique de *Dichtung* joue un rôle fondamental, de même que sa théorisation, c'est-à-dire la *Poétique*. Toutefois cette Poétique, en raison de l'insistance théorique sur la mythologie, unité absolue et originaire de ce qui va se donner ensuite comme « littérature », fait bien, ainsi qu'on l'a souligné, de la littérature l'Absolu selon les romantiques allemands[4]. Il convient d'insister sur ce que

1. Novalis, *Schriften*, II, 562, Fragment 185.

2. A.-W. Schlegel, *Leçons sur l'art et la littérature* (Berlin, 1801-1802), AL, p. 349.

3. *Ibid.*, SW, V, I, p. 49.

4. C'est le sens de l'interprétation du romantisme allemand développée par Ph. Lacoue-Labarthe et J.-L. Nancy dans l'Avant-Propos à leur recueil de textes, *L'absolu littéraire. Théorie de la littérature du romantisme allemand*, Paris, Seuil, 1978, en particulier p. 20-22.

la théorie littéraire n'est plus ici une science rationnelle extérieure à son objet, mais qu'elle en participe, de sorte que la théorie littéraire est la littérature s'accomplissant elle-même, poésie de la poésie, roman du roman, etc., sans passage à un genre de discours hétérogène. En conséquence, si la théorie de la littérature est théorie d'un absolu littéraire autoproductif et autosuffisant, elle se présente comme le contre-modèle le plus direct du savoir absolu hégélien[1] faisant de la religion et de la littérature deux « représentations » encore inadéquates de l'absolu, dont la vérité est le concept rationnel philosophique. Ces deux modèles de discours de l'Absolu, la littérature (plus généralement l'art) et le savoir rationnel, seront destinés à constituer une antithèse et une alternative relatives à l'absolu qui se prolongeront dans les enjeux théoriques du siècle suivant.

Les Schlegel ne négligent pas la référence à Aristote dont la *Poétique* demeure un modèle quant aux questions à aborder dans un enchaînement suivi. Toutefois, l'inclusion de la poésie dans le mythe impliquait inévitablement son historicisation, d'où le renoncement des Schlegel à poursuivre une construction systématique et conceptuelle de leur Poétique, malgré de nombreuses ébauches de jeunesse en ce sens[2]. La prééminence de la poésie sur les autres arts s'explique pour plusieurs raisons. En raison de circonstances historiques, l'esprit critique de l'époque accorde à la poésie *devenue un art particulier* un rôle esthétique primordial dans la « formation » de l'esprit « éclairé » et dans la formulation de ses thèses sur les Idées esthétiques, Kant privilégie constamment « le poète ». La lecture de poésies et de pièces de théâtre a conquis depuis au moins un demi-siècle les Salons français, puis allemands, comme autant de cénacles tenus par des femmes. En faisant référence au phénomène français des Salons animés par les femmes, Kant lui-même l'admettait : « en France la femme donne le ton à toutes les sociétés et à toutes les relations. Il n'est pas niable, il est vrai, que les sociétés, sans le beau sexe, sont passablement insipides et ennuyeuses »[3]. Kant n'ignore pas que c'est également dans ce contexte que jaillit le *Witz*, ce mot d'esprit improvisé en société que cultiveront

1. Les auteurs de *L'Absolu littéraire* notent que l'établissement par Hegel de l'absolu spéculatif s'est fait « *tout contre* le romantisme », p. 21. On rappelera toutefois que l'élaboration théorique hégélienne *définitive* s'est opérée à partir de 1807 (*Phénoménologie de l'esprit*) postérieurement à la théorisation de *L'Athenaeum* (1798-1800).

2. Un essai de jeunesse de Fr. Schlegel, *De la beauté dans la poésie* (1795) se donnait explicitement pour tâche la constitution systématique d'une Poétique sur le mode d'une déduction *a priori*.

3. Kant, *Observations sur le sentiment du beau et du sublime* (1764), Quatrième Section, note de Kant, Paris, Vrin, 1969, I, p. 49.

particulièrement les romantiques[1]. La stratégie romantique consistera donc à s'emparer de cette forme esthétique de socialité pour en retourner, voire en inverser la finalité en direction d'une mythologie à faire revivre. L'entourage de femmes, cultivées et passionnées par la diffusion et la discussion des idées romantiques dans le Cercle d'Iéna, s'explique en grande partie pour cette raison tout à la fois de continuité et de rupture avec le modèle social des Salons « éclairés ».

Mais, deuxièmement, la poésie est privilégiée du fait même de la philosophie romantique du langage : dans le mythe, la construction de la langue est elle-même une « poésie originaire » et toute poésie plus esthétiquement stylisée, différenciée en tant qu'art particulier du langage, devrait être amenée, selon un impératif romantique de régénération, à la *reprise* de cette poésie première. D'où l'expression réfléchie de « poésie de la poésie » qui a pu sembler paradoxale et « bizarre » aux premiers lecteurs. À partir de la première « formation » mythique de la poésie, « la même activité qui réalisa déjà quelque chose de poétique se réemploie sur son résultat. Oui, on peut dire sans exagération qu'à proprement parler *toute poésie est poésie de la poésie*; car elle présuppose déjà le langage dont l'invention relève bien de l'aptitude poétique, et qui est lui-même une poésie du genre humain tout entier, un poème en perpétuel devenir, en perpétuelle métamorphose, jamais achevé »[2]. Cette poésie première – pour lequel on utilise parfois le terme de *Poesie* – est la dimension imaginative de la *Dichtung* verbale, en référence à Herder qui est l'auteur de cette conception rappelée par A.W. Schlegel[3]. *Mais cette dimension de la « poésie »* (*Poesie*) *comme « fantaisie imaginative » est présente dans tous les arts*. En ce sens l'absolu littéraire n'est qu'une modalité, certes privilégiée, de l'absolu poétique. La poésie comme art verbal particulier, second et réfléchi, conscient de soi, « poésie de la poésie » se spécifiant et se stylisant esthétiquement, puis s'accomplissant en se réfléchissant comme Poétique, prend pour matière le mythe en accentuant ses qualités esthétiques. Le libre jeu de l'imagination et de l'entendement à travers les formes sonores de la parole (qui furent aussi mentionnées par Kant) y devient central, parfois au point de perdre de vue la vision du monde sous-jacente héritée du mythe lui-même. D'où l'impératif romantique de « renaissance » de la poésie mythologique.

1. *Cf.* Fr. Schlegel, Fragment 29, *Athenaeum*, AL, p. 1023 : « les trouvailles du *Witz* sont les proverbes de l'homme cultivé ».

2. A.W. Schlegel, *Leçons sur l'art et la littérature*, 1801-1804, SW, V, 1, p. 388, AL, p. 349, souligné par nous.

3. Dans son Introduction, il prend « poésie » au sens de l'imagination créatrice (*Fantasie*) présente dans tous les arts.

L'ESTHÉTIQUE DES DIFFÉRENTS ARTS

L'expression d'« art romantique » nous impose une nouvelle confrontation entre la façon dont Hegel a interprété l'art romantique de son temps[1] et la façon dont les romantiques se sont eux-mêmes compris à travers leur conception des différents arts. Cette confrontation nous permettra d'autant mieux de saisir les caractéristiques internes du romantisme allemand en matière d'art. Hegel et les romantiques allemands perçoivent et admettent que l'autonomisation de l'art en général et de la musique en particulier[2] vis-à-vis de la religion et de la philosophie constitue le phénomène esthétique essentiel de l'époque. Mais l'autonomisation de l'art de leur temps ne signifie nullement pour les romantiques la perte de la signification religieuse et philosophique de l'art – un « athéisme » de l'art – mais bien que, comme le faisait l'art grec, ce soit l'art qui donne à nouveau sa forme et son sens à la religion et à la philosophie, et non l'inverse. La renaissance d'une domination de l'art, éminemment de la poésie, dans la religion et la philosophie, est développée par les Schlegel et par Novalis dès Iéna, mais elle continuera de croître dans le second et le troisième romantisme en cherchant une assise à ce développement métaphysico-religieux en référence à l'esprit national allemand.

Cette auto-interprétation du romantisme en matière d'art n'entre absolument pas dans le sens vrai que Hegel estime donner au romantisme allemand comme terme extrême de la période dite « romantique » (chrétienne) de l'art. L'autonomisation absolue de l'art signifie pour lui tout le contraire : la fin d'un art à vocation religieuse et philosophique, d'un art qui, comme ce fut seulement et pleinement le cas en Grèce, domina effectivement les deux autres formes de « l'esprit absolu », la religion et la philosophie. C'est bien en ce sens que l'autonomisation de l'art coïncide avec le fait que l'art est du point de vue de l'esprit absolu « une chose du passé » et que les tentatives contemporaines pour lui redonner ce sens absolu échouent nécessairement. Non seulement les interprétations internes de la poésie et de la musique romantiques ne coïncident pas avec celle de

1. Après celle de l'art symbolique (oriental) et de l'art classique (grec), l'« art romantique » ou « art chrétien » est la troisième période de l'art dans *Les leçons sur l'esthétique* de Hegel.

2. *Cf.* A.P. Olivier, *Hegel et la musique. De l'expérience esthétique à la spéculation philosophique*, Paris, Honoré Champion, 2003, p. 86 : « Hegel et Hoffmann partagent la conception suivant laquelle la musique instrumentale – dont Beethoven représente l'accomplissement – constitue le produit d'un processus d'autonomie inéluctable de la musique ». L'auteur se réfère aux *Phantasiestücke* de T.A. Hoffmann (1814).

Hegel, étant strictement contradictoires des siennes, mais la seule façon dont Hegel puisse en tenir compte, c'est d'affirmer que les romantiques ne se comprennent pas eux-mêmes, s'il est vrai qu'on peut comprendre un auteur mieux qu'il ne s'est compris lui-même. Si l'art est « chose du passé », c'est que l'absolu de l'art (selon les romantiques) n'est justement pas l'art de l'Absolu (selon Hegel).

Hegel cherchera à montrer l'échec de leurs prétentions interprétatives pour chaque art particulier. Ainsi de la poésie de Novalis qui, loin de parvenir à pénétrer à partir du microcosme de l'intériorité dans le macrocosme, serait le comble du subjectivisme de « la belle âme » se dissolvant dans ses fantasmes. Ainsi de la musique « purement instrumentale » de Beethoven selon Hoffmann[1] : « la musique de Beethoven, au contraire, fait appel au sentiment de la terreur, du frisson, de la douleur, et, justement à cause de cela, suscite cet élan d'infinie nostalgie qui est l'essence même du romantisme. Il peut donc être considéré comme étant un musicien franchement romantique »[2]. Or, loin d'être le langage conceptuellement ineffable de l'Absolu, cette musique suscite seulement selon Hegel des rêveries vagues et arbitraires dans la subjectivité de l'auditeur, bien qu'il se soit gardé de mentionner le nom de Beethoven alors que l'on pouvait s'y attendre à ce propos[3]. Ce silence assourdissant de l'*Esthétique* hégélienne sur le plus grand compositeur de son temps, faisant « écho », si l'on peut dire, à celui de Goethe, a nourri les interprétations les plus diverses, parmi lesquelles a eu sa part le souci diplomatique de ne pas heurter les meilleurs connaisseurs de la musique allemande, qui étaient souvent aussi les meilleurs amis de Hegel[4]. La nostalgie de l'absolu suscitée par cette musique n'est pour Hegel qu'un jeu complaisant de la subjectivité avec elle-même. Ainsi encore de la « forme-sonate » qui ébranle cette fois moins l'affectivité que l'entendement des « connaisseurs » ou « mélomanes » (*Musikverständiger*) mais n'en demeure pas moins, elle aussi, un subjectivisme formel caractéristique des romantiques. Convaincu du subjectivisme généralisé d'un art qui, malgré ses proclamations, ne jouit plus en réalité que de « l'humain » et non du divin, Hegel ne boude pourtant pas le

1. *Cf.* E.T.A. Hoffmann (1776-1822), *Écrits sur la musique*, trad. fr. B. Hébert et A. Montandon, Lausanne, L'Âge d'Homme, 1985.

2. Hoffmann, cité par E. Fubini, « Hoffmann et Beethoven », dans *E.T.A. Hoffmann et la musique*, A. Montandon (dir.), Paris, Peter Lang, 1987, p. 140.

3. *Cf.* P. Olivier, *Hegel et la musique*, *op. cit.*, p. 82-92.

4. *Cf.* C. Dahlhaus, « Hegel und die Musik seiner Zeit », *Kunsterfahrung und Kulturpolitik im Berlins Hegel*, O. Pöggeler et A. Gethmann-Siefert (eds.), *Hegel-Studien*, Beiheft 22, 1983.

plaisir qu'il prend à certaines formes musicales contemporaines. Mais au subjectivisme faussé par les prétentions métaphysico-religieuses des romantiques, il préfère le subjectivisme franc et sincère de l'opéra italien (Rossini), sans lui demander autre chose qu'une jouissance que l'on oserait dire psychophysiologique. Il nous faudra revenir sur le détail de ces nouvelles formes et considérer de plus près la façon dont elles se sont construites et ont évolué, de façon, ici encore, à atténuer voire à mettre en question le jugement sans appel de Hegel.

La poésie

Dans une sorte de classification hypothétique des arts, il s'agit d'articuler poésie – cette fois au sens d'*art particulier des poèmes* (*Dichtkunst*) – conte, théâtre, musique, peinture, et roman. Cette volonté de classer les genres différents et de distinguer des échelles de valeurs entre arts majeurs et mineurs est précisément ce que contestent au fond les romantiques allemands, allant, ici encore, à l'encontre de ce que sera la majestueuse architectonique de l'*Esthétique* hégélienne. Supprimer la différenciation et l'extériorité réciproque des genres et les faire collaborer, voire fusionner, est en particulier l'ambition de Novalis : « interpénétration de plastique et de musique, écrit-il, et pas seulement médiation »[1]. L'accompagnement mutuel d'arts différents est une pratique valorisée : « on ne devrait jamais regarder les œuvres plastiques sans musique – et inversement on ne devrait écouter des œuvres musicales que dans des salles de concert bien décorées »[2]. Le peintre Ph.O. Runge lui-même envisageait d'accompagner son *opus magnum*, *Les heures du jour* (1802-1810) de musiques (de L. Berger) et de poésies (celles de L. Tieck), ce qui impliquait la construction d'un « lieu » et d'une architecture appropriée.

Mais la poésie est bien, pour les raisons déjà dites, le premier des arts romantiques et le romantisme d'Iéna se présente avant tout comme un programme de littérature poétisée. La « poésie » (*Dichtung*), au sens fondamental d'archi-poésie déjà analysé plus haut, a été envisagée comme l'exploration des territoires de l'imagination entendue de façon élargie, élargissement découlant de l'interprétation de la *Critique* du jugement esthétique en référence aux Schlegel. Mais si les romantiques allemands dans leur ensemble pensent que la nature extérieure est intimement apparentée à celle, intérieure, de l'esprit humain, nous avons déjà montré

1. Novalis, « Anecdotes », n° 227, trad. Schefer, *Semences*, p. 173.
2. Novalis, Poéticismes, n° 59, *ibid.*, p. 135.

que, relativement aux deux pôles de l'unité qu'ils visent à joindre, le pôle objectif et le pôle subjectif, celui de la nature et celui de l'esprit, Fr. Schlegel proposait à Iéna une articulation à dominante subjective, tandis que Novalis cherchait à faire déboucher le « chemin mystérieux de l'intérieur » subjectif dans le grand monde ou macrocosme qui nous est commun avec celui de la productivité naturelle.

Concernant la « poésie romantique », en tant qu'art original, Fr. Schlegel a particulièrement insisté sur son élaboration subjective dans le célèbre Fragment 116 de l'*Athenaeum* qu'il est nécessaire de commenter linéairement :

> La poésie romantique est une poésie universelle progressive. Sa destination n'est pas seulement de réunir à nouveau tous les genres séparés de la poésie et de faire se toucher poésie, philosophie et rhétorique. Elle veut et doit aussi tantôt mêler et tantôt fondre ensemble poésie et prose, génialité et critique, la poésie d'art et la poésie naturelle[1], rendre la poésie vivante et sociale, la société et la vie poétiques, poétiser le *Witz*, remplir et saturer les formes de l'art de toute espèce de substances natives de culture et les animer des pulsations de l'humour[2].

Commentons un à un ces caractères de la « poésie romantique ». « Universelle », la « poésie romantique » l'est dans la mesure où, du point de vue du contenu, elle imprègne peu à peu toutes les autres formes d'écriture y compris d'abord l'écriture philosophique. Le paradoxe original de la poésie romantique est donc que sa « particularité » est d'être « universelle », puisqu'elle réunit tous les genres ! « Progressive », cette poésie l'est dans la mesure où elle reprend de la modernité la thèse du progrès à l'infini assuré par la subjectivité, à l'encontre d'une norme poétique antique qui serait supposée avoir fixé de façon parfaite l'ensemble de ses formes et de ses normes. « Tantôt mêler, tantôt fondre ensemble » : un troisième caractère notable relève ainsi de la réunion, proprement du « mélange » (*Mischung*) ou de l'« interpénétration » (*Durchdringung*), voire de la « fusion » (*Verschmelzung*) des genres. Ce mélange est revendiqué en opposition à la distinction et à la hiérarchie genre majeur/genre mineur établies par la pensée classique. Ces modes d'unité, dont la cohérence et la cohésion feront problème, s'étendent aux liens entre poésie, philosophie et rhétorique, affirme Schlegel. On pourrait penser que cette unité particulière de trois formes se modèle sur la forme platonicienne du dialogue où en effet

1. Référence à Herder qui distinguait ces deux formes comme nous l'avons souligné dans notre Introduction.

2. Fragment 116, AL, p. 112.

les interlocuteurs adoptent les trois tour à tour, ce qui serait en partie exact. Mais elle se fait toutefois dans une manière de « mélange » allant bien au-delà d'une association qui, chez Platon, était pratiquée dans la distinction d'une coopération sans « fusion ».

Ce « mélange » est précisément ce que cherchent à réaliser le *Witz*, le fragment, et l'ironie, modes d'expression de la subjectivité autonome (moderne) visant à briser la continuité, le sérieux et surtout l'extériorité maintenue entre les genres et les modes par les normes classiques et néoclassiques[1] de la poésie. Un quatrième et dernier caractère « mêlé » regarde l'exploitation qui est faite par la « poésie romantique » de ces produits *particuliers* que sont la poésie naturelle (spontanément exprimée dans l'esprit ou le génie d'un peuple) et la poésie d'art (élaborée savamment et ironiquement par une subjectivité auto-réfléchie de façon critique). Ce dernier trait concerne plus globalement le rapport de la poésie avec la vie, tant individuelle que sociale et historique : il s'agit de mêler la poésie à la vie ordinaire et populaire, c'est-à-dire aussi cette vie à la poésie, de socialiser la poésie par le dialogue, et à nouveau le *Witz* pris sous la forme rieuse et pulsionnelle de l'humour. En découle la critique – caractéristique du romantisme – de la vie « bourgeoise » qui se contente des valeurs d'utilité pour l'existence, que Schlegel sanctionne comme « trivialité » : « ne vivre que pour vivre, telle est la véritable source de la trivialité. Et doit être considéré comme trivial tout ce qui manque de cet esprit qui règne sur le monde de la poésie et de la philosophie »[2]. Un autre fragment souligne le mouvement réciproque consistant à faire choix de la popularité voire de la vulgarité : « plus un auteur ancien est populaire, plus il est romantique. Tel est le principe du nouveau choix que, dans l'ancien choix des auteurs classiques, les Modernes ont en fait pratiqué, ou plutôt ne cessent de pratiquer »[3]. Au total, quatre traits ressortent donc de cette unité du poétique et du philosophique : universalité visée, progressivité infinie, mélange des genres différents, fusion de la poésie et de la vie.

En cheminant de façon inverse de l'esprit vers le pôle de la nature, Novalis projette de former un monde poétique autour de lui pour vivre dans la poésie, afin de pénétrer ce qui nous apparaît d'abord extérieur, la nature, à partir de l'infinité de l'intérieur, et de rêver le monde dans la totalité de ses

1. *Cf.* Goethe : « une des caractéristiques les plus éminentes de la décadence de l'art est le mélange de ses différents genres », cité par J. Ramos, dans *Nostalgie de l'unité, paysage et musique dans la peinture de P.O. Runge et C.D. Friedrich*, Rennes, Presses Universitaires, 2008, p. 15, n. 19.

2. Fr. Schlegel, *Sur la philosophie. À Dorothéa*, AL, p. p. 234.

3. Fr. Schlegel, Fragment 153, AL, p. 118.

aspects naturels en une correspondance harmonique avec lui. De cette orientation cosmique découle le rôle médiateur accordé à la langue dans sa fonction poétique. C'est dans ce contexte de « l'usage » poétique de la langue qu'il développe ses thèses les plus extrêmes et les plus annonciatrices de certaines conceptions contemporaines de la poésie. Tout d'abord, il trouve « tout bonnement ahurissante l'erreur ridicule des gens qui se figurent parler pour les choses elles-mêmes »[1]. Entendons que la conception référentielle du langage, selon laquelle il parle de et « pour les choses » (*um der Dinge*) et non de et pour lui-même, est ridiculement erronée, si on veut l'assigner au langage poétique. Cet usage référentiel extérieur, s'il est possible et utile, n'en maltraite pas moins l'essence du langage, c'est-à-dire son rapport intérieur à soi : « le propre du langage, à savoir qu'il n'est tout uniment occupé que de lui-même, tous l'ignorent », du moins tous ceux qui ne sont pas vraiment des poètes sachant laisser se dire le langage lui-même. De cela peuvent s'apercevoir toutefois aussi les non poètes, lorsqu'ils suivent de façon apparemment machinale les suggestions du langage « en parlant pour parler », et apparemment « pour ne rien dire » : « que quelqu'un parle tout simplement pour parler, c'est justement alors qu'il exprime les plus originales et les plus magnifiques vérités ». Mais Novalis marque immédiatement l'orientation cosmique et naturelle de sa Poétique en rapprochant les formes essentielles de la langue – ce par quoi elles font déboucher notre intériorité sur celle du cosmos naturel – des « formules mathématiques ». De ces dernières on doit dire qu'« elles constituent un monde en soi, pour elles seules; elles jouent entre elles exclusivement, n'expriment rien sinon leur propre nature merveilleuse ». Mais cet en soi et cette liberté d'autonomie des mathématiques et des langues ne les coupent nullement de l'essence de la nature comme le supposerait une conception subjectiviste de leurs formes : c'est cette autonomie qui les identifie paradoxalement, nonobstant leur différence spécifique, à l'âme du monde : « membres de la nature, c'est par leur liberté seulement qu'elles le sont et c'est seulement par leurs libres mouvements que s'exprime l'âme du monde, en en faisant tout ensemble une mesure délicate et le plan architectural des choses »[2].

La convergence entre poétique et mathématique est ici caractéristique de la philosophie générale de Novalis : de même qu'il existe une « mathématique ordinaire » qui est un instrument de mesure des choses saisies en extériorité et une « mathématique supérieure » ou « universelle » (analyse

1. Novalis, « Fragments préparés pour de nouveaux recueils », *Œuvres*, AG, II, p. 86-87.
2. *Ibid.*

combinatoire, algèbre, calcul infinitésimal[1]) qui nous fait pénétrer en tant que science de l'ordre, dans les rapports internes qu'elles ont entre elles, de même il existe un usage transitif et commun du langage qui saisit les choses en relation d'utilité extérieure et un langage supérieur, le langage poétique, qui exprime l'ordre du monde ressaisi au cœur de son âme. La poésie a donc cette supériorité, même vis-à-vis des mathématiques « supérieures », de saisir la généralité des rapports harmoniques entre toutes les choses, c'est-à-dire aussi entre les choses spirituelles et les choses naturelles, ce à quoi échoue la mathématique proprement dite : elle est en ce sens la mathématique supérieure la plus accomplie. Novalis retrouve là une tradition platonicienne, mais également plotinienne, de même que celle d'Hemsterhuis[2]. Le paradoxe final de cette définition est souligné par lui. Il a voulu donner une définition philosophique et conceptuelle de la poésie, mais, justement, en la considérant comme une référence extérieure à son discours définitionnel : « je puis bien croire, avec cela, avoir donné l'idée la plus précise et la plus claire de l'essence et de la fonction de la poésie [...] et que, l'ayant voulu dire, j'ai dit quelque chose de complètement idiot, d'où toute poésie est exclue »[3]. En effet, la définition a fait un usage du langage qui était dénoncé au début du fragment comme absurde. Aurait-il été préférable de parler poétiquement de l'essence de la poésie ? Certes non, puisque la poésie de la poésie serait son autoréflexion elle-même poétique. Elle ne pourrait alors souscrire aux impératifs *logiques* d'une définition philosophique *stricto sensu*.

En conséquence, ou bien nous poétisons sur la poésie, mais nous renonçons à la définir, bien que nous en ayons un savoir-faire intuitif ou bien nous la définissons clairement mais nous restons extérieurs à cette essence et en l'exprimant nous manquons sa dimension essentielle de « mystère ». Être poétique et rester dans le mystère de la poésie ou être philosophique mais non poétique et sortir du « sens » du mystère, l'alternative semble être exclusive. Pourtant, la supériorité de la poésie comme participation immanente à l'essence non clarifiée se marque dans les dernières lignes du Fragment. Novalis va jusqu'à supposer que c'est la pulsion du verbe même de la langue (*Sprachtrieb*) qui l'a poussé à se livrer

1. Novalis, *Brouillon général*, Fragment 242 et 487.

2. En 1792, Fr. Schlegel écrivait à son frère de Novalis : « ses écrivains préférés s'appellent Platon et Hemsterhuis », cité par G. Schulz, *Novalis*, Rowohlt, Hambourg, 1969, p. 35, trad. Margantin, LFPDM, p. 41. Sur le platonisme de Hemsterhuis et son influence sur Novalis, *cf.* J.-L. Vieillard-Baron, *Platonisme et interprétation de Platon à l'époque moderne*, Paris, Vrin, 1988, III, 2, « Le platonisme de Hemsterhuis ».

3. *Ibid.*, p. 87, souligné par nous.

à cet essai de définition philosophique afin de rendre plus éclatante la victoire « obscure » de la poésie sur la prose la plus élevée, c'est-à-dire le discours logico-philosophique. Tel est l'ultime paradoxe : « et si, pressé de parler par la parole même, j'avais reconnu en moi ce signe de l'inspiration, porté ce caractère de l'œuvre efficace du verbe ? Et si ma volonté n'avait aucunement voulu ce qu'il a fallu que je dise ? »[1].

Toutefois, conformément au déplacement de la poésie qu'il opérait vers la subjectivité de l'esprit et son historicité, Fr. Schlegel a voulu aller plus loin dans l'élucidation hypothétique de cette histoire de la poésie, amorcée en parallèle avec les travaux de son frère, en prenant le cas exemplaire de la poésie grecque. Sans nier que cette poésie naisse du mythe, Fr. Schlegel souligne ironiquement le caractère hypothétique, car légendairement réélaboré, de l'assignation à Orphée et à l'orphisme d'une poésie mystique première, assignation à laquelle acquiescera Platon. C'est en tout cas avec Homère que s'expose indubitablement selon lui la poésie réfléchie, seconde et stylisée, en un mot : « esthétique », poésie dont il convient de traiter avec les autres arts particuliers. Le poète homérique ne se présentait plus comme ivre d'un pathos divin, mais animé d'une « modération tranquille »[2]. L'âge épique, voyant surgir les héros fondateurs et défenseurs de cités, exigeait l'apparition d'un aède de métier, reprenant une tradition, modelant personnellement le matériau oral des récits et des éloges relatifs à des personnages eux-mêmes singularisés. Le facteur d'individuation qui définit l'œuvre d'art comme telle, nécessitant une interprétation herméneutique et critique tenant à cette stylisation et à cette expressivité psychologique, apparaît alors comme un impératif. Fr. Schlegel donne une définition remarquable de ce qu'il nomme « le poème véritable » : « lorsque le poète peut faire un choix dans le matériau offert à ses sens ou transmis à sa mémoire et qu'il peut, selon les lois de l'esprit humain, librement mêler, agencer et agrémenter ce qu'il a choisi pour contribuer à la jouissance sensible du beau »[3]. On voit se conjuguer ici une référence aux lois de l'esprit humain – selon une possible dimension transcendantale sous-jacente – mais doublée d'une référence à l'autonomie personnelle du poète, maître de l'unité d'un agencement à des fins de jouissance proprement esthétique. L'organicité n'est plus prioritairement référée alors à un « esprit de la nature », *phusis* inconsciente et nocturne, selon une ligne généalogique prédominante de la poésie allant de Dionysos et d'Orphée à Schelling

1. Novalis, « Fragments préparés pour de nouveaux recueils », *Œuvres*, AG, II, p. 87.
2. Fr. Schlegel, *Histoire de la poésie des Grecs et des Romains*, KFSA, I, 409.
3. *Ibid.*, I, p. 445.

et à Novalis, et à travers Hölderlin, jusqu'à Nietzsche ; mais à une « poiésis » ayant un caractère singulier à la fois plus nettement « technique » (« savoir-faire » délibéré) et « psychologique » (expressif du ton et de l'humeur). Fichte, à qui Fr. Schlegel fit connaître son « Essai sur la poésie » paru dans L'*Athenaeum* (1800), marqua son désaccord sur ce point : « Certes, il y a dans la matière même de la poésie quelque chose d'individuel. Mais l'essentiel de la poésie, sa forme, est absolument universel » [1].

Il n'est pas inutile de rappeler que, jusque dans le domaine de la compréhension herméneutique des textes, Fr. Schleiermacher donnera à cette compréhension une double référence. Référence à l'interprétation grammaticale d'abord [2], dont l'esprit de la langue et l'esprit du peuple sont des conditions largement inconscientes ; référence ensuite à l'interprétation « psychologique » et « technique », qui réfère le discours à « la nature » et à « la vie » de celui qui, parlant ou écrivant, s'exprime avec l'art de faire servir la langue à ses pensées. Si ces références se conjuguent dans l'interprétation, c'est qu'elles le font dans la production même du discours tout en admettant, selon les genres littéraires, la possible domination d'une des références – philologique-linguistique ou psychologique-technique – sur l'autre. En distinguant poésie « mythique » essentiellement de « langue » et poésie « esthétique », essentiellement de « parole », Fr. Schlegel est en correspondance avec cette bipolarité que Fr. Schleiermacher disait aussi « transcendantale », tenant même la façon de comprendre « psychologique » comme relevant d'un « a priori » [3]. Toutefois, comme Fr. Schleiermacher, Fr. Schlegel note que le déclin de la poésie grecque provient de son excessive individualisation psychologique et anthropocentrique, suite à l'effacement total de la référence à cette pulsion qui, à travers les archaïsmes de la langue renvoyait encore chez Homère, et jusque chez Sophocle, aux puissances divines. Ce déclin se montre dans « les passions de la tragédie dégénérée » (Euripide), dans « la légèreté de la comédie » (la nouvelle comédie attique), et dans « l'exubérance de la poésie tardive » [4] (Anacréon et autres). Mais le déséquilibre pourrait certes se faire à l'inverse : l'esprit de la langue naturelle seul parlerait, et le poète vaticinerait.

Il s'agit donc de l'unité de la réceptivité et de la spontanéité de l'esprit vis-à-vis de la nature. Unité de la réceptivité par l'écoute de ses sons,

1. Cité par E. Behler, *Le premier romantisme allemand*, *op. cit.*, p. 92.

2. *Cf.* l'*Herméneutique générale*, 1809-1810, § 13 et 14, trad. Berner, p. 74.

3. *Ibid.*, § 14.

4. Expressions de l'*Étude de la poésie grecque* (1796), trad. fr. E. Behler, dans *Le premier romantisme allemand*, *op. cit.*, p. 102.

intériorisant des tonalités affectives fondamentales (*Stimmungen*) faisant sens, et spontanéité, en retour, de la formation culturelle, comme réaction chantée-parlée à ces impressions de la nature. La poésie et les différents arts littéraires se voient reconnaître une prépondérance vis-à-vis des autres arts, au sein desquels leconte, le drame et la musique seront privilégiés.

Le conte

Une des ressources originales de l'art romantique est « le conte » (*das Märchen*) dont l'importance tient à son lien avec l'imagination poétique d'une part dans le langage des légendes merveilleuses et d'autre part des traditions populaires, davantage caractéristiques du « second romantisme », dit « de Heidelberg ». C'est bien le cas, succédant au recueil des *Volksmärchen der Deutschen* (Contes populaires allemands) par J. Musaeus (1780), des *Contes populaires* édités par A.-W. Schlegel (1804) et du *Cor enchanté de l'enfant* d'A. von Arnim et Fr. Brentano (1806-1808), mais aussi des *Contes de l'enfance et du foyer* (1812-1814) qu'ont recueillis et édités les frères Grimm. Il convient certes de souligner l'importance de ce « réveil » des contes traditionnels allemands dans le cadre du « romantisme de Heidelberg ». Sans négliger ces contes nationaux et populaires caractéristiques du second romantisme, il nous semble préférable de nous arrêter aux contes issus de la veine du premier romantisme (Iéna) dans lesquels se manifeste de façon plus originale la production poétique du romantisme allemand, d'autant que, comme le souligne L. Margantin « on ramène trop souvent le romantisme allemand dans son ensemble à ce mouvement de redécouverte du patriotisme médiéval »[1].

Ce que nous avons dit être, en traitant plus haut de la théorie romantique de la poésie, l'unité du « grammatical » et du « psychologique » (Schleiermacher) ou encore du « mythique » et de l'« esthétique » (Fr. Schlegel) se retrouve pleinement exprimé dans les contes du premier romantisme particulièrement par Novalis et Tieck. Ceux du second romantisme tendront à subordonner fortement cette dimension « esthétique » et « psychologique », tant du contenu que de la forme de l'œuvre, au bénéfice de la dimension néo-mythologique de la tradition populaire. Il ne s'agit pas, avec les contes de Novalis et de Tieck, du seul imaginaire collectif, mais bien du prolongement de l'exploration par un esprit singulier du monde du rêve, de la mort, de l'amour et de la folie, sans que, pour autant, la signification éthique, voire théologique, en soit absente.

1. L. Margantin, LFPDM, p. 664, note.

Trois des *Contes* de L. Tieck (*Eckbert le blond*, 1796, *Le fidèle Eckart et le Tannenhäuser*, 1799, *Le Runenberg*, 1802) réédités ensuite en plusieurs volumes (1813-1816) nous semblent particulièrement bien exprimer cette unité poétique du mythique et du psychologique caractéristique de l'esthétique générale du romantisme allemand comme de celle de la littérature en particulier (poésie, conte, roman[1]). Malgré le peu d'affinités de L. Tieck pour la pensée conceptuelle, une indéniable cohérence interne sous-tend la logique des figures et des événements symboliques de ses récits, rigueur qui lui fut suggérée, selon ses propres aveux par la lecture de l'*Aurora* de J. Boehme[2] : « je ne m'étais pas imaginé que, dans ces régions, pouvaient se rencontrer aussi la dialectique, la recherche approfondie de la rigueur de la logique, bref, l'art de raisonner et la vigueur de l'esprit philosophique qui ne se révèlent d'ailleurs qu'à celui qui se plonge dans la lecture de ces ouvrages étonnants »[3]. Dans ces contes, la dimension mythique du « romantique » apparaît dans le conflit vécu par les héros des trois récits (Eckbert, Eckart, Tannenhäuser, Christian) entre l'éthique « païenne » valorisant la contemplation d'une divinité immanente à la nature (« l'esprit de la nature »[4]) et l'éthique « chrétienne » valorisant l'ascèse et la maîtrise de la nature en référence au « Tout-Puissant »[5]. Cette antinomie correspond clairement à la situation de crise morale de l'époque que nous avons rappelée dans notre Introduction. Le système chrétien des valeurs s'y trouve ébranlé à un point tel que nombre d'individus cherchent dans l'angoisse et la culpabilité à faire revivre les anciennes totalités axiologiques, avant tout celle de la Grèce antique : « indissolublement uni, tout le monde sensible ne formait plus là-bas qu'une fleur unique, et dans son calice les esprits célébraient éternellement un triomphe voluptueux »[6].

1. Nous avons proposé une hypothèse pour l'interprétation philosophique de ces contes dans *Études postkantiennes*, *op. cit.*, I, 2e partie, chap. III et IV, « Ontologie et pathologie du symbole dans trois contes de L. Tieck », p. 117-156. Nous laissons de côté ici l'interprétation du roman épistolaire de L. Tieck (*Histoire de William Lovell*, 1795-1796) de même que *Les pérégrinations de Franz Sternbald* (1798).

2. Hegel reconnaît dans sa *Recension* des *Écrits* de Solger (1828), *op. cit.*, p. 91 : « personne n'était aussi profondément plongé dans Böhme, et, il soupçonne bien, même pas parmi les philosophes ». *Cf.* encore J.-L. Vieillard-Baron : « il faut attendre Tieck et l'effervescence d'Iéna entre 1800 et 1809 pour que Böhme devienne un pilier de la mystique romantique et de la philosophie idéaliste », *Hegel et l'idéalisme allemand*, *op. cit.*, p. 370.

3. *Tiecks Schriften*, G. Reimer, Berlin, 1828, p. LXXIV.

4. L. Tieck, *Le fidèle Eckart et le Tannenhäuser*, éd. trad. fr. R. Guignard, Paris, Aubier, 1969, II, p. 99.

5. *Ibid.*, p. 114.

6. L. Tieck, *Le fidèle Eckart et le Tannenhäuser*, *op. cit.*, p. 113.

Ce passage évoque de façon irrésistible le vers de Fr. Schiller dans *Freundschaft* (Amitié, 1782) : « du calice pourtant du royaume total des esprits monte jusqu'à lui l'écume de l'infinité ». On sait que Hegel l'a aussi repris et modifié à la fin de sa *Phénoménologie de l'esprit* : « du calice accueillant le règne des esprits, de son infinité, l'écume s'offre à lui »[1]. L'idée commune est bien celle de l'immanence de l'infini au fini. Mais cette interprétation éthique peut manifestement être associée dans le cas de Tieck à une interprétation psychanalytique, dans la mesure où les valeurs et interdits en présence relèvent d'une lecture possible en termes de *libido* et de refoulement des pulsions.

Le conflit des éthiques et le vécu psychique qui en est affecté sont des constantes de ses contes décrivant la victoire des puissances de la nature sur l'idéal ascétique de la vertu chrétienne (*Eckbert le Blond* et *Le Runenberg*). Tieck reprend le motif d'une vieille légende allemande disant que, après l'institutionnalisation triomphante du christianisme, Vénus et tous les dieux grecs furent relégués au cœur d'une montagne, le *Mons Veneris* (Kormann, 1614) et, après sa reprise romantique par L. Tieck, ce thème fut souvent exploité, notamment par Heine et Wagner. Dans le troisième conte, malgré la vigilance d'Eckart en face des tentations émanant de la montagne de Vénus, Tannenhäuser succombe à son tour à cet appel mais avec un tel sentiment de culpabilité, renforcé par le refus du pardon papal, que sa régression éthique vers la « fleur unique » des esprits païens se paie du prix de la folie, régression psychique cette fois irréversible. La double dimension morale et érotique des signifiés de ces contes motive une approche herméneutique de caractère à la fois éthique et psychanalytique dont nous allons voir qu'elle est aussi rendue nécessaire dans certaines pièces de Kleist expressives du drame romantique allemand.

Il conviendrait, si nous en avions la place ici, de comparer plus longuement l'imaginaire tieckien avec celui des Contes d'E.T.A. Hoffmann, l'autre écrivain majeur des contes romantiques, et ceci d'autant plus que l'influence de Tieck sur lui fut indéniable : « si, pour la philosophie et la psychologie romantiques, il s'inspire notamment de Novalis, de Schelling, de Schubert et de Tieck, pour la technique narrative, il est l'héritier de ce dernier ; c'est à sa suite qu'il perfectionne les procédés du fantastique »[2]. Les contes de Goethe et de Novalis – dans l'optique jamais complètement

1. Hegel, *La phénoménologie de l'esprit*, *op. cit.*, p. 662.

2. G.-L. Fink, « Les masques narratifs du conteur romantique allemand. Du conte symbolique au conte fantastique », dans *E.T.A. Hoffmann et le fantastique*, J.-M. Paul (dir.), Nancy, Édition du Centre de recherches germaniques de l'Université de Nancy II, 1992, p. 81.

abandonnée du roman de formation et d'initiation – pouvaient dessiner la perspective finale d'un monde régénéré par la sagesse acquise du héros. Il en va différemment des contes de Tieck et de Hoffmann, dans lesquels le héros est psychiquement détruit par la révélation d'une dimension « étrange » (*unheimlich*), étrangère à la dimension de réalité « familière » (*heimlich*) à laquelle il souhaiterait s'en tenir. Ainsi peut-on affirmer, que « incontestablement, les contes de Tieck et de Hoffmann ont plus d'un point commun et diffèrent sensiblement des contes de Goethe et de Novalis »[1]. Le terme de « dérèglement » (*Unregelmässigkeit*), sous son aspect à la fois de dérèglement hallucinatoire de la sensibilité et de dérèglement moral de la subjectivité, nous paraît caractériser assez bien la teneur du fantastique hoffmannien. D'un côté, en effet, à la différence de Tieck qui nous plonge d'emblée dans l'univers fantastique où s'affrontent les passions les plus violentes avec leurs conflits éthiques sous-jacents, le « fantastique » d'Hoffmann est toujours l'envers ou la déformation, se révélant très progressivement, d'une réalité d'abord perçue et décrite avec une grande précision dans sa banalité voire sa vulgarité, ce qui rend d'autant plus inquiétante cette autre dimension des formes et des mouvements qui s'y dérèglent peu à peu : « peut-être croiras-tu alors, ô mon lecteur, qu'il n'y a rien de plus merveilleux, ni de plus fou que la vie réelle »[2]. D'un autre côté, si le dualisme moral est aussi très présent chez Hoffmann, il ne relève pas d'un conflit entre éthiques d'époques différentes comme c'est le cas, selon nous, chez Tieck, mais d'un combat dont le héros – la plupart du temps un contemporain restant dans l'horizon du christianisme – est déchiré entre une aspiration divine, angélique et céleste (l'infinie *Sehnsucht*) et une inspiration satanique[3] dont la puissance subversive se fait tentatrice de tous les dérèglements sensibles[4]. Cette dernière se cache le plus souvent sous les apparences de la première, ce qui entraîne fréquemment un dédoublement de personnalité[5]. *Les élixirs du*

1. G.-L. Fink, « Les masques narratifs du conteur romantique allemand », art. cit., p. 93.

2. E.T.A. Hoffmann, *Nachtstücke*, Stuttgart, Reclam, 1990, p. 23, notre traduction.

3. *Cf.* J. Keller : « c'est à dessein qu'il l'appellera *daimon*, non pas au sens socratique de génie mystérieux, mais davantage d'ange déchu selon la tradition judéo-chrétienne » (« Anges et bêtes ou la confrontation du bien et du mal dans les *Nachtstücke* d'E.T.A. Hoffmann », dans *E.T.A. Hoffmann et le fantastique*, *op. cit.*, p. 185).

4. La thématique du « dérèglement » à la fois perceptif (hallucination) et moral (pratique des vices) n'est peut-être pas sans rapport avec la réaction de rejet de l'homme Kant et de sa philosophie par le jeune Hoffmann, élevé à Königsberg.

5. Le dédoublement de la figure du père en père castrateur et en père faiblement protecteur à l'égard du premier a été interprété par S. Freud dans son article *L'inquiétante étrangeté* (1919) sur *L'homme au sable* d'Hoffmann (1816).

diable (1816) sont à cet égard le chef-d'œuvre dans lequel Hoffmann a condensé nombre de ses thèmes les plus singuliers. Enfin, les dons d'observation empirique d'Hoffmann et le souci d'enchaîner[1] de façon cohérente les conséquences des actes de ses personnages jusqu'à l'inéluctable conclusion, fût-elle la folie ou l'horreur, le font se distinguer des autres conteurs romantiques, notamment à nouveau de Tieck, au jugement de M. Brion : « pendant longtemps on n'a vu en lui que le conteur fantastique, sans remarquer qu'il est au fond beaucoup moins fantastique que Tieck [...], en ce que beaucoup de ses histoires mystérieuses ont une conclusion rationnelle, logique, qui en dissipe la troublante énigme »[2].

Avec Tieck et Hoffmann, nous sommes déjà dans le contexte du « drame musical » et donc du drame romantique, cette succession d'actions enchaînées qui obéit, d'une manière mêlant constamment le comique et le tragique, aux seules motivations d'une individualité passionnée aux prises avec les valeurs d'un univers historique.

Le drame

Le paradoxe est ici le suivant : il existe bien une théorie romantique allemande du drame et il existe bien aussi un drame romantique en Europe, ressourcé à Shakespeare par Schlegel et les autres théoriciens, mais il existe peu, à proprement parler, de « drames romantiques allemands » produits à l'époque d'Iéna. Ce paradoxe, qui nous imposera l'analyse de quelques œuvres, exige toutefois d'être expliqué. L'une des explications les plus évidentes consiste à remarquer que les romantiques d'Iéna ont investi massivement dans d'autres formes d'art (poésie, roman, conte, peinture), mais, mis à part L. Tieck[3], fort peu dans l'art dramatique.

Pourtant, la théorie en a été longuement élaborée par A.W. Schlegel qui est indubitablement le théoricien allemand du drame romantique[4]. Il commença son étude critique de la tragédie classique avec sa *Comparaison entre la Phèdre de Racine et celle d'Euripide* (1807), en valorisant le théâtre grec vis-à-vis du théâtre classique français qui était devenu un

1. À cet égard le titre de l'un des récits composant *Les frères Sérapion*, « L'enchaînement des choses » (*Der Zusammenhang der Dinge*) est caractéristique de la manière hoffmannienne.

2. M. Brion, *L'Allemagne romantique*, Paris, Albin Michel, 1963, I, p. 111.

3. Avec des pièces comme *Le Chat botté* (1797) et *Le monde à l'envers* (1799) dont le sujet n'est autre que le théâtre lui-même.

4. *Cf.* la synthèse et les textes traduits par A. Ubersfeld dans *Le drame romantique*, Paris, Belin, 1993.

modèle pour l'Europe entière jusqu'au XVIIIe siècle. Dans ces limites, on peut estimer qu'il reprend à travers les deux Phèdre la critique que Lessing avait opérée de la rigidité des modèles de tragédie française comparée à la grande tragédie antique, tout en faisant déjà l'éloge de Shakespeare : « tout, jusqu'aux petites parties, dans Shakespeare, est taillé suivant les grandes proportions du drame historique; et celui-ci est à la tragédie française à peu près comme une large fresque est à une miniature pour bague »[1]. C'est avec les *Leçons sur l'art et la littérature* (1801-1804) publiées à Vienne en 1811[2], que s'impose la contribution majeure d'A.W. Schlegel à la caractérisation du drame romantique. À l'encontre du modèle français, A.W. Schlegel fait d'abord valoir que l'action proprement dite, à laquelle renvoie le concept de « drame », est devenue absente de ce théâtre, la succession des événements n'y étant motivée que par l'expression de caractères stéréotypés et d'argumentations rhétoriques extérieurs au mouvement spontané de la vie: « tout se bornait à un discours entre un petit nombre de personnages et l'on soumettait le théâtre à l'étiquette d'une antichambre »[3]. Il critique ensuite le caractère aristocratique des normes et des thèmes, excessivement soumis aux principes de convenance imposés par la bonne société. La conséquence en est que le théâtre français est non populaire : « la langue poétique des Français est extrêmement dédaigneuse et il y a un grand nombre d'idées qu'elle se refuse à exprimer »[4]. En opposition à cela, Schlegel souligne avant tout chez « Shakespeare[5], le premier des poètes historiques, [...] une grande variété de ton dans ses tragédies [...] ces contrastes pittoresques, ces vives couleurs, ces traits marquants qui donnent l'idée de la vie »[6]. À la rigidité de la séparation des genres (tragédie, comédie) et des modes (épique, lyrique), Shakespeare substitue leur mélange parce que ce mélange seul, voire cette confusion, exprime la complexité de l'action vivante: « ce mélange du genre dramatique et du genre lyrique qui permet à l'auteur de montrer à son gré ses héros sous un jour plus ou moins poétique; tous ces traits qui caractérisent le drame romantique, loin d'être à mon avis des défauts, sont de véritables

1. G.E. Lessing, *Dramaturgie de Hambourg*, Quarante-huitième soirée, Paris, Librairie académique Didier, 1869, p. 341.

2. A.W. Schlegel, SW, 6. Nous renverrons à la traduction du *Cours sur la littérature dramatique* par Mme Necker de Saussure, cousine de G. de Staël (1813), Genève, Slatkine, 1971, et mentionnées par A. Ubersfeld, dans *Le drame romantique*, *op. cit.*

3. A.W. Schlegel, *Cours*, p. 16, trad. Ubersfeld, p. 43

4. *Ibid.*, p. 17, trad. Ubersfeld, p. 43.

5. Suivront les analyses de Shakespeare, Cervantès, Lope de Vega, Calderon.

6. A.W. Schlegel, *Cours*, p. 17, trad. Ubersfeld, p. 43.

beautés »[1]. De son côté, son frère Friedrich l'avait souligné : « un poème ou un drame, pour plaire à la foule, doit contenir un peu de tout, être une sorte de microcosme. Un peu de malheur et un peu de bonheur, une part d'art et une de nature, une quantité convenable de vertu et une certaine dose de vice. Il y faut aussi de l'esprit joint à du *Witz*, voire de la philosophie »[2]. Shakespeare aurait sans doute approuvé cette définition.

Le drame romantique est donc doublement « historique », d'une part sans doute au sens de l'histoire des sociétés et des nations qui est son milieu événementiel, mais d'autre part et surtout au sens où l'action qu'il met en scène obéit aux passions et aux intentions d'individualités qui vivent leur histoire personnelle le plus souvent en s'opposant de façon à la fois tragique et comique aux contraintes que leur impose l'histoire sociale ou nationale. Restituant le mouvement d'une vie à l'issue incertaine, ces mélanges fortement contrastés ont pour effet sur l'imagination, au-delà des apparentes incohérences qu'y relève l'entendement, la satisfaction d'y découvrir une totalité de sens : « tandis que le poète a l'air de ne nous offrir qu'une réunion accidentelle, il satisfait les désirs inaperçus de l'imagination, et nous plonge dans une disposition contemplative par le sentiment de cette harmonie merveilleuse qui résulte, pour son imitation comme pour la vie elle-même, d'un mélange en apparence bizarre auquel s'attache un sens profond »[3].

Sur une telle base interprétative, l'histoire du « Théâtre allemand »[4] nous offre-t-elle un drame romantique pleinement conforme à ces caractères ? Avant les premières années du siècle, rien qui aille indubitablement et nettement dans le sens indiqué par A.W. Schlegel. Si, avant 1800, durant la période du *Sturm und Drang*, l'on retient les pièces marquantes de Lenz[5], Lessing[6], Goethe[7] et Schiller[8], elles oscillent manifestement entre des avancées préromantiques et des retombées évidentes dans les formes de la tragédie classique ou du drame bourgeois dont Diderot avait jeté les principes et qu'adoptèrent à cette époque les Allemands. À l'époque du

1. A.W. Schlegel, *Leçons*, II, p. 137, trad. Ubersfeld, p. 44-45.

2. Fr. Schlegel, *Athenaeum*, Fragment 245, AL, p. 133-134.

3. A.W. Schlegel, *Cours*, p. 137, trad. Ubersfeld, p. 44-45.

4. *Cf.* J. Lefebvre, *Théâtre allemand* (1750-1850), Lyon, Presses Universitaires de Lyon, 1992.

5. *Les Soldats* (1776).

6. *Minna von Barnheim* (1767), *Emilia Galotti* (1772), *Nathan le Sage* (1779).

7. *Götz von Berlichingen* (1771 et 1772), *Le premier Faust* (1773-1775), *Iphigénie en Tauride* (1779, 1787), *Egmont* (1787), *Torquato Tasso* (1789).

8. *Les Brigands* (1781), *Intrigue et amour* (1783), *Don Carlos* (1787), *Wallenstein* (1799).

premier romantisme, la *Penthésilée* de H. von Kleist (1777-1811), écrite en 1806, publiée en 1808, semble bien la première réalisation des traits du nouveau type de drame attendu et prévu par les Schlegel[1], mais elle ne sera mise en scène qu'en 1876, en raison des horreurs et des violences extrêmes qu'elle présentait[2]. Cette œuvre, en dépit de son cadre archaïque et mythologique, manifeste bien l'opposition de l'héroïne individuelle, la reine Penthésilée, aux lois de son éthos d'Amazone, puisqu'au lieu de laisser le hasard de la bataille fixer sa rencontre belliqueuse puis amoureuse avec son partenaire, comme le veut une première loi, elle choisit de rencontrer Achille et que, seconde transgression, elle le tue dans son délire amoureux alors que la loi ne lui imposait que la victoire au combat, ce qui motivera son suicide final. Stylistiquement, la pièce de Kleist est à rapprocher des formes shakespeariennes, ses hyperboles et ses oxymores exprimant des affects contradictoires d'amour et de haine, de tendresse et de cruauté[3]. Ces déchirements éthico-érotiques menant à la folie de l'héroïne ne sont manifestement pas sans rapport avec le sens des contes de L. Tieck dont nous avons rapporté l'interprétation ci-dessus. Goethe, lorsqu'il fut devenu le partisan d'une Antiquité apollinienne équilibrée, a exprimé à l'égard de Kleist des jugements négatifs relevant précisément de son appréciation du romantisme : « j'appelle classique ce qui est sain, et romantique ce qui est malade »[4]. La réaction de Goethe à l'égard de Kleist, n'est pas sans similitude avec celle de Hegel à l'égard de Fr. Schlegel : « sans doute, écrit J. Lefebvre du premier, a-t-il senti en présence de Kleist ce que pouvait avoir de précaire l'édifice de l'humanisme classique »[5], comme sans doute, pourrait-on ajouter, Hegel a senti en présence de Fr. Schlegel ce qu'il pouvait y avoir de menace pour l'édifice spéculatif qu'il avait construit[6].

Dans un autre registre, explicitement romantique et nettement plus proche de l'histoire et des mœurs moyen âgeuses préconisées par Novalis, Fr. Schlegel et les contes de L. Tieck[7], se situe *La petite Catherine de*

1. *Cf.* en ce sens, J. Lefebvre, *Théâtre allemand*, *op. cit.*, p. 185.

2. « L'œuvre de Kleist semble bien la première réalisation de cette prophétie », *ibid.*

3. *Ibid.*, p. 183.

4. Goethe à Eckermann, 2 avril 1829.

5. J. Lefebvre, *Théâtre allemand*, *op. cit.*, p. 185. S'étant vu refuser le soutien financier de la Princesse de Hesse-Hombourg pour sa pièce, et aux prises avec d'autres échecs personnels, Kleist se suicide à la fin de cette année 1811.

6. Hegel reconnaît cependant que « Solger a raison de placer le *Prince de Hombourg* au-dessus des autres pièces du même auteur, parce qu'ici tout tient au caractère et se développe à partir de celui-ci », *L'ironie romantique*, *op. cit.*, p. 79-80.

7. Rappelons que L. Tieck a contribué à l'édition et à la représentation de plusieurs pièces de Kleist après la mort de ce dernier.

Heilbronn ou l'*Ordalie* (publiée en 1808 par Kleist, jouée en 1810). L'importance de la révélation par le rêve, de même que la dimension symbolique des lieux et des personnages, en fait une sorte de « conte dramatisé » (J. Lefebvre) dans une atmosphère tieckienne. Mentionnons enfin le dernier chef-d'œuvre de Kleist, *Le prince de Hombourg* (écrite en 1811, la pièce ne sera jouée qu'en 1821[1]). Il s'agit de la véritable expression romantique d'une initiative personnelle du Prince, prise en état de rêve amoureux et distraite de la réalité, allant à l'encontre d'un ordre du souverain qui lui vaudra condamnation à mort, mais qui donnera victoire et gloire militaire au souverain lui-même. Celui-ci – véritable « père substitutif » – promet de n'accorder sa grâce que si le Prince peut tenir sa sentence comme injuste : « si vous estimez vous-même que maintenant vous subissez quelque injustice que ce soit, je vous en prie, dites-le moi – deux mots de vous me suffiront – et, sur le champ, je vous renvoie votre épée »[2]. Revenu au principe de réalité, le Prince de Hombourg admet au contraire le bien-fondé de la sentence de mort, mais il est alors précisément gracié pour avoir accompli le passage d'une inconscience distraite à la conscience du réel avec lequel il s'accorde enfin. Dans cette lecture « psychanalytique »[3] des symboles de l'œuvre, déjà suggérée par nous pour les contes de Tieck, personnages et objets (couronne, gant) sont susceptibles d'une interprétation tout à la fois éthique et érotique au plan des rapports entre conscience de la réalité et inconscient pulsionnel. Mais elle n'est pas la seule, et par là la pièce relève aussi du drame « historique » défini par Schlegel : le grand Électeur, autant par habileté politique qu'en vertu de l'éthique, remet l'ultime sentence entre les mains du Prince en misant sur son sens du code militaire. Il pourra alors se permettre de gracier un héros populaire dans la mesure où ce dernier s'est reconnu coupable.

Après Kleist, il est permis d'en venir au *Napoléon ou les Cent-Jours* de C.D. Grabbe (1831), pour mesurer la distance entre les drames de Kleist encore très jeune-romantiques et celui d'un auteur contemporain du dernier romantisme, prenant précisément pour sujet l'événement qui a provoqué le retournement de la situation politique européenne attendu par les romantiques allemands. Le centre d'intérêt du public allemand n'est plus alors la Grèce antique, ni le Moyen Âge, mais la Révolution française et ses suites

1. Une des motivations de cette œuvre est le patriotisme allemand de Kleist et des romantiques en réaction à la domination napoléonienne.

2. H. von Kleist, *Le prince de Hombourg*, Acte IV, Scène IV, trad. fr. D. Mesguich, Paris, Éditions Le Bord de l'eau, 2005, p. 134.

3. J. Lefebvre, *Théâtre allemand*, *op. cit.*, p. 196-197.

impériales, puis la défaite de l'Empereur. Il semble bien s'agir là d'un drame romantique dans le sens du « drame historique » préconisé par les Schlegel, où les scènes de guerre impliquent de nombreux personnages. Le sens de l'œuvre est clair : Napoléon, après Waterloo, prend la fuite et abandonne son armée. C'est un tyran et un manipulateur qui a échoué. Toutefois, il ne s'agit déjà plus d'un drame vraiment romantique, puisque Napoléon n'est pas tant le sujet de la pièce que le « cours du monde », le mouvement des opinions et des masses. L'ironie intervient bien dans le décentrement et le retournement comiques des interprétations données par les acteurs, mais il ne s'agit plus d'une véritable ironie romantique, telle celle inscrite dans les œuvres dramatiques de Tieck, faisant intervenir parfois spectateurs, auteur et personnel de théâtre[1] : « dans les études sur Tieck, on a souvent remarqué que ce moyen qui consiste à "sortir de son rôle" est le propre de la comédie depuis Aristophane, à toutes les époques et dans toutes les littératures, et que n'est romantique tout au plus que son application excessive »[2]. Il s'agit plutôt, avec les réflexions des personnages de Grabbe sur le rôle qu'ils jouent et l'absurdité des renversements de situations, d'un faire-valoir du non-sens de l'Histoire : « de ce point de vue, il (Grabbe) est plutôt un précurseur du théâtre moderne de l'absurde »[3].

L'essence du drame romantique a résidé dans un mélange apparemment chaotique de tragédie et de comédie, de violence et de tendresse, mélange recélant pourtant une cohérence profonde, celle du développement incertain d'une individualité aux prises avec les obstacles d'un monde pleinement historicisé. Il était inévitable qu'on saisisse dans la musique instrumentale romantique (notamment dans certaines symphonies de Beethoven) quelque chose d'analogue à un drame. C'est ce que fit E.T.A. Hoffmann qui reprenait les suggestions de Tieck et de Wackenroder[4] en affirmant que la symphonie beethovenienne ressemble à un « drame musical », puisque, comme le théâtre de Shakespeare auquel le poète la comparait, et au-delà d'un manque apparent d'unité, « un regard plus perspicace y voit un bel arbre, bourgeons et feuilles, fleurs et fruits nés

1. L. Tieck a monté plusieurs contes, comédies et tragédies au théâtre. Sur cette dimension ironique des pièces de L. Tieck, *cf.* W. Benjamin, *Le concept de critique esthétique dans le romantisme allemand*, Paris, Champs-Flammarion, 1986, p. 132, n. 33.

2. P. Szondi, *Poésie et poétique de l'idéalisme allemand*, trad. fr., Paris, Minuit, 1975, p. 113.

3. *Ibid.*, p. 206.

4. W.H. Wackenroder (1773-1798) auteur des célèbres *Effusions d'un moine ami des arts* (1797) reprises dans *Fantaisies sur l'art*, publiées par L. Tieck (1799), dans *Werke und Briefe*, Heidelberg, Lambert Schneiderverlag, 1967, p. 226 et 255.

d'un germe unique »[1]. C'est donc à la transition du drame vers la musique romantique que nous invite cette analogie, ainsi qu'à comprendre l'importance de la musique purement instrumentale dans les théories esthétiques du romantisme allemand.

La musique

La musique est l'art le plus directement lié à la poésie et au mythe romantiques, mais aussi au « drame ». Fr. Nietzsche ira même jusqu'à affirmer cruellement à Brandes qui l'interrogeait sur le romantisme : « votre "romantisme allemand" m'a fait réfléchir au fait que tout ce mouvement n'est parvenu à des résultats que comme musique (Schumann, Mendelssohn, Weber, Wagner, Brahms) ; en tant que littérature, il reste une vague promesse ; les Français ont été plus heureux »[2].

L'analyse kantienne de la musique soulignait déjà son ambivalence, perceptible à même le texte de Kant : « ou bien, comme nous l'avons fait [*wie wir getan haben*], on la tient pour un beau jeu de sensations (par le truchement de l'ouïe) ou bien c'est un jeu de sensations *agréables* »[3]. Malgré cette option pour une définition formelle de la musique que Kant maintient coûte que coûte, et selon laquelle les plaisirs qu'elle donne sont « les effets d'un jugement portant sur la forme dans le jeu de nombreuses sensations »[4], le philosophe note ailleurs que la musique « s'exprime par de pures sensations et non grâce à des concepts, qu'elle [est] au contraire de la poésie, sans reste pour la réflexion »[5]. La contradiction apparente ne peut être résolue que si l'on rappelle que, pour Kant, un libre jeu formel de sensations – plaisant en soi – peut l'être de sensations qui sont elles-mêmes « agréables » d'un point de vue matériel et pour tout dire physiologique. Il en va ainsi également en peinture (nature morte, nu, etc.). Dans ce cas, le jugement esthétique n'est pas pur, puisqu'il s'y mêle inévitablement un jugement d'agrément. Mais si tous les arts s'exposent inévitablement à ce risque, c'est éminemment le cas du plaisir pris à l'écoute de la musique, d'où l'insistance voire l'acharnement du « philosophe critique » à souligner l'impureté esthétique de cet art. Celui-ci tend sans cesse à faire revenir

1. E.T.A. Hoffmann, *Écrits sur la musique*, trad. fr. B. Hébert et A. Montandon, Lausanne, L'Âge d'Homme, 1985, p. 31.

2. Fr. Nietzsche, Lettre à Brandes de mars 1888.

3. Kant *Critique de la faculté de juger*, § 51, 3, *Œuvres*, *op. cit.*, p. 1111.

4. *Ibid.*

5. Kant *Critique de la faculté de juger*, § 53, « Comparaison de la valeur respective des beaux-arts », *Œuvres*, *op. cit.*, p. 1115.

l'esprit de son libre jeu intellectuel et imaginatif au plaisir d'une « animation uniquement corporelle », de sorte que « le sentiment d'être en bonne santé, qui s'exprime par un mouvement des entrailles correspondant au jeu pratiqué constitue tout le plaisir, tenu pour si raffiné et si spirituel par une société pleine d'entrain »[1]. Ces derniers mots sont lourds de désapprobation. En bref, dans la musique, le plaisir formel est largement dominé, voire occulté, par le plaisir organique, cet état de bien-être dans lequel elle nous met en raison du pouvoir envahissant des sons sur les différents rythmes corporels. La musique est le seul art à nous y plonger en nous faisant retomber des hauteurs de l'Idée esthétique toujours visée en vain. Il en découle que, dans une classification hiérarchique, « la musique sera ainsi reléguée au dernier rang des beaux-arts, (tandis qu'elle occuperait la première place parmi les arts qu'on doit apprécier en même temps du point de vue de l'agrément qu'ils procurent) parce qu'elle joue avec les sensations »[2].

Si, selon Kant, la musique est le seul art qui échoue à nous faire vraiment dépasser le jeu de l'imagination vers les Idées esthétiques (ces symboles authentiquement métaphysiques) et à nous faire nous y tenir, puisqu'elle nous contraint toujours à retomber dans la réalité physiologique du son, la musique, selon les romantiques allemands, sera exactement l'inverse. Elle sera un art qui, certes à travers le jeu des images sonores et tonales, nous ouvre cependant au tout de l'Univers, naturel et spirituel : « le plus grand mérite de Kant devait être d'ameuter les clameurs de ceux par qui, en Allemagne, devait s'établir une métaphysique vitaliste des sons »[3]. Entre-temps, dans le sillage de Kant, Ch.-Fr. Michaelis[4] tentait de rééquilibrer et de réhabiliter la musique par l'opéra, en insistant sur le primat de la parole – alors noblement poétique si l'on suit Kant – vis-à-vis de la musique dans un genre d'art composé. Au moyen de la parole, la musique d'opéra peut réintroduire, comme le supposait Kant de l'art du génie, la prévalence des Idées esthétiques somme toute musicales. L'intérêt historique de l'ouvrage du kantien Michaelis est d'avoir envisagé la « musique chantée » comme susceptible d'opérer l'unité du sensible et de l'intelligible, du son et de l'Idée exprimée dans la forme de l'opéra.

1. Kant, *Critique de la faculté de juger*, *op. cit.*, § 54, Remarque, p. 1120

2. *Ibid.*, § 53, p. 1116.

3. L. Beaufils, *Comment l'Allemagne devint musicienne*, Paris, Robert Laffont, 1983, p. 368.

4. Ch.-Fr. Michaelis, *Über den Geist der Tonkunst, mit Rücksicht auf Kant's « Kritik der ästhetischen Urtheilskraft »*, Leipzig, 1795. Sur le kantisme de Michaelis, *cf.* M. Beaufils, *Comment l'Allemagne devint musicienne*, *op. cit.*

Quant à la théorisation romantique de la musique, elle sera élaborée longuement et précisément, bien avant qu'apparaissent les premières œuvres musicales indubitablement romantiques. Sur le plan proprement musical, c'est sans doute J.A. Hillel (1728-1804) qui est allé le plus loin dans la rénovation préromantique des genres en créant à la fin du XVIIIe siècle le *Singspiel*, genre combinant le dialogue parlé et le chant populaire. Comme l'ont montré les travaux de M. Beaufils, ce sont philosophiquement les thèses de Herder – strictement contemporain de Kant, mais néanmoins anti-kantien à bien des égards – sur la musique nationale allemande que vont prolonger les premiers romantiques : « éternelle Harmonie, entre résonnant dans mes cordes, sainte Harmonie, entre résonnant dans mon âme, elle te sent, elle te veut, elle te sentira ! »[1]. L'idée essentielle de Herder est bien celle d'une réceptivité organique et rythmique de l'homme aux harmonies divines de l'Univers, auxquelles l'esprit humain répond en lui renvoyant activement l'œuvre vocale et musicale elle-même. Sa perspective est « génétique ». Dans la formation et l'évolution de la musique des peuples, la réaction est d'abord chantée et dansée : « les sons, justement, sont ce que sont, pour un autre sens, le geste : l'expression de la nature mouvante, sa vibration élastique, truchement immédiat de la vie du cœur. Les pareils s'assemblent »[2]. Hegel posera de même dans son esthétique de la musique que le matériau génétiquement premier de la musique n'est ni le son extérieur naturel ni le cri émouvant de l'animal, mais bien le cri humain, c'est-à-dire la voix. Cette importance de la voix se retrouvera dans l'éloge de l'opéra dont le chant assure l'unité des diverses expressions sensibles (gestuelles, colorées, vestimentaires, décoratives). Puis la réaction musicale est instrumentée, d'abord de manière simple, ensuite de manière complexe, polyinstrumentale, et finalement, de façon synthétique, unissant chant, gestuelle et musique instrumentale : l'oratorio et l'opéra sont alors possibles. Idée de « l'œuvre d'art totale » (*Gesamtkunstwerk*[3]) répondant à la totalité de l'univers naturel, le concept de l'opéra se précise et dans cette genèse l'hymne religieux, le chant choral chrétien, assurent une transition essentielle[4]. Si l'on veut résumer les acquis de Herder concernant la nouvelle musique allemande, on retiendra donc d'abord la résonance organique avec le Tout du monde et ensuite la couleur nationale :

1. Herder, trad. fr. M. Beaufils, *Comment l'Allemagne devint musicienne*, *op. cit.*, p. 369.
2. *Ibid.*, p. 384.
3. Dont le concept wagnérien sera formulé dans *L'œuvre d'art de l'avenir* (1849).
4. *Cf.* M. Beaufils, *Comment l'Allemagne devint musicienne*, *op. cit.*, p. 376, note.

« l'opéra tel que se le représente Herder ne peut pas ne pas avoir couleur nationale »[1].

A l'égard de la forme de l'opéra, toutefois, des romantiques d'Iéna comme Schlegel et Tieck seront plutôt critiques, et cette critique nous mènera à une nouvelle confrontation éclairante avec l'esthétique de Hegel. Tieck en particulier prônait une conception que l'on pourrait dire minimaliste du « drame » : il était inutile, voire dangereux de le représenter sur scène dans la mesure où c'est le contenu seul de l'action qui importe et qui doit être intériorisé par le récepteur de l'œuvre. Entre l'auteur et ce dernier, il n'est donc nul besoin de cette médiation troublante qu'est l'acteur sur scène. On sait que L. Tieck procéda en petit comité à des lectures restées fameuses des drames de Shakespeare dont il retirait un succès confirmant sa théorie. La lecture solitaire à haute voix – ou à la rigueur à plusieurs échangeant les rôles – doit suffire à pénétrer l'essentiel de l'œuvre dramatique. Dans cette conception, l'opéra qui vise à inscrire le drame au sein d'un ensemble vocal, orchestral, plastique (costume, décors) fait précisément perdre de vue l'essence dramatique de l'œuvre. Contre cette conception, Hegel fait valoir, avec Goethe et Schiller, que c'est la représentation scénique qui accomplit l'essence du drame, et cette représentation scénique trouve dans l'ensemble des expressions mises en œuvre par l'opéra un accomplissement maximal. Dans certaines versions de ses cours, Hegel va jusqu'à faire de la tragédie antique, dont il rappelle que le chœur chantait, instrumentait et dansait, une première ébauche de l'opéra : « dans la tragédie des Anciens et dans l'opéra de l'époque moderne, nous nous trouvons dans la totalité »[2].

Cette fonction totalisante de l'opéra est fondée sur le primat, dans l'esthétique hégélienne, de la musique vocale, de même que, dans sa théorie du langage, de l'oralité sur l'écrit et la textualité. Hegel voit dans l'opéra une synthèse harmonieuse de tous les arts dans laquelle la parole et le chant assurent l'unité de l'ensemble, tout à l'opposé d'A.W. Schlegel qui stigmatise l'opéra dans les termes d'une « anarchie des arts, dans laquelle la musique, la danse et la décoration cherchent à se surpasser par l'ostentation de leurs attraits les plus fastueux »[3]. Hegel semble donc ici en apparence beaucoup plus proche d'une certaine ligne interprétative romantique

1. M. Beaufils, *Comment l'Allemagne devint musicienne*, *op. cit.*, p. 379.

2. Hegel, *Leçons d'Esthétique*, Notes de Heimann, 1828/29, p. 138, cité par A.P. Olivier, *Hegel et la musique*, *op. cit.*, p. 207.

3. A.W. Schlegel, *Vorlesungen über dramatische Kunst und Litteratur*, SW, éd. Bocking, V, 1846, trad. Olivier, *ibid.*, p. 208.

– celle de Herder précisément qui mènera à l'opéra romantique d'un Weber – que de celle qui, avec les Schlegel et jusqu'à Hoffmann[1], magnifie l'écriture du drame de même que la musique instrumentale référées aux complexités et aux virtuosités impliquées par le seul texte d'une partition (Beethoven). Ceci impliquerait que la théorie romantique de la musique soit moins homogène qu'on pourrait le croire, et qu'elle tende à se développer en deux lignes de tradition, celle de la musique symphonique privilégiant l'écriture musicale au détriment de la vocalité, et celle de l'opéra privilégiant la voix comme principe vivant de totalité (jusqu'à Wagner). Toutefois, même avec Wagner la puissance langagière de la musique instrumentale exigeait une « rédemption » par la parole et le drame scéniques. Mais ceux-ci ne sont plus, dans l'opéra wagnérien, que des ponts et des appuis empiriques nous permettant d'accéder aux essences harmoniques affectives, conformément à la reprise de la théorie schopenhauerienne de la musique par Wagner[2].

Justifier davantage cette dualité à l'intérieur des traditions romantiques de la musique (écriture/musique instrumentale pure – parole/opéra totalisant) nous impose de remonter brièvement aux réflexions de Fr. Schlegel sur le primat paradoxal de l'écriture vis-à-vis de la parole, notamment dans son essai « Sur la philosophie (à Dorothéa) » (1799) dans lequel il affirme : « dans leur mutisme, les traits de l'écriture me paraissent un voile plus approprié à la profondeur de ces extériorisations les plus immédiates de l'esprit que le bruit des lèvres. J'aimerais presque dire, dans le langage un peu mystique de notre H. : vivre, c'est écrire; la seule destination de l'homme est de graver sur les tables de la nature les pensées avec le stylet de l'esprit créateur de formes »[3]. L'importance de l'écriture textuelle ressort encore ici, de même que la position d'une « musique instrumentale pure » : « celui qui a le sens des merveilleuses affinités entre tous les arts et les sciences ne considérera du moins pas la chose du point de vue bien plat d'une prétendue naturalité, selon lequel la musique ne serait que le langage des sentiments et il ne trouvera nullement impossible en soi une certaine tendance à la philosophie de toute musique instrumentale pure. La musique instrumentale pure n'a-t-elle pas à élaborer elle-même son texte ? »; il n'est

1. Hoffmann valorisait toutefois tout autant l'opéra romantique puisqu'il est aussi l'auteur d'*Ondine* (1816) composé sur la base du livret écrit par Lamotte-Fouqué à son intention à partir de son conte édité en 1813.

2. Nous reprenons les analyses développées par C. Dahlhaus dans *L'Idée de la musique absolue*, *op. cit.*, p. 107-110 et 117-122.

3. Fr. Schlegel, *Sur la philosophie. À Dorothea*, AL, p. 225. H renvoie à Hardenberg (Novalis).

donc ni étonnant ni risible que « les musiciens parlent des pensées incluses dans leurs compositions »[1].

On est par avance ici à l'opposé de Hegel pour lequel, de même que l'écriture en général est la reproduction seconde de la parole, de même la musique instrumentale « pure » – sorte d'écriture « pure », c'est-à-dire selon lui non signifiante – ne saurait, malgré sa virtuosité technique, que susciter la sentimentalité d'une rêverie non pensante. Cette musique instrumentale, purement symphonique, ne donne rien à penser vraiment, c'est-à-dire à penser conceptuellement, tandis que l'opéra redonne à la voix toute la prévalence originaire qu'elle a comme origine pensante du langage. Par là, elle susciterait à la fois jouissance esthétique et réflexion. Or, pour Fr. Schlegel, c'est précisément dans la mesure où elle ne dépend d'aucune oralité – celle que la mélodie narrative suggère – que la musique instrumentale pure se donne la loi d'élaborer par elle-même son texte.

Le renvoi que faisait plus haut Fr. Schlegel à Novalis (H) est alors justifié, car celui-ci échafaudait à la même époque une conception combinatoire de la musique fondée sur l'harmonie mathématique, l'écriture harmonique s'y subordonnant totalement la mélodie (le chant) : « harmonie des nombres et – acoustique des nombres – appartiennent à l'analyse combinatoire »[2]. Un antécédent essentiel de cette conception chez Tieck et chez Novalis, est ici J.N. Forkel (1749-1818), dont Tieck avait suivi les conférences sur l'histoire de la musique et qui est le premier à parler de l'harmonie en termes de « logique de la musique » : « on peut définir sous cet angle l'harmonie comme une logique de la musique, puisqu'elle entretient avec la mélodie à peu près le même rapport que la logique avec l'expression dans le langage »[3]. C'est en relation avec la place prépondérante des mathématiques, dont les nombres sont les « chiffres » et les « signatures » de l'être, que Novalis écrit : « les rapports musicaux me semblent être, à proprement parler, les rapports fondamentaux de la nature »[4]. Le langage expressif des choses est d'abord une écriture de soi qui se formule en signature, et c'est ce langage que la mathématique moderne doit retrouver. La parole est le langage intermédiaire des signes arbitraires dont on use pour dire quelque chose qui demeure extérieur à l'esprit et à l'intimité des choses. Tandis que la parole possède une référence extérieure, parlant de quelque chose, la musique est un langage dans

1. Fr. Schlegel, Fragment 444, AL, p. 176.
2. *Ibid.*, Fragment 547, trad. Schefer, p. 200.
3. J.N. Forkel, *Allgemeine Geschichte der Musik*, Leipzig, 1788, rééd. Graz, 1967, I, p. 24.
4. HKA, 3, 564, trad. Schefer, LFPDM, p. 569.

lequel signifiant et signifié sont identiques. D'où son affinité avec cette écriture secrète de l'être et les mathématiques de la complexité différenciée. Comme le langage appréhendé poétiquement, de l'avis de Novalis, la musique instrumentale ne parle que d'elle, de son essence effective qui n'en est pas moins affective : elle ne parle pas de la joie ou de la tristesse, elle *est* la joie ou la tristesse, telles que l'expriment le langage des choses de la nature et l'esprit de l'homme. Cela n'empêche pas cette essence affective d'être constituée de rapports rigoureux et différenciés entretenus avec d'autres essences dans un monde où elle s'inscrit et s'écrit. C'est donc la musique symphonique pure, non narrative, que Novalis, comme Tieck et Schlegel, va privilégier explicitement, mais à partir d'une théorisation mathématique et mystique du langage qui lui est propre : « danse et musique chantée [*Liedermusik*] ne sont pas en vérité la musique authentique. Seulement des sous-genres. Sonates-symphonies-fugues-variations : voilà la vraie musique »[1]. C. Dahlhaus a souligné cette association chez Novalis d'une mystique mathématique et de la musique instrumentale : « l'"harmonie" qui faisait pour Rameau l'essence de la musique – au rebours de Rousseau et de sa défense de la "mélodie"[2] – apparaît d'une part avec l'aura d'un pythagoricisme romantique (une "science" qui se sent attirée vers le "merveilleux" au lieu de lui demeurer hostile) mais qui est liée d'autre part à l'idée de la musique instrumentale »[3].

Novalis ne peut toutefois complètement négliger la musique chantée et ses improvisations mélodiques en raison même de sa conception néo-spinoziste du monde, car il y a mêlé, nous l'avons vu, des éléments leibniziens de combinatoire attributive. Si les structures harmoniques sont comme les « attributs » essentiels les plus généraux par lesquels les différentes choses et les différents esprits se rattachent à la substance divine qu'ils expriment toujours avec des tonalités affectives, les mélodies chantées, les danses et les scènes d'opéra sont comme les « modes » ou « manières d'êtres singulières » de la substance unique. Elles l'expriment donc aussi, à la façon dont le chant exprime de façon partiellement contingente, eu égard aux attributs de la substance, la rencontre d'autres modes singuliers. La « nature naturante », que l'orientation harmonique des

1. Novalis, *Derniers Fragments* (1799-1800), Fragment 669, trad. Schefer, p. 123. Même affirmation dans le Fragment 695, p. 127.

2. La polémique entre Rameau et Rousseau sur la prééminence de l'harmonie ou de la mélodie peut être envisagée comme une source esthétique de la nouvelle « Querelle des Anciens et des modernes ».

3. C. Dahlhaus, *L'Idée de la musique absolue. Une esthétique de la musique*, Paris, Éditions Contrechamps, 1997, p. 46.

symphonies exprime, rencontre les obstacles qu'elle s'oppose à elle-même dans ses expressions singulières et l'art doit mettre en valeur les formes d'apparence contingente de ces altérités, voire de ces altérations. Par là, il n'est pas seulement mimésis de la productivité essentielle de la nature (comme nous l'avons souligné en étudiant la théorie de l'imitation goethéenne), mais il est aussi poiésis, libre initiative de reconstruction des mixités et des bigarrures mélodiques d'un réel aventureux [1]. Chanter revient à exprimer à la fois son insertion nécessaire dans la substance et la singularité relativement imprévisible d'une aventure de l'existence modale. Bien plus, puisque partisan d'un « mélange » de références harmoniques et de références mélodiques hétérogènes, de nécessité et de contingence, Novalis ne peut, dans son rapport à la musique comme en d'autres domaines relationnels, que « flotter » en un « passage » alternant, de l'un à l'autre, remonter du mode à l'attribut, et inversement faire valoir la singularité irréductible du mode (mélodique) vis-à-vis de l'attribut : « ce qui pourrait donc passer pour une hésitation, un balancement entre deux contraires, écrit O. Schefer, demande à être saisi comme un mouvement profond et complexe par lequel chaque position se reprend, se dépasse et s'enrichit à travers l'autre » [2].

Herder donnait pourtant à l'avance quelque fondement aux réflexions de W. Wackenroder, L. Tieck, Fr. Schlegel et Novalis sur la musique : « deux jeunes poètes – Wackenroder et Tieck – et à leur suite la cohorte des Romantiques vaticinant n'ont plus qu'à annexer ces intuitions à la littérature pour accréditer un nouveau type d'homme spirituel » [3]. W. Wackenroder, comme Hoffmann [4], a d'ailleurs créé un personnage musicien tout en livrant le contenu de son expérience vécue : « souvent la musique offrait des passages si clairs et si pénétrants que les sons paraissaient devenir des mots. D'autres fois, les sonorités faisaient dans son cœur un si merveilleux mélange d'enjouement et de tristesse que le sourire lui paraissait près des larmes » [5]. Ces impressions recèlent deux caractères de

1. C'est là un point sur lequel O. Schefer a particulièrement mis l'accent dans ses travaux sur la dualité et l'ambivalence constantes des réflexions esthétiques de Novalis.

2. O. Schefer, Introduction aux *Derniers Fragments*, *op. cit.*, p. 18.

3. M. Beaufils, « La musique romantique allemande », dans *Le romantisme allemand*, Marseille, Les Cahiers du Sud, 1949, rééd. Paris, Rivages, 1983, p. 59.

4. Le personnage de Kreisler emprunte beaucoup à Hoffmann lui-même qui fut chef d'orchestre à Bamberg (1808), puis Directeur de l'opéra de Dresde (1813). Schumann en fera le prétexte de sa suite pour piano *Kreisleriana* et le jeune Brahms se surnommait plaisamment lui-même « Kreisler junior ».

5. W. Wackenroder, « La remarquable vie musicale du compositeur Joseph Berglinger » (1797), dans *Les Romantiques allemands*, Paris, Gallimard, 1963, I, p. 1533.

la notion romantique de la musique : d'une part, elle est un langage en soi clair ; d'autre part, elle est, sans que cela soit contradictoire avec la première notation, un « mélange » d'affects contraires. C'est que l'évidence affective se situe en effet pour les romantiques dans l'ambivalence sentimentale elle-même. Soulignant comme eux le caractère de langage clair et évident de la musique, L. Tieck, dans un poème célèbre auprès de ses amis d'Iéna, avait identifié la musique au langage de l'amour :

L'amour pense en sons mélodieux,
Car les pensers sont trop lointains ...
Quand la musique parle en notes,
Que le langage ne lui manque pas,
Sur tous les chemins doux, amour est présent [1].

Novalis est aussi un relais important entre Herder et les ultérieures spéculations cosmologico-musicales, en raison de sa conception rigoureusement mathématique et mystique : « la nature est une harpe éolienne, elle est un instrument musical dont les tonalités sont à leur tour en nous les notes de cordes supérieures » [2]. Cette « correspondance » et cet « accord » (*Stimmung* [3]) des tonalités naturelles et des « dispositions spirituelles » (états de l'âme) seront retrouvés ultérieurement par les musiciens romantiques sur le plan de leurs œuvres elles-mêmes : « le mot *Stimmung*, précise Novalis, renvoie à des rapports psychiques de nature musicale. L'acoustique de l'âme est un domaine encore obscur mais peut-être très important. Vibrations harmonieuses et discordantes » [4].

Cela est conforme à la conception herderienne des arts comme exprimant, d'une part, des particularités nationales, et, d'autre part, répondant en écho aux impulsions les plus générales émanant de leur environnement naturel, à l'encontre de l'universalisme abstraitement anthropologique du « libre jeu des facultés » selon Kant. Toutefois, Herder ne voyait chez ses contemporains Gluck et Mozart que des éléments virtuels de la musique vainement attendue. Quant à Beethoven (1770-1827), s'il est présenté comme une transition entre la musique classique et la musique romantique qu'il initie sur le plan instrumental et symphonique, il faut attendre le début du XIXe siècle pour voir s'affirmer des tonalités incontestablement romantiques dans ses symphonies (la *Symphonie pastorale*

1. L. Tieck, *Amour*, trad. Behler, dans *Le premier romantisme allemand*, *op. cit.*, p. 174.
2. HKA, 3, 452, *Das allgemeine Brouillon*, Brouillon général, AG, 357.
3. *Cf.* Ch. Du Bos, « La notion de *Stimmung* », dans *Le romantisme allemand*, *op. cit.*, p. 152-153.
4. Novalis, Fragment 365, éd. Minor, III, p. 224, trad. Du Bos modifiée.

de 1808, notamment). En convergence avec les romantiques affirmant le primat de la poésie sur tous les autres arts qui en sont le véhicule, Beethoven se définira alors comme un « poète des sons (Tondichter) »[1]. E.T.A. Hoffmann est particulièrement responsable de la « romantisation » de la musique de Beethoven, notamment par sa *Recension de la Cinquième Symphonie* (d'abord éditée en 1810) puis dans ses *Phantasiestücke* (1814). Hegel, à nouveau, n'a certainement pas pu ignorer ce dernier texte regardé comme un manifeste de la musique romantique. Hoffmann saisit dans la musique instrumentale beethovenienne le processus d'une autonomisation absolue de la musique vis-à-vis de tous les autres arts (poésie au sens étroit, chant, textes religieux, etc.). La musique purement instrumentale est alors le corrélat minimaliste du maximalisme auquel tend l'opéra comme musique totalisante et ces deux formes romantiques se partageraient de manière bipolaire l'actualité romantique.

L'autosuffisance de la musique instrumentale considérée comme « musique absolue » signifie pour Hoffmann qu'elle est en elle-même le langage d'un monde où l'âme humaine et l'âme de la nature se répondent. Hegel y voit au contraire l'abandon de l'essence même de la musique. Loin d'être l'absolu d'un monde comme elle l'est pour les romantiques, la musique purement instrumentale est une régression vers un intellectualisme maniéré de la subjectivité humaine considérant les sons comme matériaux à formaliser techniquement, ce qui a pour effet chez l'auditeur une rêverie aussi exaltée que nébuleuse. Pour Hegel, la musique, nous l'avons rappelé, est par essence de nature vocale et l'opéra en est la manifestation la plus achevée. C. Dahlhaus a clairement exprimé le rejet de Hegel en ces termes : « la formule simple de "musique absolue" qui précisément par son "détachement" et son émancipation vis-à-vis de la parole, s'élève vers le "pressentiment de l'infini" et qui est "la langue au-delà du langage", devait être profondément étrangère à Hegel et même lui sembler une sorte de divagation exaltée, lui qui tenait absolument à la tradition de l'esprit comme "parole" et assignait la poésie comme fin à l'histoire philosophique de l'art »[2]. C.M. von Weber est à l'époque avec Beethoven le plus célèbre des musiciens berlinois, surtout précisément en raison de son adaptation des chants patriotiques dans la guerre d'indépendance, ce qui explique déjà l'engouement des romantiques à son endroit. Mais Hegel émettait aussi des réserves sur l'opéra « romantique allemand » de Weber et

1. Comme le rappellent J. et Br. Massin, dans leur *Beethoven*, Paris, Fayard, 1967.

2. C. Dahlhaus, *L'Idée de la musique absolue. Une esthétique de la musique romantique*, Paris, Éditions Contrechamps, 1997, p. 87-88.

lui préfère la forme italienne qui n'ambitionne aucune inscription dans la « caractéristique » psychologique qu'elle soit purement « émotionnelle » ou « nationale »[1].

Toutefois, le paradoxe souvent souligné par les historiens de la musique reste que les premiers théoriciens de la musique romantique (Fr. Schlegel, Novalis, Wackenroder, Hoffmann) ont dû attendre longtemps les œuvres de la musique romantique proprement dite, celles qui se déclaraient telles. Hoffmann a fait exception en saisissant en 1810 chez Beethoven la manifestation symphonique de la musique romantique. Quelques vingt années après Iéna, Weber paraît bien le premier musicien à écrire ses œuvres en se référant explicitement aux théories des romantiques allemands : c'est d'abord son *Freichütz* (1821) portant le sous-titre d'« opéra romantique »[2]. On a par ailleurs conservé de lui nombre d'écrits où il montre une réelle connaissance de la théorie romantique de la musique. Ces textes, notamment sa posthume *Vie d'artiste*, mentionnent les principales thèses romantiques : critique de la musique d'agrément et de la musique abstraitement « mathématique »; insistance sur la nature, création divine, à laquelle « correspond » l'âme qui lui répond par la création musicale; assomption revendiquée d'une musique nationale allemande. Toutes ces thèses sont explicitement conformes à sa musique. Autre expression originale de la musique romantique allemande, le *lied* romantique[3] n'apparaîtra pas avant la première décade du siècle puis dans le romantisme dit tardif : Fr. Schubert, d'abord, R. Schumann ensuite, donneront à cette forme une puissance d'évocation proprement psychologique. C'est évidemment avec R. Schumann que le premier romantisme, encore en relation d'équilibre « accordé » entre le moi et le monde, le microcosme et le macrocosme, se trouve « déséquilibré ». Le romantisme est alors comme décentré sur un moi dont l'infinité mondainement insatisfaite le remplit d'angoisse et le menace de folie, ce en quoi Goethe et Hegel auraient probablement vu en Schumann une confirmation des dangers du subjectivisme romantique : « l'infini, de notion philosophique, d'expression plastique qu'il était, est devenu une aspiration dévorante »[4].

1. Sur la critique hégélienne des opéras de Weber (*Freischütz*, *Euryante*, *Obéron*), *cf.* A.P. Olivier, *Hegel et la musique*, *op. cit.*, p. 107-113.

2. Le livret en fut écrit par le poète J.F. Kind et repris d'un conte germanique. R. Wagner en fera une référence essentielle et H. Berlioz en prononcera un éloge appuyé dans *A travers chants* (1862).

3. *Cf.* M. Beaufils, *Le lied romantique allemand* (1956), Paris, Gallimard, 1982.

4. R. Secrétain, « Musiques d'Allemagne », dans *Le Romantisme allemand*, *op. cit.*, p. 73.

La notion musicale-psychique de *Stimmung*, essentielle dans la théorie novalisienne et hoffmannienne de la musique, va se trouver transférée dans le domaine des arts plastiques et de la peinture confirmant ici encore la suggestion du mot allemand renvoyant au « ton », à ce en quoi la « couleur » s'accorde à un état affectif ou musical de notre âme : « la musique peut représenter le vocable « ton » que la peinture lui a emprunté »[1]. On sait combien Baudelaire, citant Hoffmann, accordera d'importance à cette correspondance entre sons et couleurs, auxquels il ajoutera les parfums[2]. Cette « correspondance » fournit une transition naturelle à l'examen de la conception romantique de la peinture.

La peinture

L'apport essentiel du romantisme allemand en peinture, apport souligné par C.G. Carus[3] est le « paysage-état d'âme » ou « paysage-sentiment » (*Stimmungslandschaft*[4]). Il ne s'agit plus de considérer classiquement le paysage comme renvoyant à un événement historique dont il figure le décor ou comme un index des mœurs agrestes, ni même de l'interpréter comme objet de jouissance esthétique pure (la beauté pure au sens de Kant), mais bien de l'envisager comme motivant une attitude de pieux recueillement nous faisant ressentir la présence de Dieu dans sa création, tout en maintenant l'infinie transcendance du Créateur. L'approche de la peinture romantique de paysage peut d'abord être tentée à partir de la distinction kantienne entre deux formes de sublime : le sublime mathématique, celui de la grandeur et de l'étendue, et le sublime dynamique, celui de la force et de l'intensité[5]. Les orientations panthéistes de certains romantiques les rendent sensibles à la puissance d'une divinité immanente à la nature qu'elle a la

1. E.T.A. Hoffmann, *Kreisleriana*, 1814-1815, trad. Béguin, dans *Les romantiques allemands*, *op. cit.*, I, p. 917.

2. Baudelaire, *Le salon de peinture de 1846*, dans *Œuvres*, Paris, Gallimard, 1976, II, p. 726.

3. C.G. Carus, *Neun Briefe über Landschaftsmalerei zuvor ein Brief von Goethe als Einleitung* (Leipzig, 1831), Heidelberg, 1972, dans C.G Carus, *De la peinture de paysage dans l'Allemagne romantique*, trad. fr. E. Dickenherr, présentation M. Brion, Paris, Klincksieck, 1983, rééd. 1992.

4. *Cf.* le mot de David d'Angers au retour de sa visite à Friedrich en 1830 : « il a découvert la tragédie du paysage ».

5. E. Kant, *Critique de la faculté de juger*, § 24, « Du sublime mathématique », § 27, « Du sublime dynamique ». À l'origine des réflexions kantiennes se trouve la *Philosophical Enquiry into the Origin of our Ideas of the Sublime and Beautiful* (1757) de Burke, traduite par Ch. Garve (1767) ; *cf.* également trad. fr. B. Saint-Girons, Paris, Vrin, 2009.

force de déchaîner tout en se conformant à ses lois propres, ce qui explique leur affinité avec le sublime « dynamique ». Cette première orientation du romantisme rend sensibles certains peintres à la lutte entre forces de dispersion et forces de composition dans le chaos créateur : « l'expression de la remontée mystérieuse vers le chaos en travail pour produire sans cesse de nouveaux et merveilleux enfantements, ce chaos qui, sous la création ordonnée et dans son sein même, se tord » [1]. Mais il ne faut pas confondre le Dieu-nature et le Dieu créateur d'une nature à travers laquelle il nous donne des signes de sa grandeur, en elle-même inaccessible.

C'est plutôt sous l'angle du sublime « mathématique », celui de la grandeur infinie, que se donnent avant tout à sentir et à penser, dans une seconde orientation de la peinture de paysage, ceux de C.D. Friedrich : minuscules personnages vus de dos contemplant la mer (*Le moine au bord de la mer*, 1801), trouée de sombres rocs ouvrant une fenêtre sur un ciel clair (*Porte de rocher dans l'Uttewaldergrund*, 1801), ou promeneurs fascinés par la profondeur vertigineuse de pentes rocheuses (*Le voyageur contemplant une mer de nuages*, 1818 [2]), etc.... La nature n'y est jamais représentée dans le terrible déploiement de ses forces en mouvement, mais toujours, qu'il s'agisse de mer, de montagne ou de nuages, dans la stabilité figée de son étendue sereinement énigmatique. Cela signifie que la puissance immanente des forces naturelles se soumet, selon le peintre, à la grandeur transcendante de Dieu, dont l'unité repose en soi, demeurant indéterminée pour nous. Si, en Dieu, c'est la grandeur calme qui domine la puissance de la force, cette indétermination de la grandeur infinie est symboliquement indiquée par les vides, les flous, les teintes plates et uniformément réparties sur d'immenses surfaces au sein desquelles sont noyés de minuscules personnages. Friedrich ne s'arrête donc pas à une divinisation de la nature comme telle, mais renvoie celle-ci à une religion de l'esprit divin, d'un esprit extérieur et supérieur à la nature elle-même, effectivement transcendant. De là, nous semble-t-il, son affinité avec les conceptions de Schleiermacher plus qu'avec celles de Schelling. Selon ce dernier, l'essentiel est, esthétiquement aussi, la productivité dynamique de la nature qui ne fait que croître et s'accomplir dans l'esprit humain et sa singularité expressive. Pour cette raison, Schelling tenait la peinture romantique de paysage en médiocre estime, et voulait recentrer l'art

1. A.W. Schlegel, *Cours de littérature dramatique*, dans P. Watt, *Naissance de l'art romantique, peinture et théorie de l'imitation en Allemagne et en Angleterre*, Paris, Flammarion, 1998, p. 11.

2. En couverture du présent volume.

pictural sur le dessin expressif des personnalités et des passions humaines : « Schelling oppose au paysage, toujours un peu vague, “informe” et “vaporeux”, la représentation de la figure humaine, et c’est au point qu’un paysage ne pourra être sauvé qu’en représentant, ici ou là, dans le décor, quelque figure humaine ! », écrit pertinemment G. Dufour-Kowalska[1]. Schleiermacher, au contraire, qui visita Friedrich à Dresde en 1810, pouvait trouver dans sa peinture religieuse le thème de la nostalgie de l’Unité infinie vers laquelle pointent certains phénomènes de la nature finie[2], notamment dans *Le moine au bord de la mer* : « en face de ce tableau qui nous interdit tout retrait en nous-mêmes par un battement de cils, pour nous jeter dans sa monotonie et son infinitude », écrivait Kleist, « on a l’impression d’avoir les paupières coupées »[3].

Éloigné des tendances panthéistes du romantisme et maintenant l’extériorité absolue du Dieu Un, Schleiermacher fait en effet de la « pieuse contemplation » de l’infini dans le fini l’essence de la religion : « la religion en son essence, n’est ni pensée ni action, mais contemplation intuitive et sentiment. Elle veut contempler intuitivement l’univers ; elle veut l’épier pieusement dans les manifestations et les actes qui lui sont propres ; elle veut se laisser, dans une passivité d’enfant, saisir et envahir par son influence »[4]. Les minces formes humaines contemplant l’infinité qui les déborde de toutes parts sont bien, dans les tableaux de Friedrich, les figures et les poses de cette « passivité d’enfant ». Dans un bref essai adressé en lettre à J.K.H. Schulz, Friedrich parle de son sens de « l’esprit artistique » dans des termes qui, nous semble-t-il, confirment la pertinence du rapprochement avec Schleiermacher : « l’esprit artistique de notre siècle ne s’accroche-t-il pas, avec la foi qui verse des larmes insensées, à un être spirituel et cultivé qui ne connaît pas de limites ? Ne suit-il pas avec une soumission enfantine, presque infantile, chaque effort sain de son propre cœur ? Ne rend-il pas hommage, avec un dévouement aveugle, à chaque pieux pressentiment, comme si c’était la source la plus pure et la plus claire de l’art ? »[5]. Foi dans l’infinité du créateur que reprend l’être cultivé,

1. G. Dufour-Kowalska, *Caspar David Friedrich. Aux sources de l’imaginaire romantique*, Lausanne, L’Âge d’Homme, 1992, p. 50.

2. Responsable au Ministère de l’Intérieur de Berlin pour l’Instruction publique, il est possible que Schleiermacher ait facilité l’acceptation de deux toiles de Friedrich (*Le moine* et L’*abbaye*) pour l’exposition berlinoise de 1810, de même que sa nomination à l’Académie.

3. Trad. Schefer, LFPDM, p. 604.

4. F. Schleiermacher, *Reden über die Religion*, Hamburg, Felix Meiner Verlag, 1958, p. 29, *Discours sur la religion* (1799), trad. fr. I.-J. Rouge, Paris, Aubier, 1944, p. 131.

5. Lettre adressée à J.K.H. Schulz, trad. Schefer, LFPDM, p. 599.

soumission enfantine, pieux pressentiment de la création, ces trois traits de l'esprit artistique peuvent être mis en correspondance avec ceux par lesquels Fr. Schleiermacher définit l'attitude religieuse. Ainsi que le souligne encore G. Dufour-Kowalska : « le corps, orienté vers un lointain indéterminé, n'est plus rien d'autre que cette orientation, qui se substitue au regard, qui l'incarne et le signifie dans sa tension vers l'invisible. Comme pour la fenêtre ou la trouée, c'est l'invisible, plutôt que l'infini, qui meut le regard des figures vues de dos et qui détermine ici encore la dynamique de la composition frédericéenne »[1].

Cette inspiration religieuse du peintre se veut à l'écart de toute intervention de la philosophie, intervention que nous trouverions au contraire chez Novalis. Celui-ci donne l'exemple de la « Madone moderne »[2]. Partant de la figure de la Mère du Christ dans les textes des Évangiles et des sacrements qui en sont tirés, un artiste comme Raphaël dont il a admiré les Madones à Dresde (mais on pourrait en dire autant du Vinci) procède à une véritable production d'Idées esthétiques dans le sens de Kant. C'est d'une façon différente que Wackenroder, plus proche de la religiosité frédéricienne, interprétait l'inspiration de Raphaël par la Madone : « j'ai dans l'esprit une certaine image qui pénètre dans mon âme », écrit-il en rappelant les mots de Raphaël[3]. « Comprendra-t-on, ajoute-t-il, devant l'enseignement miraculeux et patent donné par la puissance céleste, que son âme innocente revêtait ces simples mots d'une signification vaste et profonde ? »[4]. Cette interprétation seulement mystique et religieuse de l'inspiration du peintre, comme une véritable « révélation », était bien celle de C.D. Friedrich. Mais ce n'était pas celle de Novalis, nettement plus critique et philosophique. Selon lui, Raphaël produit plutôt la « représentation » indirecte d'une Idée de la raison à travers la « présentation » (*Darstellung*) sensible et directe de l'œuvre, ce pourquoi Novalis dit de cette traduction qu'« elle appartient à une tête dans laquelle l'esprit poétique et l'esprit philosophique se sont totalement mélangés »[5]. On voit qu'il ne s'agit pas alors de la révélation mystérieuse au sens de Wackenroder et de Friedrich.

1. G. Dufour-Kowalska, *Caspar David Friedrich*, *op. cit.*, p. 59.

2. Novalis, *Pollens*, fragment 68, *Semences*, trad. Schefer, p. 82.

3. W. Wackenroder, tiré des *Épanchements d'un moine amateur d'art* (1797), dans *Les romantiques allemands*, *op. cit.*, I, « La vision de Raphaël », p. 1529.

4. *Ibid.*

5. Novalis, *Pollens*, fragment 68, *Semences*, trad. Schefer, p. 82. Il s'agit de la traduction « mythique » étudiée plus haut.

Même s'il est connu pour avoir maintenu farouchement son indépendance à l'égard de toute théorisation théologique, c'est bien d'une religiosité du sublime mathématique que la peinture de Friedrich semble la plus proche. À cet égard, sa « pensée » est bien moins systématiquement réfléchie que celle de ses deux plus importants disciples, Ph.O. Runge (1777-1810) et C.G. Carus (1789-1869). Le premier, Runge, a produit une réflexion particulièrement poussée sur la nature des couleurs dans la peinture et plus spécialement sur la signification des valeurs affectives et religieuses dans le paysage romantique[1]. Comme Goethe, avec lequel il correspond et qui l'approuve, Runge se préoccupe aussi d'une théorie de la couleur élaborée dans le cadre de la perception du peintre. Il suppose que les différentes couleurs sont formées à partir des trois couleurs primaires et de leur intensité de clarté ou d'assombrissement. Le blanc et le noir ne sont donc pas des couleurs à proprement parler, mais des principes chromatiques contraires dont la polarité est productive de couleurs déterminées de façon plus claire ou plus sombre. L'originalité de Runge est de concevoir les couleurs fondamentales puis mixtes non seulement comme des qualités données, mais aussi comme des forces qui s'attirent et se repoussent à égalité ou avec dominante. Les trois couleurs primaires pures sont le jaune, le bleu et le rouge, et de leur composition naissent orange (jaune-rouge), vert (bleu-jaune), violet (rouge-bleu). Les plus belles complémentarités en découlent, comme on l'a de tout temps remarqué en peinture. Pour cette construction, Runge reprend le schéma triangulaire goethéen des trois couleurs fondamentales, mais il l'inscrit dans un cercle, puis dans une sphère dont les pôles sont le noir et le blanc comme principes d'éclaircissement ou d'assombrissement de toutes les couleurs et de leurs mélanges. Plus on se rapproche des pôles, plus les différentes couleurs, quelles qu'elles soient, tendent vers une clarté pure ou un sombre pur, dont blanc et noir sont les points-limite d'identité. Au centre de la sphère est le gris des couleurs neutres. D'un point de vue mystique, toujours associé chez lui à la construction mathématique et physiologique de la couleur, la lumière et l'ombre (matériellement : le blanc et le noir) sont des principes générateurs de qualités morales et affectives liées aux couleurs. La lumière est l'amour de Dieu qui répand sa clarté dans toutes les choses, tandis que l'ombre est la « colère » de Dieu (*cf.* J. Boehme) également répandue en elles : « la Lumière éternelle a engendré au commencement toute créature et toute

1. Ph.O. Runge, *La sphère des couleurs* [*die Farbenkügel*] publié la même année que la *Farbenlehre* de Goethe (1810).

couleur, pour se contempler elle-même dans sa splendeur la plus intime »[1]. Comme chez Novalis, il ne s'agit pas seulement de reproduire poétiquement ou picturalement la lutte de ces principes contraires engendrant l'ambivalence de toute chose, mais de tendre à la fusion mystique avec le bon principe, terme toujours visé et jamais atteint, de notre « moralisation » (Novalis) de nous-mêmes et de la nature.

De Runge, nous n'avons que quelques pièces picturales dont son grand œuvre en quatre volets *Die Tageszeiten* (*Les heures du jour*) : Le grand matin, Le jour, Le soir, La nuit. Seul le premier tableau fut achevé, mais l'ensemble devait confirmer l'idée d'une peinture à résonances et correspondances cosmiques, fruit de spéculations symboliques sur les sept jours de la création, les heures du jour et les quatre saisons dans les allégories de ses figures picturales. Runge est aussi l'initiateur d'un projet d'« œuvre d'art totale », une œuvre devant associer au tableau peint, des sensations lumineuses mouvantes, des poèmes et des accompagnements musicaux[2]. Nous aurons à redire dans la conclusion de notre ouvrage combien ces recherches et réflexions[3] furent fécondes pour nombre d'artistes contemporains, notamment ceux du *Blaue Reiter* (Kandinsky). Dans ses recherches, Runge a cherché à établir une correspondance entre les tonalités affectives, allégresse enthousiaste, paix sereine, mélancolie nostalgique, hébétude apathique et les quatre âges de la vie, jeunesse, maturité adulte, vieillissement et dégénérescence mortelle, de même qu'avec les saisons et les spectacles de la nature leur correspondant. Mais, précisément, en introduisant le postulat d'une correspondance exacte entre thèmes picturaux successifs et tonalités affectives, il en vient à détruire la naïveté frédéricienne de l'esthétique du sublime pour lui substituer une esthétique de la vérité le faisant renouer avec l'esprit de la beauté classique, ou avec ce que Kant nommait la « beauté adhérente », en rapport avec un concept de perfection.

Le second disciple savant de C.D. Friedrich, C.G. Carus, rédigea *Neuf Lettres sur la peinture de paysage*[4] qui peuvent être envisagées comme

1. P.O. Runge, *Peintures et Écrits*, trad. fr. E. Dickenherr et A. Pernet, Paris, Klincksieck, 1991, p. 110-111.

2. *Cf.* J. Ramos, *Nostalgie de l'unité. Paysage et musique dans la peinture de P.O. Runge et C.D. Friedrich*, Rennes, Presses universitaires de Rennes, 2008.

3. Publiées dans P.O. Runge, *Hinterlassene Schriften*, D. Runge (ed.), Hamburg, 1840, trad. partielle dans *Peintures et Écrits*, *op. cit.*

4. Nous référons à l'édition des *Lettres* (Paris, Klincksieck, 1988, présentation M. Brion). Selon A. Béguin, *Les lettres* publiées en 1831 furent rédigées en 1820, année de la rencontre avec Friedrich (*L'âme romantique et le rêve*, *op. cit.*, p. 127).

un apport essentiel à l'esthétique romantique de cet art. Disposant d'une culture encyclopédique, philosophe de la nature proche de H.G. Schubert et de L. Oken, géologue, naturaliste, médecin [1], psychologue de l'inconscient et du rêve, il était aussi peintre. C'est en tant que géologue formé par Werner qu'il cherche à appliquer la « géognosie » à l'étude des paysages. En réalité, au-delà du paysage, c'est « la vie de la terre » (*das Erdleben*), formatrice des reliefs montagneux et des ensembles géographiques qui intéresse Carus. Il va même jusqu'à contester la légitimité du terme de « paysage » (*Landschaft*) pour désigner le contenu de cette peinture : « le nom banal de paysage ne peut plus nous suffire. [...] Il faudrait donc chercher et introduire un autre terme, et je propose celui de "tableau de la vie de la terre" [*Erdlebenbild*], "art du tableau de la terre vivante" [*Erdlebendbildkunst*] » [2]. La récusation du terme « paysage » est motivée par la représentation extérieure et statique qui est couramment associée à ce dernier, notamment dans le paysage « historique » ou « agreste », simple décor fixe pour une action qui est classiquement réservée à l'histoire ou aux pratiques humaines. Rares, voire inexistants, sont en effet les paysages traités pour eux-mêmes par les peintres classiques. Ils sont toujours considérés comme les décors extérieurs d'une histoire ou d'une personnalité qui seules font sens, tandis que l'*Erdlebenbild* renvoie à l'intériorité mouvante et toujours en devenir de la terre, à une « histoire naturelle » entendue en un autre sens que celle des Anciens. Nous retrouvons donc l'opposition déjà mentionnée plus haut entre deux conceptions de l'imitation de la nature : l'exactitude en extériorité, le paysage au sens classiquement étroit du terme, et la participation intuitive à son dynamisme en intériorité, le tableau de la terre.

Mais la reconnaissance participative et la reproduction de ce dynamisme sublime supposent une connaissance scientifique et philosophique, « une culture supérieure et une certaine expérience » [3]. Plus précisément : « il faut un certain degré de formation philosophique pour voir, ou du moins pressentir, que tout le phénomène de la nature est la révélation d'une Divinité unique, infiniment sublime, que l'homme ne saurait isoler et à laquelle nos sens ne sauraient accéder » [4]. Si le sublime est l'objet d'un sentiment intérieur, Carus estime donc que, dans la mesure où il exprime la puissance

1. Médecin personnel du roi de Saxe depuis 1827 jusqu'à sa mort (1869), Carus disposa du temps nécessaire à ses études visant la synthèse des sciences et de la vision mystique de la nature exigée par la peinture de paysage.

2. C.G. Carus, *Lettres*, *op. cit.*, p. 108-109.

3. *Ibid.*, p. 90.

4. *Ibid.*, p. 9.

formatrice de la nature – là même où elle semble menacer l'existence humaine – cette puissance doit faire l'objet d'une connaissance géologique et d'une réflexion philosophique, comme pour Novalis. La relation de Friedrich à la sublimité naturelle s'écartait au contraire explicitement de tout préalable scientifique et de toute réflexion systématique. Elle n'exigeait que la simplicité et la fraîcheur du cœur. En termes kantiens, Carus semble s'orienter vers le sublime dynamique de la nature, tandis que Friedrich regardait du côté du sublime mathématique renvoyant à la transcendance infinie du créateur. Et de façon conséquente, tandis que Friedrich avait davantage d'affinité pour Schleiermacher, c'est plutôt de Goethe, naturaliste et spinoziste, que se rapproche Carus. Friedrich avait au contraire répondu en 1816 à Goethe lui recommandant d'étudier scientifiquement la morphologie des nuages : « ce serait la fin de la peinture de paysage »[1]. Les considérations systématiques de Carus portent la marque de ses compétences de naturaliste et de médecin, ainsi que de son attachement aux conceptions de Goethe en matière d'art. De sorte que, au total, Runge et Carus ont également été tentés de glisser d'un symbolisme simple et intuitif demeuré présent chez Friedrich, symbolisme que Schelling aurait nommé « tautégorique », à un symbolisme savamment codé, celui sans doute d'une trop précise correspondance « allégorique ».

Le roman

La notion d'« œuvre d'art totale », déjà présente en musique dans l'interprétation de l'opéra puis dans la conception de la peinture d'un Runge, est assumée supérieurement par le roman. Le « roman » romantique est une manière de renouer avec le « roman » dont la forme linguistique – celle de la langue romane – est aussi celle de son origine. La *Lucinde* de Fr. Schlegel (1799) fait ici figure emblématique, de même que l'*Heinrich von Ofterdingen* de Novalis (1802, posthume). Vis-à-vis des autres arts, le roman romantique représente l'art totalisant, mieux : l'art véritablement total. C'est pourquoi nous proposons d'en traiter à la fin de cette analyse des arts qui n'a cependant pu suivre une classification systématiquement ordonnée. Dans les deux romans précités, références romanesques majeures du romantisme allemand, on retrouvera le fragment, le poème, la réflexion philosophico-poétique, le conte intériorisé (mini-roman dans le roman mis en abyme), et même l'évocation plastique des paysages et des corps, de même que des sonorités et tonalités musicales. Nous savons que

1. Paroles de Friedrich rapportées par L. Brion-Guerry, dans *Lettres*, *op. cit.*, p. 102, note.

la « particularité » romantique de la poésie selon Fr. Schlegel est d'être « universelle et progressive », ses procédés particuliers, l'ironie, le *Witz*, le fragment, le mélange des genres, lui permettant d'intégrer l'ensemble des autres arts. J.-M. Schaeffer en tire la conclusion que le roman *est* la poésie romantique accomplie et pose « l'identification entre le Roman et la poésie romantique à l'époque iénaenne » [1]. Le passage de la totalisation encyclopédique, avortée, à la totalisation romanesque davantage réussie, bien qu'encore incomplète, fut un indubitable motif d'écriture chez Novalis : « le roman permet d'écrire ce que l'encyclopédistique a tenté de rassembler » [2]. Totalité cosmique, donc, art des arts, enfin : « le roman, écrit justement L. van Eynde, intègre et dépasse tous les genres sans être lui-même un genre » [3]. Fr. Schlegel a longuement souligné que le roman est « un livre romantique, d'une composition romantique, où toutes les formes et tous les genres sont mélangés et entrelacés [...] Il y a ici des parties historiques, rhétoriques, dialogiques, tous les styles alternent, ils sont entrelacés et reliés de la façon la plus ingénieuse et la plus artificielle. Des poèmes en tout genre, lyriques, épiques, didactiques, des romances sont éparpillés à travers l'ensemble et l'ornent de la façon la plus brillante » [4]. Nous retrouvons bien l'heureux « mélange des genres » qui est sans doute l'un des aspects de l'art romantique qui a le plus fécondé notre art contemporain.

De même, l'ironie, comme alternance d'autocréation et d'autodestruction, fournit le moyen conceptuel de comparer les héros du *Sturm und Drang*, *Les Brigands* de Schiller (1781), le *Prométhée* (1773) ou le *Werther* (1774) de Goethe, et les héros mis en scène par les romantiques allemands dans leurs romans. Les premiers visent à transformer par la révolte une situation donnée et échouent, puis sombrent dans le désespoir suicidaire ou la résignation. Les seconds visent à faire la preuve de leur infinité et détruisent d'eux-mêmes leurs réalisations finies, pour en produire de nouvelles, au-delà et à l'infini. Ils ne sont guère gênés par l'échec de leurs productions, car ce qu'ils visent, c'est l'infinité du Moi qui a fait ainsi la preuve de lui-même en se reprenant au-delà d'elles. Le *Stürmer* visait à se réaliser dans le fini, d'où son désespoir ou son conformisme final; le romantique vise à s'accomplir, non dans la réalité finie, mais dans l'infini

1. J.-M. Schaeffer, *La naissance de la Littérature. La théorie esthétique du romantisme allemand*, Paris, PENS, 1983, chap. V, « Le Roman comme Poème universel », p. 49.

2. D. Lancereau, « Poésie, philosophie et science chez Friedrich von Hardenberg (Novalis) », *Études philosophiques*, 4, 1992, p. 478.

3. L. van Eynde, *Introduction au romantisme d'Iéna. Friedrich Schlegel et l'Athenäum*, Bruxelles, Ousia, 1997, p. 148.

4. KFSA, XI, p. 159-160, trad. Schaeffer, p. 39-40.

de sa transgression idéelle sans cesse renouvelée. Il s'en contente, tel l'Henri d'Ofterdingen de Novalis, ou tel Jules, l'amant de la *Lucinde* de Fr. Schlegel, même si, non purement romantique en ce sens, celui-ci admet finalement l'intérêt de « l'utile ».

Mais leur instituteur commun reste toujours le *Wilhelm Meister* de Goethe (1795-1796), mentionné dans le célèbre Fragment 216 de l'*Athenaeum* que nous citions dans l'Introduction. C'est par sa lecture que L. Tieck sera motivé pour la rédaction de son roman inachevé, *Les pérégrinations de Franz Sternbald* (1798), considéré par Fr. Schlegel comme le premier roman romantique proprement dit : « la profusion et l'aisance fantastiques, le sens de l'ironie, et plus spécialement la variété et l'unité voulues du coloris. Aussi tout ici est-il clair et transparent, et l'esprit romantique semble avec grâce se faire lui-même l'objet de sa fantaisie »[1]. Le *Franz Sternbald* inaugure la tradition du « roman d'artiste » (*Künstlerroman*) qui se distingue du « roman de formation » (*Bildungsroman*[2]) en ce qu'il s'inscrit dans la perspective de l'initiation de l'artiste romantique et non de la formation par l'insertion dans la vie bourgeoise, ce à quoi s'en tenait le roman de Goethe. En effet, le mouvement de la vie individuelle de Wilhelm, traversant les rencontres, les échecs, les peines et les joies, au moyen desquels il se « forme » en une *Bildung* totalisante, c'est-à-dire en un écho polyesthétique au Tout du monde, explique que le *Meister* ait fait, en tant que « parcours progressif dans l'apprentissage de l'art de vivre »[3], l'objet d'une longue recension de Fr. Schlegel. Ce qu'on a pu appeler la « transgénéricité »[4] du roman romantique, sa totalisation artistique transcendant tout genre, n'est indubitable que si ce roman dit le mouvement d'une vie individuée – ce que fait éminemment celui de Goethe : « mais pour celui qui est doté d'un véritable instinct systématique, de ce sens et de cette anticipation du monde dans sa totalité qui font de Wilhelm un être si intéressant, la personnalité et l'individualité de l'œuvre sont perceptibles pour ainsi dire partout. Plus il enquête en profondeur et plus il découvre de relations internes, d'affinités et de liaisons spirituelles »[5]. L'individuation

1. Fr. Schlegel, *Athenaeum*, fragment 418 sur les romans de Tieck, AL, p. 168, souligné par nous.

2. Tieck s'essaiera aussi au roman de formation avec le manuscrit de *Der junge Tischlermeister* resté à l'état d'ébauche.

3. Fr. Schlegel, Sur le Meister de Goethe, KFSA, II, p. 136, trad. fr. Cl. Ary-Schaeffer, présentation J.-M. Schaeffer, Paris, Höbeke, 1999, p. 50 ; *Athenaeum*, 1798, I, 2.

4. Selon l'expression de J.-M. Schaeffer (*La naissance de la littérature*, *op. cit.*, p. 52) et de L. van Eynde, *Introduction au romantisme d'Iéna*, *op. cit.*, p. 148.

5. Fr. Schlegel, *Sur le Meister de Goethe*, dans L. van Eyden, *ibid.*, p. 156-157.

totalisante du contenu de l'œuvre – celui d'une jeune vie spirituelle en cours de formation – se réfléchit dans celle de la forme de l'œuvre elle-même, à travers une permanente réflexion sur soi du héros que l'écriture du romancier prolonge en un style polygénérique fait d'emprunts aux diverses formes de l'écriture attestant ainsi sa transgénéricité. La différence forme/contenu affleure toutefois dans la distanciation opérée par le héros lui-même, son auto-ironie, ses introspections et ses confessions [1], amorçant une ultime réflexion que reprend l'écriture de l'auteur, en l'occurrence de Goethe. Enfin, l'écriture du roman serait, selon Fr. Schlegel, elle-même finalement prolongée par le travail du critique littéraire, parachevant ainsi l'œuvre qu'elle vise à « compléter et à rajeunir » [2], ce qui est une des trois thèses de la notion de critique littéraire mentionnées plus haut. Cette réflexivité constitutive et homogène à la productivité de l'œuvre critiquée pourrait à son tour motiver l'écriture d'un « nouveau » roman de formation, tel précisément que la *Lucinde* ou l'*Ofterdingen*, etc. …

Mais n'y a-t-il pas quelque abus à faire endosser à Goethe la thèse proprement romantique de la constitution homogène du roman par la critique, et réciproquement ? Il semble bien que Goethe ait posé l'autosuffisance du roman comme de toute œuvre d'art en général et le caractère extérieur de la critique, même si celle-ci s'avère évidemment nécessaire. L'œuvre d'art n'est pas critiquable de façon absolument interne, c'est-à-dire d'une façon telle que la critique puisse compléter, rajeunir, voire corriger l'œuvre elle-même en se situant sur le même plan et si possible à égalité de génie : « la “critiquabilité”, en tant que moment essentiel de l'œuvre d'art, écrira fortement W. Benjamin, Goethe la récuse » [3]. C'est qu'une telle critiquabilité indéfinie de la critique et de l'œuvre, décentrerait le statut de l'œuvre du côté de l'esprit subjectif, d'un sujet élevant « son instinct en arbitraire souverain » [4]. Une telle décentration subjectiviste ferait perdre le point de départ authentique – toujours kantien en ce sens – d'une nature qui, dans le génie, donne ses règles à l'art. Sans doute est-ce là la maladie de la subjectivité – diagnostiquée aussi dans l'« ironie » romantique qui est selon Goethe et Hegel le risque mortel du romantisme schlégélien, et motivant le jugement du premier : « j'appelle classique ce qui est sain et romantique ce qui est malade » [5].

1. Cf. *Les Confessions d'une belle âme* (livre 6).
2. Fr. Schlegel, *Sur le Meister de Goethe*, KFSA, II, p. 133-134.
3. W. Benjamin, *Le concept de critique esthétique dans le romantisme allemand*, *op. cit.*, p. 177.
4. Fr. Schlegel, *Sur le Meister de Goethe*, *op. cit.*, p. 101.
5. Eckermann, *Conversations avec Goethe*, 2 avril 1829, *op. cit.*, p. 287.

Si les romantiques déclarent vouloir reprendre du *W. Meister* la forme et le style de composition, il en va d'ailleurs tout autrement du contenu de l'initiation et de la formation exposées. Le but de Goethe est de montrer comment et pourquoi un jeune « idéaliste » abandonne peu à peu, au contact de l'expérience du monde, ses aspirations illusoires et la mission impossible d'un théâtre qui changerait l'esprit de ce monde. Il s'agit en réalité finalement de faire servir le sens de la beauté à l'utilité de la vie, et une culture approfondie aux réalisations pratiques. C'est en définitive le monde bourgeois de la prose qui détient le primat des valeurs de l'existence : « si le roman de Goethe fut d'abord acclamé par ceux qui devaient être les poètes ou les théoriciens de la nouvelle École, il fut vite considéré par certains d'entre eux comme la provocante glorification de la prose du Monde »[1]. Certes, la conception goethéenne de la *Bildung* veut affirmer la nécessité d'une éducation bourgeoise en rupture avec le modèle éthique de l'éducation féodale qui est celui d'un développement consistant seulement à faire paraître à l'extérieur les qualités de son rang, ce modèle s'imposant à tous les rangs sociaux dont les individus ne peuvent devenir que ce qu'ils sont de par leur état. « Celui-là (le noble), écrit Goethe, peut et doit paraître, celui-ci (le bourgeois) doit réaliser et créer; il doit développer ses diverses facultés pour être utilisable »[2]. Les réalisations pratiques de cette éducation bourgeoise active et multiforme peuvent être seulement agrémentées et rendues plus séduisantes par les qualités somme toutes rhétoriques de la poésie et de l'éloquence. Novalis notera que « Goethe est tout entier un poète de sens pratique. [...] Comme les Anglais, il a par nature le sens économique et un bon goût qui est un produit de l'intelligence »[3]. Le W. Meister, note-t-il, est un « livre prosaïque au suprême degré dans son esprit, aussi poétique qu'en puisse être la forme »[4].

Par antithèse, le héros de Novalis se forme et s'initie à un mysticisme métahistorique et à une identité de la nature avec la divinité spirituelle à travers les expériences rencontrées de l'altérité sous les figures du rêve, de l'amour et de la mort, selon un enseignement constant du poète[5]. Le thème

1. M. Boucher, « Ironie romantique », dans *Le romantisme allemand*, *op. cit.*, p. 27.

2. Goethe, *Les années d'apprentissage de Wilhelm Meister*, trad. Raulet dans *Les lumières allemandes*, *op. cit.*, p. 351.

3. Novalis, *Schriften*, HKA, II, n° 422.

4. *Ibid.*, HKA, III, p. 313.

5. *Cf.* M. Brion : « contre ce qu'il appelle "l'athéisme politique" du *Meister*, contre son "prosaïsme", sa poétisation de la vie bourgeoise, *Ofterdingen* brandira l'étendard de la poésie triomphante, inspirant la nature et le surnaturel, aboutissant à la connaissance illuminative

de l'altérité, sous le double aspect ambivalent de la répulsion inquiétante et de l'attraction fascinante, en d'autres termes l'altérité de ce que Novalis nomme le « *Reiz* » (l'ecxcitation, le « stimulus » [1]) est éminemment présent comme contenu formateur. Se former c'est chercher la stimulation du *Reiz*, afin de l'assimiler et de s'en enrichir, quelles que soient les résistances et les inquiétudes qu'il déclenche d'abord inévitablement. On retrouve le schème de la « romantisation » qui, chez Novalis, implique, autant dans le domaine de la nature – la combustion *analogon* de l'amour – que dans celui de la vie historique et spirituelle, la répulsion comme condition de l'attraction, la séparation comme condition d'une élévation par la médiation d'une assimilation plus profonde d'un élément étranger qui stimule. Heinrich s'ouvre donc à une altérité qui l'angoisse (par son étrangeté répugnante) mais qui le réjouit (par une assimilation à soi qui l'enrichit). Son voyage formateur est donc une quête initiatique où les personnages et les lieux rencontrés symbolisent tantôt l'âge d'or, tantôt la poésie orientale, tantôt la figure de la sagesse naturelle (sous ce dernier aspect, Werner, le maître mineur, apparaît au chapitre V).

Le personnage de Goethe, au contraire, renonçait à toutes ces virtualités poétiques et mystiques du *Reiz* au bénéfice « des choses humaines et de la vie ordinaire : la nature et le mysticisme en sont tout à fait absents » [2]. Fr. Schlegel sera moins critique quant au contenu du *Meister* dans la mesure où la teneur de l'initiation de Jules, son héros, ne se situe pas dans la fusion et l'effusion émotionnellement mystiques de la « fleur bleue » novalisienne. Comme le Wilhelm de Goethe, au contraire du Heinrich de Novalis, Jules s'engagera dans le monde prosaïque : dans les six derniers chapitres « Lucinde attend un enfant et Jules fait preuve d'un engouement nouveau pour "l'utile" » [3]. On notera l'importance de ce dernier terme qui est une reprise de celui de Goethe parlant de l'éducation de Wilhelm.

Mais la *Lucinde* de Fr. Schlegel reprend la forme autoréflexive du roman goethéen (sentences, allégories, rêverie introspective), bien qu'il ne s'agisse pas d'un simple « roman de formation », puisqu'au contraire le héros du roman a, dès le début, achevé la sienne propre dont il exprime par

des vérités suprêmes touchant la structure du cosmos », *L'Allemagne romantique*, Paris, Albin Michel, 1963, II, p. 75.

1. HKA, II, p. 241. Sur les origines de la notion de *Reiz* relevant à la fois de la médecine (brownienne) et de la philosophie du non-Moi (fichtéenne) chez Novalis, *cf.* J.-F. Marquet, *Liberté et existence*, Paris, Gallimard, 1973, p. 22 *sq.*, de même que ses analyses dans « Culture et chaos », art. cit.

2. HKA, III, p. 292.

3. E. Behler, *Le premier romantisme allemand*, Paris, PUF, 1996, p. 432.

son comportement et ses paroles le caractère de rupture avec les idéaux classiques : amour libre (union en dehors du mariage institutionnel), forte sensualité spiritualisée (« volupté de l'esprit » et « béatitude des sens »), éloge de l'oisiveté créatrice (« l'art divin de la paresse »[1]), ironie anticonformiste à l'égard des rituels religieux institués. Le thème du chaos créateur y est constamment présent : le chaos est ce à quoi le héros retourne pour y créer une unité vivante des opposés à l'encontre des séparations et dualismes conformistes de toutes sortes qu'il a rencontrés dans son monde d'enfant. La narration de la formation de Jules occupe le centre de l'œuvre, encadrée, en amont, par l'évocation du présent heureux avec Lucinde et en aval, par celle de l'avenir de Jules qui va entrer dans le monde moderne de l'utilité avec une distance acquise et bénéfique. Trois dimensions temporelles organisent donc l'ensemble : le présent motive la rétrospection de son devenir puis la prospection de son futur attendu.

Le roman de formation nous fait ainsi aborder le thème de la « culture » dont il est un aspect essentiel. C'est donc à la culture comme telle qu'il nous faut à présent consacrer nos analyses.

1. Fr. Schlegel, *Lucinde*, trad. fr. J.-J. Anstett, Paris, Aubier, 1971, p. 53.

CHAPITRE III

LA CULTURE : RELIGION, POLITIQUE, HISTOIRE

La religion est l'âme du monde qui anime toute culture, c'est le quatrième élément invisible, avec la philosophie, la morale et la poésie[1].

LE CONCEPT ROMANTIQUE DE CULTURE ET LA PRÉVALENCE DE LA RELIGION

À travers de multiples modalités de traitement chez de nombreux auteurs, c'est aussi la tendance à interpréter les pratiques culturelles, religieuses, politiques, historiques à l'encontre des modèles idéalistes (fichtéen et hégélien) qui prévaut ici. Les romantiques – quelles que soient par ailleurs leurs divergences, voire leurs conflits internes – contestent que la religion, la politique et l'histoire puissent se lire soit à partir d'une vision éthique absolument autonome de la pratique (en suivant Kant ou le premier Fichte), soit à partir d'une vision spéculative entièrement rationnelle (avec Hegel). Dès 1800, Fr. Schlegel formulait le regret que les temps présents ne disposent pas d'une forte mythologie et il soulignait l'urgence d'en fonder une nouvelle leur redonnant stabilité et confiance en un modèle qui fasse sens pour la pensée et l'action.

Dans les domaines religieux, politique et historique, la culture se présente comme un processus créateur et formateur, processus opérant à

1. Fr. Schlegel, *Idées*, KFSA, II, AL, 206.

travers les esprits populaires et les esprits singuliers. C'est sur la base de ce processus formateur que peut se comprendre et se proposer la culture entendue comme « formation » spirituelle de l'individu à travers l'éducation et l'enseignement. La nécessité de la formation se lisait d'abord dans la « mise en forme » productive ou poiétique par quoi, nous l'avons montré plus haut, se définissait l'art. Venant d'étudier le « roman de formation », nous avons constaté que l'homme, comme l'œuvre d'art, ne se conçoit que comme un processus menant à son être « formé » (*gebildet*) : « l'homme cultivé, absolutisation romantique de l'"honnête homme" et de l'"Aufklärer", est le sujet d'une raison supérieure accomplie dans sa forme totale » [1]. Mais le but de cette transmission de la totalité par le processus culturel ne vise pas à adapter le singulier à un milieu culturel objectif pour des raisons de prudence et de maîtrise technique, comme c'était le cas des modèles classiques de « l'honnête homme » ou du modèle moderne de « l'homme éclairé », ni même pour des raisons d'« utilité » bourgeoise, comme c'est finalement le cas chez Goethe. Certes, nous venons de le voir en étudiant le roman de formation, Goethe a fourni aux romantiques l'impératif d'une éducation comme formation active et productive de soi-même, en rupture avec le modèle statique et hiérarchisé d'une éducation entendue comme simple manifestation de qualités ou d'un état social toujours déjà donnés. Et cette éducation productive doit bien être « une formation multilatérale » ; en d'autres termes, elle doit former autant l'intelligence et l'imagination esthétique que le corps et l'habileté manuelle. D'où le projet d'une éducation de l'individualité « totale », c'est-à-dire de ce que Hegel lui aussi nommera « l'individu vrai », dans la mesure où « le vrai, c'est le Tout », et où un individu véritable cultive tout autant ses particularités que son universalité. Toutefois, la formation goethéenne ne vise pas à travers l'individu harmonieusement socialisé le développement d'un esprit populaire qui le dépasserait et encore moins celui d'un esprit divin de la nature dont il ne serait qu'un mode productif. C'est là une dimension mystique, voire gnostique, de l'éducation qui n'a aucunement les faveurs de Goethe.

C'est pourtant elle qui caractérise l'originalité des romantiques. Leur « Pédagogie » doit recevoir son sens spirituel d'initiation dans la relation du singulier avec le tout de l'univers par la médiation de l'esprit productif de la

1. AL, Présentation du fragment romantique, p. 78.

communauté historique. Par cette médiation, l'homme cultivé accède à la paix du divin : « il y a une divinité paisible, sans la force foudroyante du héros ni l'activité formatrice de l'artiste. Ce qui est à la fois divin, accompli et grand, est parfait »[1]. La liberté qu'invoquent ici les romantiques, et à laquelle la culture de l'individu doit faire accéder en unissant la compréhension, la volonté agissante et l'affection personnelles, ne procède pas de l'indépendance et de l'autonomie à l'égard de la nature. Elle relève de l'indépendance d'une communauté historique vis-à-vis des autres, ainsi que de l'autonomie de son interprétation de soi, comme le soutiendront F. Schleiermacher, Hugo, von Savigny, sur le plan du droit historique. Si les romantiques n'accordent que peu de place à un traitement distinct de la morale à cet égard, c'est dans la mesure où, d'une part, celle-ci réside dans l'accord de l'individu avec l'éthique et les mœurs de son peuple, et où, d'autre part, comme on l'a vu dans la thèse novalisienne de la « moralisation » de l'Univers, la pratique morale consiste à favoriser, par l'amour du Tout, les unions harmonieuses, en luttant contre les forces de séparation et de dissociation. Or, la formation de soi dans son rapport au tout ne passe plus seulement par la médiation d'éducateurs publics ou d'enseignants, elle se fait par la rencontre plus ou moins contingente de médiateurs amicaux ou hostiles, d'événements d'initiation et d'œuvres imprévisibles, formant une ligne de vie dont la narration, sur le modèle de l'autobiographie et du roman de formation[2], est une composante essentielle. Toutefois, en vertu même du primat de la Poétique au centre de la vision du monde des romantiques, c'est la mythologie et en conséquence la religion qui occupent la première place dans l'analyse des formes communautaires de la culture : « la religion, écrit Fr. Schlegel, n'est pas simplement une partie de la culture, un segment de l'humanité, mais le centre de toutes choses, ce qui est sans restriction au premier et au plus haut rang, l'absolument originel »[3]. Ce sont donc manifestement la mythologie et la religion qui donneront leur sens à l'éducation, à la philosophie politique et à la philosophie de l'histoire et c'est en conséquence par elles qu'il nous faut commencer l'analyse des formes particulières de la culture.

1. *Athenaeum*, Fragment 419, AL, p. 168.

2. Avec le *Wilhelm Meister* de Goethe, il convient de signaler l'influence de l'*Anton Reiser* (1785-1790) de K.-Ph. Moritz.

3. KFSA, II, p. 257, AL, p. 207.

LA PHILOSOPHIE DE LA RELIGION

Les projets d'une nouvelle mythologie : du « Plus ancien programme de l'idéalisme allemand » (1796) au « Discours sur la mythologie » (1800) de Fr. Schlegel

Nous avons déjà saisi l'importance de la mythologie dans la Poétique romantique. C'est cette signification mythologique que nous allons retrouver dans l'interprétation romantique, en particulier schlégélienne et novalisienne, de la *religion*, mais avec une finalité culturelle, pratique et éducative de cette dernière, dont nous n'avons pas traité jusqu'ici. La « romantisation » ou « moralisation » (Novalis), nous le savons, relève d'un projet gnostique de salut de soi et du monde pour l'individu « romantique ». Mais celui-ci ne saurait borner son projet moral à son Moi individuel et égocentré, ou même sociocentré. Nous avons également saisi qu'il y avait là un puissant motif de rupture de la part de Novalis vis-à-vis de l'égologie du premier Fichte. C'est bien plutôt de « l'organe moral » au sens où l'entend Fr. Hemersthuis [1] que relève la « moralisation » ainsi entendue. Le philosophe néérlandais développe en effet, notamment dans son dialogue *Aristée ou de la divinité* et dans *Simon ou des facultés de l'âme*, l'idée que l'ordre de l'Univers est relatif à un organe producteur de cet ordre, soit infini (l'esprit divin), soit fini. Notre âme est un organe moral qui, d'endormi, doit être réveillé et stimulé pour recomposer l'ordre qui unifie les parties de l'univers dans notre perspective limitée. Ainsi, dans *Simon* : « lorsque l'âme est toute dégagée, elle devient toute organe [...] Toutes les sensations se lient et font corps ensemble, et l'âme voit l'univers, non en dieu, mais à la façon des dieux » [2].

En d'autres termes, c'est au monde de la culture qu'il faut étendre avant tout le projet salvateur en une mission spirituelle à l'égard du peuple, en l'occurrence le peuple allemand, et à travers lui à l'égard de l'Europe tout entière. Il s'agit bien toujours de mettre fin à la scission, introduite par la critique kantienne et les conséquences de la révolution politique républicaine, entre l'homme et l'absolu, en renouant leurs liens. Pour cela il convient de se donner les moyens d'étendre au-delà de la sphère restreinte des artistes et des penseurs l'accès à un absolu unitaire et unifiant. Or, seule,

1. Fr. Hemsterhuis (1721-1790), formé à la mathématique, à la physique, à l'astronomie et à la philosophie platonicienne. *Cf.* J.-L. Vieillard-Baron, « Le platonisme d'Hemsterhuis », dans *Platonisme et interprétation de Platon à l'époque moderne*, Paris, Vrin, 1988, p. 114-118.

2. Fr. Hemsterhuis, *Simon ou des facultés de l'âme*, LFPDM, p. 356.

estiment de façon conséquente les romantiques, *la religion* – précisément une nouvelle forme et un nouveau contenu de la religion – est avant tout susceptible d'opérer cette conversion à l'unité. La religion est inscrite dans l'histoire comme la fin qui se propose actuellement à l'homme. Non seulement la religion était présente syncrétiquement avec la poésie et la philosophie dans la mythologie originaire, mais elle devient à l'époque actuelle la forme supérieure et finale en soi de la culture. Telle sera la thèse constante de Fr. Schlegel dans son « après-Iéna » jusqu'à la fin de sa vie. La dimension messianique du projet, l'annonce que les temps nouveaux sont venus, la donation de foi, c'est-à-dire de confiance dans l'unité divine et de courage pour la restaurer, tout cela exige la formation d'une *Église* nouvelle. Mais la mutation première doit être celle d'une nouvelle parole, d'un nouveau discours liant l'imaginaire à un affect spécifique, en bref : *une nouvelle mythologie*. Le mythe *était* en effet ce discours total, qui parlait simultanément au cœur et à l'imagination, à l'entendement et à la volonté d'agir, cette dernière étant essentielle pour la culture politique. Il doit avoir une nouvelle présence, être re-présenté.

Le premier texte allant en ce sens chez les philosophes précédant directement les romantiques est incontestablement *Le plus ancien Programme de l'idéalisme allemand* (1796), manuscrit inédit, recopié de la main de Hegel mais vraisemblablement rédigé par Schelling sous l'influence directe de Hölderlin. Le propos en est déjà d'abolir la séparation entre poésie et philosophie au moyen d'un discours unifiant, le mythe, auquel on accordera une fonction éducatrice. Cette fonction rendra superflue la contrainte politique de l'État, car la moralité sera entièrement intériorisée par les individus et suffira au respect mutuel : « car tout État est obligé de traiter l'homme libre comme un rouage mécanique ; et c'est ce qu'il ne faut pas ; donc il doit disparaître ». On y lit aussi que « l'acte suprême de la raison est un acte qui, englobant toutes les idées, est un acte esthétique » et que « la poésie acquiert ainsi une dignité plus grande, elle reprend à la fin sa fonction première : celle d'instruire l'humanité »[1]. Quatre ans plus tard, dans son *Discours sur la mythologie* (1800) publié par l'*Athenaeum* et qui « peut très bien se lire, après tout, comme un commentaire du "Plus ancien Programme" »[2], Fr. Schlegel reprenait le projet dans des termes très proches : « j'affirme que notre poésie manque de ce centre qu'était la mythologie pour les Anciens, et que tout l'essentiel en quoi l'art poétique

1. Le « Plus ancien Programme », dans Hölderlin, *Œuvres*, Paris, Gallimard, 1967, p. 1157.

2. Ph. Lacoue-Labarthe et J.-L. Nancy, AL, Présentation, p. 279.

moderne le cède à l'antique tient dans ces mots : nous n'avons pas de mythologie. Mais j'ajoute : nous sommes sur le point d'en avoir une, ou plutôt, il est temps pour nous de contribuer sérieusement à la produire »[1]. Ce *Discours* s'insère dans un *Entretien* entre plusieurs protagonistes où il n'est pas difficile de reconnaître les figures éminentes de l'époque. Sans doute s'agit-il de Schelling (Ludoviko) pour la mythologie[2]. Certes, souligne Schlegel, cette nouvelle mythologie « nous viendra »[3] par une voie radicalement différente de celle qu'a prise l'ancienne, voie naïve et d'une spontanéité irréfléchie.

Selon lui, c'est avec un art réfléchi et total, que devra être proposée cette nouvelle et belle forme de la culture religieuse. Il compare sa croissance à celle de « l'idéalisme » qui a unifié de façon systématique les sciences de la nature et de l'esprit. Ce que l'idéalisme a opéré dans le domaine de la culture théorique doit être opéré dans le domaine des pratiques religieuses : « l'idéalisme [...] n'est du point de vue théorique qu'une partie, une branche, un des modes d'extériorisation de ce phénomène de tous les phénomènes : l'humanité luttant de toutes ses forces pour trouver son centre »[4]. Fr. Schlegel fait manifestement référence ici à la crise spirituelle expérimentée par l'époque, à ce « décentrement » de l'homme, errant loin de ce qui seul peut lui donner un sens : la ferveur et la pratique religieuses dans un cadre embelli par les splendeurs de l'art nouveau. Ce centre est sans doute la subjectivité absolue posée par Fichte, mais c'est, plus radicalement, le centre substantiel de la nature dans laquelle le sujet trouvera, selon Schelling, sa pleine assise ontologique, non sans référence à Spinoza. Le mouvement de l'idéalisme a d'abord été d'après Fr. Schlegel de sortir de l'intériorité subjective pour s'emparer de l'objectivité par la philosophie de la nature et de revenir à soi, enrichi de cette objectivation par laquelle le sujet s'est fait « un nouveau réalisme »[5] ; de la même façon, la religion ne sera mythologique qu'à la condition de sortir la foi du culte intérieur ou de la religion purement morale et de l'exprimer dans l'objectivité de nouveaux cultes extérieurs auxquels l'art devra donner leur forme esthétique en puisant dans la Nature. La poésie sera donc l'organe de ce nouveau réalisme religieux, proprement mythologique.

1. KFSA, II, p. 312, AL, p. 311-312. Ce « Discours sur la mythologie » s'inscrit dans un ensemble plus vaste d'exposés dialogués, sous le titre *Entretien sur la poésie*.

2. Schelling a notamment publié la *Première esquisse d'un système de philosophie de la nature* (1799) et le *Système de l'idéalisme transcendantal* (1800).

3. AL, p. 312.

4. *Ibid.*, p. 313.

5. AL, p. 313.

Si Fr. Schlegel déclare alors paradoxalement la nécessité d'« honorer Spinoza », c'est sans doute en écho à Fr. Schleiermacher, qui s'y référait comme au saint d'une religion rationnelle de la Nature. L'hellénisation de Spinoza par Lessing relatée dans les *Lettres de Jacobi à M. Mendelssohn sur la doctrine de Spinoza* (1785) avait contribué à rendre ses lettres de noblesse à l'auteur de l'*Éthique* : « les idées orthodoxes de la divinité ne sont plus pour moi, reconnaissait Lessing ; je ne puis les goûter : *en kai pan* ! Je ne sais rien d'autre » [1]. Un peu plus tard, cette ontologie moniste et néo-spinoziste avait commandé, à la façon d'une structure d'accueil, la lecture de la troisième *Critique* de Kant (1790[2]), en unifiant l'être naturel organique et le génie de l'art. C'est cette lecture que Schelling élaborera dans le cadre de sa philosophie de la nature et de sa philosophie de la mythologie, exprimées ici par son porte-parole Ludoviko. Fr. Schlegel rend hommage à l'interprétation d'une religion de l'univers chez Spinoza : « cessez donc d'appeler univers le système de l'empirie et apprenez d'abord, si vous n'avez pas encore compris Spinoza, à lire les véritables idées religieuses sur l'univers dans les *Discours sur la religion* » [3]. Dans ses *Discours sur la religion* publiés un an avant l'essai schlégélien, en effet, Schleiermacher évoquait Spinoza comme le « saint qui fut réprouvé » [4], « le haut esprit du monde [...] le pénétrait tout entier, l'infini était son alpha et son oméga, l'Univers était son éternel amour ; il se reflétait dans le monde éternel avec une sainte innocence et une profonde humilité, et s'en voyait lui-même le plus aimable miroir » [5]. Fr. Schlegel a repris et précisé la thèse d'une « prière [*Andacht*[6]] philosophique » chez Spinoza : « la prière des philosophes est théorie, pure intuition du divin – réfléchie, calme et sereine dans la paix de la solitude. C'est pourquoi Spinoza est l'idéal » [7]. De même que la pensée mathématique, selon l'interprétation romantique de Spinoza, n'était que la nature même se pensant exactement en nous, et par là s'idéalisant, de même la poésie mythologique de la nature, sera la nature même s'imaginant en

1. Jacobi, *Œuvres philosophiques*, trad. fr. J.-J. Anstett, Paris, Aubier, 1946, p. 108.

2. Hölderlin informera Hegel de l'intérêt de cette lecture associant spinozisme, hellénisme et esthétique dans sa lettre du 10 juillet 1794 : « Kant et les Grecs sont mon unique lecture. Je cherche surtout à me familiariser avec la partie esthétique de la philosophie critique », dans Hegel, *Correspondance*, Paris, Gallimard, 1962, I, p. 16.

3. Fr. Schlegel, *Idées*, Fragment 150, AL, p. 222.

4. F. Schleiermacher, *Discours sur la religion à ceux de ses contempteurs qui sont des esprits cultivés*, introduction, trad. fr. et notes L.J. Rouge, Paris, Aubier, 1944, p. 153.

5. *Ibid.*

6. *Andacht* a le sens premier de « méditation » ou « recueillement ».

7. Fr. Schlegel, *Idées*, Fragment 137, AL, p. 220.

nous et se formant en œuvre d'art : « la mythologie est une telle œuvre d'art de la nature : dans sa trame prend forme effective ce qu'il y a de plus haut »[1]. Fr. Schlegel vise bien à « moderniser » cette Antiquité mythologique revisitée (en invoquant la nécessité d'y introduire les figures mobiles du *Witz* et du Chaos), car « tous les jeux sacrés de l'art ne sont qu'imitations lointaines du jeu infini du monde, cette œuvre d'art qui se donne éternellement à elle-même sa propre forme »[2].

De plus, affirme-t-il, « c'est en Orient qu'il nous faut chercher le romantisme le plus élevé »[3]. Il y a bien ici un lien entre Spinoza et l'Orient, assez semblable chez Schlegel à celui que l'on trouve mentionné de son côté par Hegel dans ses *Leçons sur l'histoire de la philosophie* : par Spinoza, « l'intuition orientale de l'identité absolue a été rapprochée de façon immédiate du mode de penser européen »[4]. De même dans la *Logique* de l'*Encyclopédie*, il caractérise ainsi la conception de la substance infinie de Spinoza : « c'est en somme l'intuition orientale selon laquelle tout être fini apparaît simplement comme un être qui passe, comme un être qui disparaît, qui a trouvé dans sa philosophie son expression conforme à la pensée »[5]. Cette affirmation spinoziste et orientale du romantisme schlégélien, si elle avait été connue de Hegel[6], l'aurait sans doute incliné à abandonner son interprétation de la pensée de Fr. Schlegel à Iéna comme d'un pur subjectivisme. Toutefois, Hegel estime que Spinoza exprime une régression, certes « grandiose »[7], mais tronquée en ce que « le principe de la subjectivité, de l'individualité, de la personnalité, ne se trouve donc pas dans le spinozisme »[8] : « elle n'est donc pas le vrai en son entier »[9]. Fr. Schlegel, au contraire, pose spinozisme et orientalisme comme des germes fécondant pour « la nouvelle mythologie », de même qu'il fera de l'Inde et du sancrit des germes toujours féconds de sa nouvelle philosophie du langage.

1. Fr. Schlegel, *Discours sur la mythologie*, AL, p. 315.
2. *Ibid.*, p. 318.
3. *Ibid.*, p. 316.
4. Hegel, *Leçons sur l'histoire de la philosophie*, t. 6, *op. cit.*, p. 1442.
5. Hegel, *Encyclopédie*, I, *La science de la Logique*, *op. cit.*, § 551 Add., p. 584.
6. Nous retrouvons ici le problème posé par la lecture partielle de Fr. Schlegel par Hegel.
7. Hegel, *Leçons sur l'histoire de la philosophie*, t. 6, *op. cit.*, p. 1457 et 1458.
8. *Ibid.*, p. 1454.
9. *Ibid.*, p. 1456.

Les Discours sur la religion *de Fr. Schleiermacher*

Un an plus tôt, dans ses *Discours sur la religion* (1799) accueillis avec enthousiasme par le cercle d'Iéna[1], Fr. Schleiermacher avait élargi le sens de la religion à un point tel que les romantiques pouvaient y inclure sans difficulté religion de la révélation et religion de la nature, avec d'ailleurs parfois une prévalence de l'une ou de l'autre. La rencontre et la lecture de Fr. Schleiermacher par Schlegel et Novalis ont été déterminantes pour la refonte du concept de la religion chez l'un et chez l'autre. Car il est clair que la définition apportée par leur ami est suffisamment générale pour que le « médiateur » immanent nous faisant accéder au divin puisse être tantôt le Dieu-homme (le Christ) tantôt le Dieu-nature que Fr. Schlegel, nous venons de le voir, posait en référence à Spinoza. Les accents mis tantôt sur la religion d'une divinité naturelle tantôt sur le christianisme historique trouvent ici leurs assises. Schleiermacher affirme que « la religion en son essence, n'est ni pensée [*Denken*] ni action [*Handlen*], mais intuition et sentiment [*Anschauung und Gefühl*]. Elle veut contempler intuitivement l'univers; elle veut l'épier pieusement dans les manifestations et les actes qui lui sont propres; elle veut se laisser, dans une passivité d'enfant, saisir et envahir par son influence »[2]. Intuition, sentiment, piété, sont les attitudes « réceptives » qui nous donnent d'abord accès à l'univers. Ce sont ces affects primordiaux qui sont les présupposés de la représentation nominative mais postérieure du divin (les noms de Dieu) puis de la religion et des textes, et enfin de leur interprétation. La « religiosité » ou l'attitude religieuse envers le Tout de l'Univers précède donc toute « religion » au sens étroit, dont l'évolution ultérieure sera d'ailleurs susceptible de la trahir. Trois moments se succèdent donc dans cette reconstruction : affection et intuition, nomination, discours développant le sens du nom. L'intuition est une contemplation qui nous met directement au contact de l'universel affectant, mais loin qu'il s'agisse là d'une intuition intellectuelle (celle des fichtéens), il s'agit de l'envers d'un sentiment, d'une émotion ontologique universelle, le « sentiment de dépendance ». La piété en découle en tant que son recueillement est un acte de rendre grâce au « Père universel » dont nous dépendons comme des « enfants ». La seconde caractéristique de la religion impliquera une rupture avec la philosophie « contemporaine » (kantienne), tant en métaphysique qu'en « morale », pour appréhender la

1. Fr. Schlegel en fournira une recension dans l'*Athenaeum*, II, 2, 1799.

2. F. Schleiermacher, *Discours sur la religion* (1799), trad. Rouge, p. 131. Nous reprenons ici le texte que nous citions partiellement plus haut à propos de la peinture de Friedrich.

religion. En effet, n'étant ni pensée (conceptuelle) ni action (morale), « ainsi, elle [la religion], est l'opposé de la métaphysique et de la morale dans tout ce qui constitue son essence et dans tout ce qui caractérise ses effets. Les deux autres ne voient dans tout l'univers que l'homme comme centre de toutes les connexions, comme condition de toute existence et cause de tout devenir. Elle veut, elle, dans l'homme, non moins que dans tout être particulier et fini, voir l'Infini, l'empreinte [*der Abdruck*] et l'exposition de l'Infini [*die Darstellung des Unendlichen*] »[1].

S'amorce ici l'exposé du fondement religieux de la « compréhension » de l'univers et donc, plus lointainement, de l'herméneutique comme nous l'avons montré. En effet, ce qui est récusé, c'est l'essence métaphysique ou morale dont la religion est dite « l'opposé ». Toutes deux sont anthropocentrées, conférant faussement à l'homme l'autonomie de son discours et de sa pratique. Cette anthropocentration de la métaphysique et de la morale ne peut que renvoyer clairement à Kant dont la révolution « copernicienne » a centré la connaissance sur les *a priori* théoriques et moraux de la raison humaine. La compréhension et la religion consistent à saisir la partie dans le Tout, et dans le fini le décalque et la présence agissante de l'infini. Loin donc que ce soit le soi humain fini qui donne forme et sens à un univers infini, comme l'affirmait le principe théorique kantien, c'est à l'inverse la substance de l'univers qui se réfléchit dans ses diverses parties et de façon privilégiée en l'homme amenant cette réflexion à l'intuition, puis à la nomination du divin et au « discours » religieux. C'est dans le prolongement de ce second trait que Schleiermacher fait l'éloge de Spinoza, « le saint qui fut réprouvé », car « l'Infini était son alpha et son oméga, l'Univers était son unique et éternel amour; il se reflétait dans le monde éternel avec une sainte innocence et une profonde humilité, et s'en voyait lui-même le plus aimable miroir »[2].

La troisième caractéristique de la religion est également originale et Schleiermacher y saisit à nouveau une proximité avec Spinoza, puisque c'est l'intégration et la participation de la foi religieuse à la productivité incessante de l'univers actif : « l'Univers est dans un état d'activité ininterrompue et se révèle à nous à chaque instant. Chaque forme qu'il produit, chaque être auquel, du fait de l'abondante plénitude de la vie, il confère une existence distincte, chaque circonstance qu'il fait jaillir de la richesse de

1. F. Schleiermacher, *Discours sur la religion*, trad. Rouge, p. 132, traduction modifiée pour « empreinte » et « exposition ».

2. *Ibid.*, p. 153.

son sein toujours fécond, est une action qu'il exerce sur nous »[1]. La conséquence de cette participation obligée à la productivité de l'univers naturel est que l'univers humain, celui des nations et des individus singuliers, continue et prolonge la productivité divine à sa manière propre, celle de l'éthique et des œuvres de culture.

L'élaboration de la nouvelle religion par Novalis

Réceptivité affective, intuitivité, réactivité dynamique mobilisant assurément une activité éthique (mais sans l'autonomie immédiate de la morale, comme chez Kant), tous ces traits de la religion se retrouveront chez Novalis. La même année 1799, dans *La chrétienté ou l'Europe*, ce dernier commençait par faire l'éloge de la Chrétienté catholique d'avant la Réforme protestante et de l'unité politique de l'Europe sous l'autorité papale, éloge dont le contenu et le ton pourront d'ailleurs sembler d'emblée mythologiques et peu conformes aux faits. Il posait d'abord que « les Protestants [...] avaient brisé un Tout indéfectible, divisé l'indivisible Église et ils s'étaient criminellement arrachés à l'universelle communion chrétienne par laquelle et dans laquelle seule pouvait se faire la renaissance authentique et durable »[2]. Malgré la vitalité qu'il salue dans l'Ordre jésuite[3], Novalis voit dans la séparation de la foi et de la raison l'une des conséquences de l'affaiblissement du catholicisme préparant le terrain à la révolution politique en France et, en Allemagne, ce sur quoi pouvait s'élever la critique kantienne : « l'histoire de l'humanité, en Europe, approchait de l'ère triomphale du savoir universel : l'opposition entre science et foi devint absolue »[4]. Dans sa patrie, le poète mentionne ce qui, dans la poésie nouvelle, le retour de la pensée mystique et la philosophie de la nature, fournit les indicateurs d'un renouveau : « en Allemagne, par contre, on peut déjà, en pleine certitude, faire ressortir les indices d'un monde nouveau »[5]. Certes, convient Novalis, « tout n'est encore qu'indication, à l'état brut et sans nulle cohérence » puisque les initiatives restreintes des individualités romantiques se heurtent violemment aux résistances des philosophies et politiques de la raison autonome (Fichte, bientôt Hegel et les politiques allemands réformateurs dans le sens napoléonien), « mais, ajoute-t-il, l'œil historique y perçoit une nouvelle Indivi-

1. F. Schleiermacher, *Discours sur la religion*, trad. Rouge, p. 154.
2. Novalis, *La chrétienté ou l'Europe*, dans *Œuvres*, AG, I, p. 311
3. *Ibid.*, p. 313-315.
4. *Ibid.*, p. 315.
5. *Ibid.*, p. 319.

dualité, une Histoire nouvelle, une nouvelle Humanité, l'embrassement très doux d'une douce jeune Église et d'un Dieu plein d'amour : l'intime accueil d'un nouveau Messie au sein de ses mille membres »[1].

La mission de remythisation de la religion se lit particulièrement bien dans les *Fragments* consacrés aux diverses significations et fonctions que peut assumer le christianisme, tel celui-ci : « Le christianisme est absolument une religion historique, mais qui se déploie en religion naturelle de la morale et en religion artiste de la poésie, autrement dit en mythologie, au surplus. [...] Le roman est pour ainsi dire l'histoire libre (l'histoire en liberté) – la mythologie de l'histoire en quelque sorte. [...] Mythologie, ici, dans mon sens : une libre invention poétique, qui symbolise de toutes sortes de manières la réalité, etc. »[2]. Novalis est donc amené à distinguer dans le christianisme d'abord une religion historique se référant au peuple juif et au personnage de Jésus prétendant l'accomplir – le nouveau « Roi des Juifs » annoncé et sous le chef duquel (aussi d'inculpation) il sera condamné ; à cela s'ajoute la dimension du christianisme comme religion morale, faisant appel – le terme doit être souligné – comme une « religion naturelle », à la voix de la conscience et de son sens moral inné, permettant, à condition d'être bien entendue, d'observer des dispositions, attitudes et normes d'existence à prétention universelle ; cette inscription du message chrétien, d'abord historique, dans une religion « naturelle » et « morale » fait manifestement allusion à l'exploitation qu'ont pu en tirer certains philosophes (Rousseau en France, Lessing mais aussi bien Kant en Allemagne) ; enfin, le christianisme est potentiellement, à condition d'être actualisé par le discours artiste de la poésie, une religion poétique ou mythologique.

On remarque qu'une diversité d'intérêts possibles pour la religion correspond à chacune de ces trois dimensions du christianisme : en tant que religion seulement historique, il ne présenterait plus qu'un intérêt théorique pour les historiographes ; en tant que religion morale, il aurait certes une utilité pratique présente, mais ne concernant qu'un individu quelque peu abstrait, considéré comme « personne humaine en général », sans ancrage dans un dynamisme historique particulier. En tant que poétisé, c'est-à-dire élevé – « relevé » ou « rédimé » – lui aussi de ses mauvaises pesanteurs tant historisantes que moralisantes à la hauteur d'un mythe collectif, le christianisme exprimerait certes une vérité morale universelle mais susceptible de dynamiser et de réunir une communauté concrète à

1. Novalis, *La chrétienté ou l'Europe*, dans *Œuvres*, AG, I, p. 319.

2. Novalis, « Fragments des dernières années », dans *Œuvres*, Fragment 280, AG, II, p. 414-415. Cf. *Schriften*, III, 607, p. 667-668.

venir. Il exprime en effet aussi une vérité historique, mais c'est celle d'une histoire dont la réserve de sens et de puissance agissante, montre-t-il, est infiniment productive. C'est tout particulièrement la figure du Christ qui détient alors une signification à la fois cosmique et éthique, conformément à l'enseignement de Paracelse. Le Christ est un modèle nous montrant que la régénération de l'univers, en proie au mal, effet de la séparation égocentrée des êtres, est possible : « le Christ est le nouvel Adam. Concept de ma résurrection »[1]. C'est précisément cette « nouvelle mythologie de l'histoire en quelque sorte »[2] que le poète, ce nouveau mythologue, doit librement inventer, non de façon arbitraire, mais en puisant dans cette réserve de symboles spirituels et historiques, naturels et éthiques, de nouvelles formes qui parleront au cœur et à la volonté des peuples de l'Europe. La mission de remythifier le christianisme revient au poète romantique dans la mesure où il a le pouvoir « magique » d'entrer en communion avec cet esprit de la nature et de l'histoire, d'exprimer à travers images, sons et signes de la langue, son contenu spirituel et de le donner en partage aux individus de son peuple.

* * *

Si l'Allemagne est le peuple d'élection de cette religion mythologique, c'est en effet, en raison du caractère exceptionnel de sa langue, mis en évidence par les recherches sur la filiation de la langue allemande avec la première langue organique, celle de l'Inde, et avec sa descendance grecque et latine.

La connaissance de ces filiations linguistiques à partir de l'Inde permettra au poète de maîtriser et d'universaliser concrètement la nouvelle religion mythologique. C'était déjà l'impératif de Herder de retrouver dans l'esprit de la langue mythologique la plus ancienne une invitation à réactiver et à réunifier l'esprit contemporain d'un peuple particulier : « c'est comme une heuristique poétique que nous voulons étudier la mythologie des Anciens, afin de devenir nous-mêmes des créateurs »[3]. De cette manière, le christianisme contiendra des « figurations » nouvelles pour répondre aux aspirations de l'époque. L'élargissement des formes données de la religion est une nécessité qui concerne donc d'abord le christianisme : celui-ci doit s'ouvrir à la fois dans l'espace, notamment aux religions orien-

1. Novalis, *Le Brouillon général*, Fragment 433, trad. Schefer, p. 104.

2. *Cf.* Fragment 280 cité plus haut.

3. Herder, *Fragmente*, III, SW, trad. Crépon dans *Les géographies de l'esprit*, *op. cit.*, p. 371.

tales, et dans le temps, en direction de la Grèce et de l'Inde. Fr. Schlegel le soulignait de son côté dans son *Discours sur la mythologie* : « quelle source de poésie pourrait couler des Indes vers nous si quelques artistes allemands, avec cette universalité et cette profondeur de pensée, avec ce génie de la traduction qui leur appartient, s'emparaient de l'aubaine. [...] C'est en Orient qu'il nous faut chercher le romantisme le plus élevé »[1]. Sans doute les romantiques se heurtent à des résistances émanant aussi bien des historiographes du christianisme que des moralistes – protestants éclairés ou non. Ils sont amenés à critiquer rudement non seulement la lecture historique de la Bible soumettant son texte aux méthodes de la positivité philologique et les interprétations canoniques et orthodoxes du texte biblique, autant que celles de la lecture personnelle de la *sola scriptura* en régime réformé. C'est que les formes historiques de la religion ne définissent pas celle-ci de façon définitive et elles peuvent se renouveler. Dans *Le plus ancien document de l'histoire du genre humain* (1774 et 1776), Herder, toujours le principal inspirateur de ces réflexions, cherchait déjà à montrer audacieusement que l'état le plus ancien des textes bibliques permet de faire des grandes mythologies orientales des variations sur ces textes.

La nécessité d'une religion nouvelle s'accompagne de l'impératif d'une réécriture de la nouvelle Bible. Elle se montrera disponible à d'ultérieures reprises et échanges entre les poètes de l'avenir allant dans le même sens : la catholicisation de l'humanité, synthétisant les convergences religieuses de tous les peuples. Hegel verra dans cette thèse un syncrétisme fâcheusement confus. Mais les romantiques veulent que la mythologie nouvelle soit ouverte, infinie et éternellement en devenir, car ce qui importe avant tout, ce n'est pas la lettre figée et définie, mais le dynamisme de l'Esprit : « Le Saint Esprit, écrit Novalis, est plus que la Bible. C'est à lui d'être notre maître de christianisme, – non pas à la lettre morte, la lettre terrestre, la lettre incertaine »[2].

Si le Saint Esprit est plus que la Bible, c'est qu'il permet le dépassement d'une religion cloisonnée dans un cadre historique et au passé dépassé. Novalis veut élargir le christianisme, l'enrichir, le féconder. Il veut décloisonner l'Écriture, la mettre en contact avec d'autres textes provenant d'autres religions et d'autres cultures, notamment orientales. Il faut même dire que Novalis, qui n'est pas le seul à défendre ce projet, veut enrichir l'Écriture de diverses créations poétiques chargées de donner une signifi-

1. Fr. Schlegel, *Discours sur la mythologie*, KFSA, II, p. 319, AL, p. 316

2. Novalis, « Fragments des dernières années », dans *Œuvres*, 282, AG, II, p. 416, *Schriften*, III, 688, p. 690.

cation nouvelle et universelle au christianisme. Au lieu d'une Bible qui se comprend par elle seule et qui se referme sur elle-même, Novalis prône une Bible ouverte, que des récits extérieurs peuvent éclairer et enrichir. Pour lui, la Bible n'est donc pas le seul texte inspiré. L'esprit qui l'a inspirée a également inspiré d'autres récits et continuera à en inspirer de nouveaux. L'Écriture ne peut être figée dans une formulation définitive parce que la parole de Dieu est une réalité vivante qui doit toujours à nouveau s'incarner dans le temps.

Pour les romantiques, la révélation ne saurait donc s'arrêter à un moment précis de l'histoire, c'est pourquoi ils proposent, à la suite de Lessing, un évangile éternel qui déploie la vérité à chaque nouvelle étape de l'histoire de l'humanité. De même que la religion n'est jamais donnée une fois pour toutes, étant toujours à refaire, de même l'Écriture ne doit pas être close une fois pour toutes, mais doit rester infiniment ouverte : « les romantiques, s'ils font de la révélation un passage obligé pour la recherche de la vérité, ne s'en tiennent pas à la tradition judéo-chrétienne »[1]. Pour eux la révélation ne se limite pas à la Parole révélée ; celle-ci constitue sans doute une manifestation de Dieu pour l'humanité, mais elle n'est pas la seule. La nature, les autres religions, les créations poétiques, les récits mythologiques sont autant d'autres formes d'une révélation plus vaste qui englobe la révélation donnée dans les Écritures sans s'y réduire. Nous avons vu comment Fr. Schleiermacher avait assuré la légitimité de cet élargissement dans la définition de la religion donnée dans ses *Discours*.

Il convient toutefois de marquer une fois encore, à propos de la philosophie de la religion cette fois, une différence radicale entre Novalis et Fr. Schlegel, ce dernier pourtant si préoccupé historiquement d'un renouveau catholique. Novalis offrait à tous les romantiques non seulement l'image de celui qui attend le renouveau religieux de la communauté et y travaille, mais celui qui, à titre personnel et exceptionnel, est entièrement et religieusement déjà entré dans le grand monde divin : « on ne peut dire qu'il était un mystique au sens commun du mot, écrit de lui Steffens, car les mystiques cherchent derrière l'apparence sensible, dont ils se sentent encore prisonniers, un mystère plus profond qui recèle leur liberté et leur véritable être spirituel. Ce lien secret était pour lui la région lumineuse où il vivait naturellement. C'est de là qu'il plongeait ses regards dans le monde sensible »[2]. C'est à partir de cette figure exceptionnelle de la vie religieuse

1. G. Gusdorf, *Du néant à Dieu dans le savoir romantique. Les sciences humaines et la pensée occidentale*, t. 10, Payot, Paris, 1983, p. 103.

2. H. Steffens, Autobiographie, « *Was ich erlebte* », IV, 320, K, IV, 464.

qu'offrait Novalis – et dont témoignent nombre d'observations et de lettres concordantes émanant de ses contemporains – que nous semble particulièrement compréhensible son célèbre Fragment sur « la religion du cœur » : « le cœur [*Herz*] est pour ainsi dire l'organe religieux. Peut-être que la plus haute production du cœur productif n'est autre que le ciel. Quand le cœur s'est retiré de tous les objets singuliers et réels – qu'il se sent lui-même et se transforme lui-même en un objet idéal – il en résulte de la religion. Toutes les aspirations singulières se rassemblent en une seule – dont l'objet merveilleux est un être supérieur, une divinité –, de là vient que toute crainte authentique de Dieu comporte en elle toutes les sensations et toutes les aspirations. Ce Dieu naturel nous mange, nous engendre, nous parle, nous éduque, nous endort, se laisse manger, produire et engendrer par nous : en un mot, il est la matière infinie de notre activité et de notre souffrance »[1]. Nous retrouvons ici le caractère provisoire et conditionnant – ni dernier ni déterminant – du retrait total dans l'intériorité sur lequel Hegel semble s'être trompé en y voyant la « vaporisation » de la belle âme[2]. Le cœur produit alors seulement le « ciel », c'est-à-dire l'unité spirituellement intime du monde extérieur. Qu'il se sente alors lui-même ne signifie nullement qu'il ne sente que soi et se fasse l'adorateur narcissique de sa propre divinité. Non point : il se sent alors un organe privilégié du grand Tout organique qui le dépasse infiniment, tout en lui étant immanent à un infini présent à soi dans sa finitude.

On retrouve ici chez Novalis le schème boehmien conciliant sans les confondre la transcendance et l'immanence du divin. À la religion historique à laquelle tend Fr. Schlegel, Novalis oppose ou plutôt ajoute ici la religion naturelle d'un « Dieu naturel » – certes espéré et préparé historiquement avec Schlegel – comme un terme anticipé par d'autres, ce pourquoi Novalis n'hésite pas à écrire que « plus l'homme est réflexif et vraiment poétique, plus sa religion sera plastique et historique »[3]. Mais c'est ce terme, la religion d'un Dieu-nature, dont le Christ nouvel Adam est une anticipation emblématique, qu'il a déjà personnellement et exceptionnellement atteint lui-même : « il y vivait naturellement », écrivait Steffens. Qu'il s'agisse alors d'un Dieu-nature se lit dans l'assimilation et la nutrition d'une alimentation réciproque : il « nous mange » autant qu'« il se

1. Novalis, *Derniers Fragments* (1799-1800), Fragment 104, trad. Schefer.
2. Hegel : « elle s'évanouit comme une vapeur sans figure qui se dissout dans l'air », *Phénoménologie de l'esprit*, *op. cit.*, p. 548.
3. Novalis, *Derniers fragments*, Fragment 552, p. 103.

laisse manger », et encore : « le spinozisme est une saturation de divinité »[1]. La conclusion, forte et brève, nous renvoie évidemment à « l'idéalisme magique » : ce Dieu est la « matière » animée de la nature sur laquelle nous agissons magiquement pour nous y unir, mais de laquelle nous « souffrons » et sommes affectés comme d'une séparation provisoire. Si la sacralisation du lien politique découle de ce renouveau religieux, elle ne peut s'opérer sans l'affirmation des thèses sociologiques et juridiques des romantiques sur l'État.

LA PHILOSOPHIE POLITIQUE

L'organicisme romantique

L'affirmation première de la plupart des philosophies politiques du romantisme allemand est celle de l'État « organique », relevant de ce que l'on nomme parfois leur « organicisme politique ». Il s'agit là d'un concept identifiant la définition de l'État à celle d'une totalité organisée et vivante, « organique » en ce sens. Cette définition prend le contre-pied de celles qui présentent l'État comme un artifice instrumental relevant avant tout de l'habileté ou du savoir-faire technique en politique. Adam Müller, auteur des *Éléments de l'art politique* (1809) rattache la vitalité politique à la vie du monde naturel envisagé lui-même comme un organisme supérieur : « toutes les formes de la vie, morales comme physiques, extérieures comme intérieures, sont des unités de cet organisme. Elles ne veulent pas seulement être distinguées et conçues [*begriffen*], mais aussi senties et appréhendées [*ergriffen*] ». Il saisit ce qu'il considère comme les trois thèses fondamentales de l'organicisme politique comme des antithèses aux trois positions majeures des théoriciens modernes du contrat social : « aux trois erreurs capitales de la science politique moderne »[2] : 1) l'homme est un sujet libre, indépendant de toute détermination extérieure, y compris de l'ensemble politique ; 2) l'homme est un sujet qui peut et doit se penser et se vouloir en dehors de l'enchaînement historique qu'il contribue à déterminer sans être d'abord déterminé par lui : il peut donc faire et défaire ses liens historiques ; 3) l'État, comme tous les produits de l'art humain, est un instrument artificiel destiné à l'utilité des citoyens, ce qui implique que les

1. Novalis, *Derniers fragments*, Fragment 552, p. 103.

2. A. Müller, dans *Le romantisme politique en Allemagne*, trad. fr. J. Droz, Paris, Armand Colin, 1966, p. 84.

buts ultimes de ce dernier puissent se situer en dehors et au-delà de lui. À ces trois erreurs A. Müller oppose très clairement les trois « vérités » suivantes qu'il convient de commenter avec précision et qui constituent les bases de tout anticontractualisme.

L'anticontractualisme

Tout d'abord : « 1. l'homme se trouve impliqué dans l'ensemble de la vie civile [...] De même qu'il ne peut s'évader de lui-même, il ne peut s'évader de l'État ». A. Müller nie ici l'indépendance de la volonté humaine qui était le postulat commun aux auteurs contractualistes, éminemment de J.-J. Rousseau. Cette indépendance de la volonté et du jugement présidant à l'accord entre les hommes en vue du lien social est une lointaine conséquence de la thèse cartésienne caractéristique de la modernité, selon laquelle le sujet est la source autonome de ses pensées et de son action. « Deuxièmement. La vie du citoyen se situe dans celle de l'État. Il y a derrière lui un passé qu'il doit respecter, un avenir qu'il doit contribuer à forger. De cet enchaînement temporel, il ne peut sortir sans entrer en contradiction avec lui-même ». Il s'agit ici de l'affirmation de l'historicisme romantique – les droits et les devoirs de l'homme découlent de son inscription dans l'historicité de sa vie, celle qu'il expérimente au sein de « l'esprit du peuple ». Enfin, troisièmement : « l'État n'est pas une organisation artificielle ; il n'est pas une invention des hommes destinée à l'utilité ou au plaisir de la vie des citoyens ; il n'existe rien pour le citoyen en dehors de lui. Il est indispensable, inévitable, fondé sur la nature humaine »[1]. À l'artificialisme des théoriciens contractualistes, les romantiques vont opposer un nouveau « naturalisme », celui d'une nature humaine dont l'essence est, non pas subjectivement métaphysique, mais constituée par les liens sociaux, politiques, religieux et historiques dont l'homme ne pourrait souhaiter se défaire qu'à la condition de s'aliéner et de se dénaturer.

Les conceptions de philosophie politique d'A. Müller découlent en partie de sa *Théorie de l'opposition* (1804). Nous retrouvons le schème de la polarité galvanique en régime spirituel. Toute réalité ne se constitue que par la médiation d'une opposition antithétique surmontée, soit, lorsqu'il s'agit de l'opposition de termes hétérogènes, par l'intervention d'un troisième terme extérieur contraignant les deux premiers à l'unité selon le mode d'un ouvrage où une contrainte mécanique s'exerce ; soit, lorsqu'il s'agit de deux termes homogènes différenciant une unité primitive, par le

1. J. Droz, *Le romantisme politique en Allemagne*, *op. cit.*, p. 84-85.

développement organique de cette unité faisant de ces deux contraires, dès lors médiatisés, deux éléments complémentaires comme des organes d'un même tout : le vivant, la famille, l'État.

Cette théorie a été saluée par les auteurs du romantisme allemand. J. Hoffmeister, la retrouvant chez Schleiermacher, fait de ce dernier et de Müller les premiers théoriciens adeptes de la conception organique de l'État[1]. Toutefois, G. Scholtz montre bien que l'aspect organique de l'État selon Schleiermacher implique un autre aspect de façon bi-polaire, celui d'un laisser-être libéral de son auto-constitution éthique[2]. Dans le même ordre d'idées, et en s'appuyant sans doute plus nettement sur les éléments conceptuels d'A. Müller, Fr. Schlegel écrira, dans ses *Caractères du temps présent* (1820), qu'il convient d'adopter en politique la « méthode organique » en fonction de « l'idée que ces diverses formes ou espèces, ou secteurs ou sphères, de l'association humaine, tels les membres et organes du corps humain, ne doivent pas se freiner ni se gêner entre eux, mais se soutenir, se porter et s'élever les uns les autres en concourant à une fin commune, même si l'un des membres peut et doit être subordonné aux autres ou placé au-dessus d'eux »[3]. Mais il est toujours souligné ici que l'autorité de l'État, loin de se fonder sur une rationalité conceptuelle, relève d'un sentiment de filiation naturelle, de même que la force de ses lois repose sur la nature du droit coutumier. Pour certains, comme J. Görres et Novalis, le lien politique est un lien de nature explicitement religieuse, et c'est la filiation divine qui est alors requise pour le fonder, comme nous le préciserons en étudiant la nature du lien politique selon les romantiques.

Il en découle un anti-contractualisme propre au romantisme politique. Cet anti-contractualisme ne concerne, précisons-le, que la question de l'origine de l'État et non la question du gouvernement pour la solution de laquelle certains romantiques admettront la nécessité d'un contrat entre le Roi et son peuple. Le contrat politique est en effet toujours stigmatisé comme un cas exemplaire d'artifice contingent destiné à garantir les intérêts de volontés particulières, présupposées originairement séparées les unes des autres. A. Müller, par exemple, refuse nettement cette hypothèse : « L'État n'est pas une organisation artificielle; il n'est pas une invention des hommes destinée à l'utilité ou au plaisir des citoyens; il n'existe rien

1. Dans son *Worterbuch der philosophischen Begriffe*, Hambourg, Meiner, 1955.

2. *Die philosophie Schleiermachers*, Darmstadt, Wissenschaftliche Buchgesellschaft, 1984. Nous l'avons souligné en comparant plus haut la dialectique de Fr. Schlegel à celle de Schleiermacher.

3. Fr. Schlegel, *Kritische Ausgabe*, KFSA, VII, p. 539.

pour le citoyen en dehors de lui »[1]. Quelques vingt années auparavant, Herder s'en était déjà pris au despotisme éclairé préconisé par Voltaire et considérait que, en s'inspirant des *Lumières* françaises et de leur politique « mécanique », Frédéric II était bien davantage « despote » que vraiment « éclairé » sur les besoins réels et légitimes de son peuple. C'était encore là une divergence d'interprétation foncière avec Kant. En d'autres termes, l'ensemble politique était bien un État fort, mais non une « nation » effective puisque le peuple n'y était pas réellement représenté. Cependant, Fr. Schlegel, J. Görres[2] et Novalis, entre autres, avaient d'abord applaudi les débuts de la Révolution française, espérant d'elle l'avènement d'une communauté politique tout à la fois plus juste et plus fraternelle. Le célèbre Fragment 216 rédigé par Fr. Schlegel pour l'*Athenaeum*, que nous avons cité et commenté plus haut, exprimait l'espoir des jeunes romantiques dans l'une des « grandes tendances de l'époque »[3]. Mais, d'une part, leur anti-contractualisme théorique entraînera bientôt les contestations les plus fortes visant cette révolution. D'autre part et surtout, les violences de La Terreur, puis l'impitoyable expansion napoléonienne, les avaient amenés à réfléchir critiquement plus avant au problème de la fondation de l'État.

On voit en particulier que, d'après l'interprétation qu'en donne A. Müller, c'est l'application du mode mécanique ou technique de résolution des antithèses qui a été mis à l'essai par les révolutionnaires, là où il s'agissait pourtant d'éléments homogènes d'une totalité organique (famille, peuple, État). A. Müller veut tirer ici parti de sa théorie des oppositions afin d'analyser et d'évaluer les concepts et les pratiques politiques du temps présent. Les révolutionnaires français sont critiqués pour avoir rompu les articulations traditionnelles de la société civile, postulées comme organiques, en particulier les « ordres » et les « corporations ». Ceci parce qu'un véritable et durable État résulte, non d'un contrat artificiel et hypothétiquement impératif, mais de l'esprit d'un peuple à l'œuvre dans les volontés individuelles par la médiation des « classes » ou « ordres » (*Stände*). Quoique pensant l'organisme de l'État comme un concept dialectiquement rationnel et non à la manière des romantiques comme une volonté dominée par une passion communautaire nationale, il est clair que Hegel critiquera aussi l'abstraction révolutionnaire dans des termes voisins de ceux des romantiques : « ayant prospéré jusqu'au pouvoir, ces

1. A. Müller, *Elemente der Staatskunst*, *op. cit.*, I, p. 28.

2. J. Görres, *Der allgemeine Friede* (1798), se fait l'écho du livre de Kant *Vers la paix perpétuelle*.

3. Fr. Schlegel, *Athenaeum*, Fragment 216, AL, p. 127.

abstractions [...], parce que ce sont des abstractions dépourvues d'idées, [elles] ont fait de cette tentative l'événement le plus épouvantable et qui blesse le plus la vue »[1] ; il en résulte que « dans cette liberté absolue, tous les états sociaux [*Stände*], qui sont les essences spirituelles en lesquelles s'articule le tout, sont anéantis »[2].

Fr. Schlegel notera dans ses *Caractères du temps présent* (1820) : « c'est, y compris dans le politique, l'essence de toute entreprise révolutionnaire que de commencer par morceler le corps de l'État en ses atomes singuliers, de le scinder en ses éléments, pour, ensuite, ces éléments une fois séparés, agir par masse et dynamiquement sur ces atomes isolés, c'est-à-dire selon le seul jeu des forces contraires »[3]. Inspirées de l'abstraction contractualiste, les violences révolutionnaires ont fâcheusement méprisé l'articulation concrète et différenciée de la vie des peuples. Il n'est donc pas étonnant que le modèle politique de l'organisation sociale vise à la restauration des « ordres » différenciés et hiérarchisés tels que les présentaient la structure monarchique antérieure et la société féodale. Dès son essai sur *L'évolution de la philosophie* en douze livres (1804-1805[4]), F. Schlegel, rompant avec ses positions républicaines antérieures soutenues dans l'*Essai sur le concept de républicanisme* (1796[5]), introduisait une analyse des trois « ordres » : les agriculteurs et les artisans, le clergé et les savants, la noblesse militaire, dont la stricte articulation renvoie à la supposée supériorité et stabilité de la société médiévale. Chacun de ces ordres devrait être représenté par députation, mais par mandat strict et non en référence à la nation tout entière sur le modèle républicain français.

Législation écrite et droit coutumier

Si le fondement du droit et de l'État transparaît dans la nature de la législation politique, c'est en approfondissant les thèses romantiques relatives à cette dernière que l'on complètera la compréhension de ce mode de pensée. Les auteurs principaux des débuts de « l'école historique du

1. Hegel, *Principes de la philosophie du droit*, *op. cit.*, § 258, p. 335.
2. Hegel, *Phénoménologie de l'esprit*, *op. cit.*, p. 499.
3. KFSA, VII, p. 539.
4. KFSA, XIII, notamment aux Livres X (*Natur und Staatsrecht*), XI (*Politik*) et XII (*Völkerrecht*).
5. *Cf.* sur cette évolution, l'étude de J. Lefebvre, « Du républicanisme à la Restauration, l'évolution de la pensée politique de Friedrich Schlegel », dans *La révolution française dans la pensée européenne*, chap. 5, Lausanne-Neuchâtel, L'Âge d'Homme-Presses académiques de Neuchâtel, 1989, p. 100-125, ainsi qu'aux remarques de J. Söring, *ibid.*, p. 127-129.

droit »[1], G. von Hugo[2] et F.-K. von Savigny[3] présentent la nature de la législation comme la codification après coup de lois non écrites, c'est-à-dire de coutumes que l'ancienneté et l'habitude ont légitimées à la manière d'une seconde nature. Mais on doit associer à ces théoriciens fondateurs J. Grimm (1785-1863), qui ne fut pas seulement un écrivain restituant les contes allemands, les légendes et la mythologie, mais l'un des co-fondateurs de l'École historique du droit à laquelle il a donné une orientation décisive, en liant le droit historique à la poésie et à la mythologie d'un peuple. Il le fit notamment dans un article qui eut un retentissement considérable chez les juristes : « De la poésie dans le droit »[4]. Ainsi, les coutumes ne sont pas l'expression d'un peuple intuitivement « muet » et « inorganique ». C'est sur ce point que se situe l'apport capital de J. Grimm, liant langue, coutumes juridiques et poésie mythique : « ni la poésie ni le droit ne sont de pures formulations et de vaines inventions. Leur origine commune procède de quelque chose de doublement essentiel : de l'ordre du merveilleux et de la foi [*ihre beider Ursprung beruhet auf zweierlei wesentlichen : auf beim Wunderbasen und Glaubreichen*] »[5].

Cet historicisme juridique amènera de son côté Savigny à souligner que « l'École historique du Droit admet que la matière du Droit est déterminée par la totalité du passé de la nation [*durch die gesammte Vergangenheit der Nation*] »[6]. C'est là une détermination essentielle de la théorie romantique : l'État est avant tout l'État national qui relie un peuple à ses coutumes historiques et à son droit coutumier dont ils sont « l'esprit ». C'est sur

1. Pour des textes inédits en français de cette École, cf. *L'esprit de l'École historique du droit*, textes de F.C. Savigny et G.F. Puchta, O. Jouanjan (éd.), avec une étude de J. Rückert, Strasbourg, Presses Universitaires de Strasbourg, 2004.

2. G.R. von Hugo est le fondateur, dans *Lehrbuch des Geschichte des römischen Rechts bis auf Justinien, Manuel d'histoire du droit romain depuis Justinien* (1790).

3. F.K. von Savigny, *Vom Beruf unserer Zeit für Gesetzgebung und Rechtswissenschaft, De la vocation de notre temps pour la législation et la science du droit* (1814). Le *Von Beruf* de Savigny est écrit en réponse directe à l'opuscule de A.F.-J. Thibaut – futur collègue et ami de Hegel à Heidelberg – *Über die Notwendigkeit eines allgemeinen bürgerlichhen Rechts für Deutschland, Sur la nécessité d'une codification du droit écrit en Allemagne*, de la même année. On trouvera ces textes dans *Thibaut und Savigny. Ihre programmatischen Schriften*, H. Hattenhauer (ed.), Münich, Vahlen, 1973.

4. J. Grimm, « Von der Poesie im Recht », dans *Zeitschrift für geschichtliche Rechtswissenschaft*, Bd 2, 1816, p. 25-99. *Cf.* l'étude d'A. Dufour, « Droit et langue dans l'École historique du droit », *Archives de philosophie du droit*, t. 19, 1974.

5. J. Grimm, « Von der Poesie im Recht », art. cit., p. 27.

6. Fr. K. von Savigny, dans *Zeitschrift für der geschichtliche Rechtswissenschaft*, 1815, trad. fr. A. Dufour dans « Rationnel et irrationnel dans l'École du droit historique », *Archives de la philosophie du droit*, t. 23, 1978, p. 161.

ce point que l'apport de J. Görres (1776-1848) fut décisif : il a cherché à donner une définition de « l'esprit du peuple » dans son *Introduction aux Livres populaires allemands* (1807), puis, dans sa *Revue Le Mercure rhénan* (1814-1815), en élaborant le plan d'Un État « grand-allemand » de structure « fédérale », fortement charpenté et hiérarchisé en « ordres », tout en respectant l'autonomie culturelle et religieuse des diverses unités composantes, à la manière d'un nouveau « Saint-Empire » : « que l'Allemagne devienne un État d'États [*Staatenstaat*], chacun de ses éléments multipliera sa force par celle de ses voisins et nulle puissance européenne ne pourra faire une brèche dans ce rocher » [1]. Hegel soulignera que ce sont alors ses propriétés naturelles et particulières qui font d'un « peuple » (*Volk*) une « nation » proprement dite (*Nation*) [2] et il écrira ailleurs qu'« une « nation », c'est un peuple, en tant qu'il est né » [3], ce qui exprime évidemment sous sa plume une limitation et une restriction : « les principes des esprits des peuples, en raison de leur particularité – sont de manière générale des principes bornés » [4]. Dès son essai sur *L'évolution de la philosophie en douze livres*, Fr. Schlegel introduisait dans sa philosophie politique la thématique de la nation, en considérant celle-ci comme une communauté « familiale » unissant les hommes de même origine ethnique, famille d'autant plus forte qu'elle est plus ancienne et plus homogène.

À l'égard du peuple-nation, l'interprète compétent de l'« esprit national » est précisément le juriste informé des données historiques et de la façon dont elles ont été transmises par la tradition : « tout droit naît selon ce que l'usage dominant de la langue dénomme droit coutumier, même si ce terme n'est pas pleinement adéquat : il est produit d'abord par la coutume et la croyance populaire, ensuite par la science juridique, donc par des forces internes, agissant en silence, et non par l'arbitraire d'un législateur » [5]. Le contenu de sens et de valeur du droit est donc toujours déjà produit par ce processus créateur et formateur, cette « culture » dont nous avons vu plus

1. J. Görres, *Mercure rhénan*, n° 190, 1815, trad. fr. J. Droz dans *Le romantisme politique en Allemagne*, *op. cit.*, p. 154.

2. Hegel, *Encyclopédie des sciences philosophiques*, *op. cit.*, II, *Philosophie de l'esprit*, § 549 Rem.

3. Hegel, *Cours d'Introduction à la Philosophie de l'Histoire*, cf. *La raison dans l'histoire*, trad. fr. K. Papaioannou, Paris, Plon-10/18, 1965, p. 219.

4. Hegel, *Principes de la philosophie du droit*, *op. cit.*, § 340, p. 430. *Cf.* § 394 de l'*Encyclopédie*, *La philosophie de l'Esprit* : « race, climat et milieu géographique sont des déterminations de l'« esprit national » (*Nationalgeist*).

5. Fr. von Savigny, *Von Beruf...*, *op. cit.*, p. 105 ; nous reprenons la traduction par J.-F. Kervégan des *Principes de la philosophie du droit*, *op. cit.*, « Présentation », p. 35, n. 3.

haut que le sujet en est l'esprit particulier d'un peuple (le *Volksgeist*). Les individualités sont incitées et invitées à le reprendre pour l'approfondir, à la manière dont une œuvre d'art reprend et approfondit dans une forme le contenu de l'Idée esthétique. Les individualités singulières dépendent nativement et d'une façon organique de cet esprit, organicité de l'esprit dont on trouve une formulation saisissante chez un philosophe non romantique comme W. von Humboldt : « un individu singulier n'est par rapport à sa nation un individu qu'à la façon dont une feuille l'est par rapport à un arbre ; pareillement les degrés d'individualité peuvent s'étendre au-delà, de ma nation jusqu'à la souche ethnique, de cette dernière jusqu'à la race »[1]. Toutefois, le juriste et le monarque qu'il conseille ont pour rôle de traduire cette « inspiration » de l'esprit du peuple en une « œuvre d'art » politique. L'État n'est en effet ni une machine artificielle (contre le contractualisme) ni une donnée immédiate (contre un certain naturalisme populaire qui le mènerait à l'anarchie) : comme le génie de la nature exige la forme consciente de l'imagination du génie artiste, le génie du peuple exige la forme consciente et le savoir-faire tout à la fois prudent et symbolique du juriste et du monarque.

La notion d'esprit d'un peuple et ses ambiguïtés

Il nous faut donc préciser le contenu et les ambiguïtés de la notion d'« esprit du peuple », notion que nous avons déjà maintes fois rencontrée plus haut[2]. Les prémisses les plus prochaines de cette notion sont visibles chez Montesquieu lorsqu'il étudie « l'esprit général d'une nation » : « c'est au législateur à suivre l'esprit de la nation, lorsqu'il n'est pas contraire aux principes du gouvernement »[3]. Hegel écrira dans un article de jeunesse : « en ce sens, Montesquieu a fondé son œuvre immortelle sur l'intuition de l'individualité et du caractère des peuples »[4]. Ces prémisses se trouvent

1. W. von Humboldt, « Considérations sur l'histoire mondiale », posthume non daté, dans *La tâche de l'historien*, introduction J. Quillien, trad. fr. et notes A. Disselkamp et A. Laks, Lille, PUL, 1985, p. 49.

2. *Cf.* plus haut, p. 96-100, sa présence dans le domaine herméneutique et linguistique des productions culturelles comme de la religion d'un peuple, sujet de la langue et sujet de sa poésie comme de ses arts nationaux (Herder).

3. Montesquieu, *De l'esprit des lois*, XIX, chap. 5, dans *Œuvres complètes*, Paris, Seuil, 1964, p. 642.

4. Hegel, *Des manières de traiter scientifiquement du droit naturel* (1802-1803), trad. fr. B. Bourgeois, Paris, Vrin, 1972, p. 97. Hegel s'y réfère à nouveau élogieusement dans les *Principes de la philosophie du droit*, § 3, *op. cit.*, p. 113.

aussi chez Herder[1] dont nous avons vu qu'il développa l'idée d'esprit d'un peuple, productivité culturelle se réalisant avant tout dans sa langue, ses arts et sa littérature nationale. Mais le peuple selon Herder est aussi créateur de son droit et de son histoire, et dès 1769, il avait affirmé : « on ne peut causer de plus grand dommage à une nation qu'en la dépouillant de son caractère national, de ce qu'il y a de spécifique dans son esprit et dans sa langue »[2].

Prendre en considération cette notion consiste donc à insister sur le caractère tout à la fois spontanément productif et immédiatement non conscient de soi d'un esprit collectif particulier (ethnique, historique, et même caractérologique). Cette productivité s'effectue dans le domaine du langage, de l'art, du droit et de la politique. Or, selon que l'on conçoit la législation politique introduisant la réflexion et la conscience de soi, comme émanant naturellement des caractères particuliers du peuple – ethniques, géographiques, psychologiques – ou comme émanant d'une instance universelle et extérieure à ces déterminants particuliers, l'on aboutira à deux conceptions différentes, voire divergentes, de « l'esprit d'un peuple ». Dans la perspective hégélienne, l'esprit d'un peuple relève de la rationalité plus ou moins grande qu'introduit l'État dans son droit. C'est donc la rationalité agissante de l'État qui constitue le « véritable » esprit d'un peuple. C'est dire – puisque le « vrai » selon Hegel est à la fois le « tout » et l'« effectif » – qu'il s'agit de l'esprit des lois satisfaisant l'intérêt commun et la puissance d'agir dans le contexte d'autres peuples (*wirklich* étant lié à *Wirkung*). D'où l'exigence d'une politique rationnelle supérieure aux simples besoins particuliers des différentes composantes – d'ailleurs conflictuelles – du peuple comme nation, supérieure aussi aux professeurs du droit historique[3]. Sans la pratique d'un État rationnel par laquelle il est véritablement « formé », le « peuple » est dépourvu, en tant que donnée immédiate et non consciente d'elle-même, de cette belle unité organique que veulent y voir les romantiques. En dehors de l'organisation étatique,

1. Bien que Herder ait polémiqué de façon injuste et erronée contre Montesquieu en lui reprochant les calculs abstraits de sa philosophie politique, dans *Une autre philosophie de l'histoire*, *op. cit.*, II, p. 247.

2. J.G. Herder, *Fragments*, SW, éd. Suphan, I, p. 886, trad. fr. A. Renaut, « Universalisme et différentialisme : le moment herderien », dans *Histoire de la philosophie politique*, 3, *Lumières et romantisme*, Paris, Calmann Lévy, 1999, p. 243.

3. On rappellera que Hegel affirmait en 1807 en visant Napoléon : « tout le monde attend ici l'organisation qui va bientôt être établie [...]. La décision principale viendra sans doute de Paris [...]. Le grand professeur de droit public réside à Paris », lettre à Niethammer, 29 août 1807, *Correspondance*, trad. Carrère, I, p. 170.

« le peuple […] est la masse informe qui n'est plus aucun État et à laquelle ne revient plus rien des déterminations qui ne sont présentes-là que dans le tout formé au-dedans-de-soi » [1].

Pour l'École historique du droit, au contraire, la législation doit se contenter de traduire les déterminants populaires particuliers, nationaux (ou « natifs » (Hegel)) dans le domaine du droit. Selon cette présupposition, ce sont les juristes savants qui, connaissant avec précision l'histoire particulière d'un peuple, tout en ayant la mémoire de ses habitudes et de ses besoins, sont les seuls interprètes autorisés de son esprit et de son droit. Le discours et la pratique politiques sont ici entièrement subordonnés à l'autorité première des juristes historiens. D'où l'extrême importance de la question de la codification des lois abordée par le *Von Beruf* […] de Savigny, à un moment (1814) où la chute de Napoléon va rendre impérative la reconsidération des Constitutions politiques dans les États allemands, dont la plupart d'ailleurs ajourneront leur mise en œuvre [2].

Dans une telle perspective, aucune autonomie de l'État n'est pensable vis-à-vis de la communauté historique de la nation, surtout pas celle d'une rationalité autonome qui se voudrait « constituante » d'une Constitution politique. La critique préromantique de la rationalité politique comme fondement principal de la législation avait déjà été formulée par E. Burke dans ses *Réflexions sur la Révolution française* (1790), ainsi que par A.-W. Rehberg reprenant les arguments de Burke dans ses *Recherches sur la Révolution française* (1793 [3]). L'ouvrage de Burke fut traduit par Fr. von Gentz la même année. Dans l'Introduction de sa traduction, Gentz soulignait avec force les mérites et vertus de Burke : l'amour de la constitution monarchique anglaise ; la crainte du sacrifice de la prospérité économique ; le sens aiguisé de l'expérience politique et de la prudence ; les avertissements relatifs aux menaces que faisaient peser les idées révolutionnaires sur tous les État européens. Il soulignait enfin la sombre confirmation que la Terreur française avait apportée aux pronostics de Burke : « les folies dont parle Burke ont été, en effet, supplantées par de nouvelles folies en rapport desquelles les anciennes prennent figure de sagesse ; les crimes qu'il dépeint se perdent au milieu de monstruosités dont ils n'ont été qu'une

1. Hegel, *Principes de la philosophie du droit*, § 279, *op. cit.*, p. 378.

2. La Prusse ne s'en dotera qu'en 1850.

3. A.W. Rehberg, *Recherches sur la Révolution française*, trad. fr. et introduction L.K. Sosoe, préface A. Renaut, Paris, Vrin, 1998.

répétition générale. L'enthousiasme de 1789 fut l'embryon des actes de démence de 1792 »[1].

Kant avait lu l'ouvrage et le discuta au fond dans l'*Opuscule sur l'expression courante : il se peut que ce soit juste en théorie, mais en pratique cela ne vaut rien*, publié à la fin de la même année[2]. Mais l'influence de Burke et Rehberg sur les philosophes romantiques allemands fut indéniable, notamment en ce qu'ils introduisirent le concept de « communauté » (*Partnership*, *Gemeinschaft*) porteur de prolongements virtuellement « nationalistes »[3]. L'anti-légalisme, fréquent chez les romantiques, est ainsi une conséquence directe de leur nationalisme. E. Gans, juriste et philosophe du droit disciple de Hegel, parlera aussi de cette misonomie romantique : « la haine de la loi et de ce qui lui est lié, la haine de l'État, source de la loi »[4]. Il convient toutefois de nuancer cette appréciation dans la mesure où elle ne convient pas à l'ensemble des théoriciens juristes du romantisme et particulièrement pas aux disciples plus tardifs dont plusieurs réintroduiront la nécessité d'un certain légalisme – émanant du peuple consulté – au-delà de la compétence historienne des seuls juristes. A. Müller lui-même, autorité théorique majeure de la philosophie politique, avait déjà admis la nécessité d'opérer une synthèse des apports du républicanisme et de la monarchie : « les expériences de notre temps ont appris que ni une forme absolument républicaine, ni une forme absolument monarchique ne sont possibles, mais républicanisme et monarchie ne sont rien d'autre que les deux éléments également nécessaires de toute Constitution »[5]. Si le monarque exprime réellement et symboliquement le principe historique de l'esprit du peuple, les « lois » qu'il autorise relèvent aussi de la conciliation entre les divers intérêts particuliers et les différents « partis » qui les représentent. Mais les deux composantes, monarchique et républicaine, sont supposées exprimer une même communauté spirituelle du peuple. On pourra alors parler d'une véritable tension, voire d'un conflit au sein des théoriciens de l'École du droit historique,

1. Fr. de Gentz, *Betrachtungen über die Französische Revolution*, I, Introduction, trad. fr. J. Droz, *Le romantisme politique*, *op. cit.*, p. 53.

2. En septembre 1793 dans *Berlinische Monatschrift*, trad. fr. Paris, Vrin, 1967. La même année Fichte produit ses *Contributions destinées à rectifier l'opinion du public sur la Révolution française*.

3. *Cf.* D. Losurdo, *Heidegger et l'idéologie de la guerre*, Paris, PUF, 1998.

4. E. Gans, cité par A. Dufour dans « La théorie des sources du droit dans l'École du droit historique », *Archives de philosophie du droit*, t. 27, 1982, p. 85.

5. A. Müller, *Éléments de l'art politique*, trad. fr. R. Legros dans *Le jeune Hegel et la naissance de la pensée romantique*, Bruxelles, Ousia, 1980, p. 206.

entre le courant des Romanistes ou « juristes-savants », de Savigny à Puchta[1] et le courant populaire germaniste. L'attachement aux constructions du droit romain constitue alors, selon Puchta, un modèle entraînant une minimisation des sources populaires et historiques présentes du droit. Le juriste Jhering mettra en lumière ces contradictions et optera pour une accentuation du souci de la rationalité exigée par les mœurs et les institutions de l'histoire présente, soulignée par le courant des Germanistes, courant « poétique-populaire » (de Grimm à G. Beseler[2]).

La nature religieuse du lien politique

Si l'on s'en tient aux premiers théoriciens, quelle est pour eux la nature du « lien politique » au sein de cet État national ? L'expérience naturelle de la filiation nationale confère au lien politique une teneur réellement « religieuse » et il reste vrai que, selon la formulation de R. Ayrault, « l'intégration générale de la politique dans le religieux » est une caractéristique du romantisme allemand[3]. *La prévalence de la religion au sein des sphères de la culture est ici confirmée*. Selon Novalis et Z. Werner[4], figures éminentes du romantisme, le lien politique est en lui-même un lien de nature religieuse : « la vraie religiosité, écrit le premier, est née de la constante intervention du monde des dieux dans la vie terrestre ; de même pour nous aujourd'hui, cette durable présence du couple royal dans la vie privée et la vie publique doit être le gage d'un patriotisme véritable »[5]. Ce « pour nous aujourd'hui »(1797) est une allusion directe à l'opposition de la politique attendue de Frédéric-Guillaume III et de la reine Louise après la mort de Frédéric II, le despote honni par Novalis comme il l'avait été par Herder. Novalis n'est pas sans rattacher l'expérience de l'amour social et politique à son expérience de l'amour comme poiésis, moralisation et élévation à l'unité de réalités d'abord séparées (*cf.* ce que nous avons dit de l'expérience de la « combustion » et de sa logique affective transposable dans le

1. G. Fr. Puchta (1797-1846), auteur du *Cursus der Instituntionen* (1841-1842). *Cf.* sur cette histoire de l'École, J.-L. Halperin, « l'Histoire du droit constituée en discipline : consécration ou repli identitaire ? », *Revue d'Histoire des Sciences Humaines*, 2001, 1, n° 4.

2. Le germanisme fort de G. Beseler (1804-1888) entraîna sa rupture avec le courant des « romanistes » (Puchta), en affirmant la prévalence d'un militantisme à l'écoute du peuple vis-à-vis des « juristes-herméneutes » du droit historique (Savigny et autres).

3. R. Ayrault, *La genèse du romantisme allemand*, Paris, Aubier, 1963, III, p. 494.

4. Z. Werner, poète, dramaturge et prédicateur populaire très écouté – notamment lors du Congrès de Vienne en 1814 – se convertit en 1811 à la religion catholique comme nombre de romantiques allemands.

5. Novalis, « Foi et Amour », *Schriften*, II, p. 163.

domaine de l'esprit au sens strict). De sorte que l'État idéal est un État poétique : « un État très spirituel sera de lui-même poétique. Plus il y a d'esprit et de circulation spirituelle au sein de l'État, plus celui-ci s'approchera du poétique »[1].

Selon Z. Werner, l'enseignement religieux consistant à éveiller chez les autres le sens de l'infini lorsqu'on le possède pour soi, il en résulte une définition très extensive de la prêtrise : « est prêtre, écrit-il, tout homme qui possède le sens de l'infini et l'éveille chez les autres. Non seulement l'ecclésiastique, l'artiste, mais aussi l'homme d'État, le héros, le roi, le consul sont en ce sens des prêtres »[2]. Plusieurs ont souligné le danger d'indétermination et d'arbitraire que recelait cette religion du lien politique, notamment Hegel : « lorsque la piété se substitue à l'État, elle ne saurait admettre ce qui est déterminé et le détruit »[3]. Un aspect majeur que le nationalisme germanique recueillera du romantisme consiste dans la supposition que le sentiment du politique en sa vérité est un sentiment religieux. Cette religiosité politique peut aisément s'émanciper de la théocratie traditionnelle selon laquelle le souverain reçoit son pouvoir d'un Dieu transcendant pour en venir à appréhender le divin à l'intérieur même de ceux qui unifient politiquement une nation : héros fondateurs d'État, rois, princes, etc.... F. Schlegel lui-même, dans ses *Caractères du temps présent* de 1820, entendra par « État chrétien » non pas celui dans lequel la confession dominante serait une secte chrétienne instituée, le menaçant de sectarisme, mais celui dont les principes sont la foi et la charité évangéliques, sans autre détermination plus contraignante. Mais c'est précisément là cette dangereuse « indétermination » que critiquait Hegel.

La philosophie de l'histoire

Après la philosophie politique, une seconde discipline philosophique spécifie la philosophie romantique : la philosophie de l'histoire universelle. C'est que la conception religieuse du lien politique est solidaire d'une vision religieuse de l'histoire des peuples, en particulier chez Novalis (*La chrétienté ou l'Europe*, 1799) et Fr. Schlegel.

1. Novalis, « Foi et amour », trad. Margantin, LFPDM, p. 662.
2. Z. Werner, *Briefe des Dichters Z. Werner*, O. Floeck (ed.), Munich, 1914, p. 209.
3. Hegel, *Principes de la philosophie du droit*, § 270 Add., trad. fr. Derathé, Paris, Vrin, 1982, p. 345.

La source herderienne

Il faut d'abord revenir à J.G. Herder afin de saisir l'une des sources principales de ces philosophies de l'histoire. Dans *Une autre philosophie de l'histoire* (1774) dont le titre parodiait allusivement le titre de Voltaire *Philosophie de l'histoire par feu l'abbé Bazin* (1765), il avait critiqué la thèse d'un progrès continu et rationnel de l'histoire émise par l'auteur français qui contribuait ainsi à inscrire dorénavant la formule « philosophie de l'histoire » comme l'expression d'une thématique fondamentale de la philosophie. Cette « autre » manière de penser l'ensemble de l'histoire humaine consistait, d'une part, à contester qu'elle doive se faire comme une relecture « éclairée » de l'histoire humaine à partir des normes somme toute locales fournies par les sciences et les arts de l'Europe contemporaine ; elle consistait, d'autre part, à souligner l'effacement abstracteur de la dimension particulière de chaque peuple et de son apport irréductiblement original à la culture humaine. Cette spécificité de l'esprit national est tout autant effacée selon Herder par Voltaire que, plus tard, par Kant, avec lequel il polémiquait à nouveau – sans le nommer mais ses formules sont transparentes – dans le Livre 8 de ses *Idées pour la philosophie de l'histoire de l'humanité* (1784-1791), après que Kant ait publié son article, *Idée d'une histoire universelle d'un point de vue cosmopolitique* (1784[1]). À la mise en œuvre de l'hypothèse kantienne d'un « Plan caché de la nature » relatif au développement, prioritairement juridique, de la raison humaine à travers le jeu des passions, Herder répliquait que l'existence humaine n'a d'autre but que le développement de sa vie dans le cercle restreint de son milieu social et national[2]. Les différents peuples sont incomparables en fonction d'un critère exclusif emprunté à l'un deux (raison, droit, richesse, etc.) et il faut faire intervenir dans leur mise en rapport un principe de compensation : ce dont un peuple ne dispose pas, comme avantage dont un autre est doté, est compensé par ce qu'il développe et que le premier n'a pas ou n'a plus[3]. On saisit que deux éléments essentiels de la critique herderienne ont été appropriés par les romantiques : d'une part l'idée que ce n'est pas à partir d'une norme rationnelle extérieure au devenir historique,

1. *Cf.* A. Philonenko, *La théorie kantienne de l'histoire*, Paris, Vrin, 1986, chap. IV, « Kant et Herder. Une polémique ».

2. Kant répondra à ce deuxième ouvrage de Herder dans sa Recension, *Compte rendu de l'ouvrage de Herder, Idées sur la philosophie de l'histoire de l'humanité* (1785).

3. Sur ce principe de « compensation » *cf.* les développements éclairants de B. Binoche dans *Les trois sources des philosophies de l'histoire (1764-1798)*, Paris, PUF, 1994, « Le principe de compensation », p. 190-192.

juridique ou spéculative, que doit être évaluée l'histoire humaine; d'autre part, l'idée complémentaire que ce n'est pas l'individu « abstrait », en particulier le sujet juridique et politique, qui est porteur des valeurs premières de l'histoire humaine. À ces deux erreurs, les romantiques substitueront les deux vérités qui sont les leurs : c'est, d'une part, la norme religieuse, à la fois transcendante et immanente, transcendante dans l'immanence du devenir d'un peuple, qui est le critère d'évaluation supérieure concernant l'histoire humaine, et c'est, d'autre part, l'esprit des peuples, l'âme collective qui est en vérité la substance porteuse des valeurs de la culture. On comprend dès lors la révérence continue effectuée par les romantiques à l'égard de Herder en lequel ils voient le précurseur de leurs positions relatives à l'histoire.

Toutefois, comme toute assignation rétrospective d'un précurseur, cette « romantisation » de Herder laisse échapper un troisième élément tout aussi fondamental de sa philosophie de l'histoire que l'on pourrait nommer son « universalisme monadologique ». Le système leibnizien, souvent analysé par Herder [1], lui a fourni un schème permettant de combiner l'indépendance des individualités nationales et leur liaison harmonieuse en tant que miroirs mis en perspective de développements différents sur un même monde. Plutôt qu'à un progrès linéaire – progrès qui n'est tolérable qu'au sein d'un développement d'ailleurs fini de chaque monade collective atteignant son maximum de perfection puis déclinant – l'universalité culturelle est redevable à un espace de communication dans lequel s'opère peu à peu la compréhension d'un concert des nations. Il introduit ici une distinction riche de postérité romantique, celle entre « progrès » (*Fortschritt*) ou amélioration d'un élément sous un point de vue et un critère particulier et « progression » ou « développement » (*Fortgang* ou *Entwicklung* [2]) qui renvoie à la croissance d'un ensemble d'éléments interagissant au sein d'un Tout, chacun d'entre eux ayant un égal mérite et une égale nécessité pour l'obtention de ce concert. Herder peut ainsi nier qu'un réel progrès, linéaire et continu, enchaîne l'ensemble des peuples de l'humanité comme s'il s'agissait d'un individu singulier – réservant le progrès à l'une des phases de chaque peuple – et, en même temps, affirmer que tous ces microprogrès enrichissent également le « développement » du tout humain : l'image de

1. *Cf.* les analyses données par A. Renaut dans « Universalisme et différentialisme : le moment herdérien », dans *Histoire de la philosophie politique*, 3, *Lumières et romantisme*, Paris, Calmann Lévy, 1999, p. 248 *sq.*

2. « *Fortgang und Entwicklung* », « Progression et développement qui soient manifestes mais dans un sens plus élevé que celui que l'on a cru » : Herder, *Pour une autre philosophie de l'histoire*, introduction, éd. et trad. fr. M. Rouché, Paris, Aubier, 1947, I, p. 189.

l'arbre, que reprendront avec faveur les romantiques, vient alors souvent sous sa plume. Il envisage toutefois à la fin de l'ouvrage une « relève » – mais non sous la forme d'une Renaissance – du déclin européen dont sont responsables selon lui les Lumières françaises par un autre peuple d'Europe, sans toutefois le nommer.

L'idée de communication et de diffusion des cultures interagissantes est une forme d'éclaircissement de l'homme sur lui-même qui constitue sans doute un bon usage des *Lumières* : « la diffusion des Lumières, bien qu'elle ne vienne pas toujours à point pour nous [...] donne la certitude que nous approchons d'un grand Océan »[1] et « voyez le siècle supérieur qui s'avance déjà »[2]. Herder affirmait formellement le fondement théologique et plus précisément religieux (le christianisme pour l'Europe) de cette communication entre monades culturelles répondant à un Plan divin. Si l'histoire doit être considérée « de multiples points de vue »[3], il n'empêche qu'il faut réserver à Dieu la vue totalisante de ces points vue que chaque peuple produit et avec lesquels doit sympathiser le philosophe de l'histoire : Dieu seul est à même de considérer une histoire totale sans unilatéralité. Une tension est néanmoins perceptible chez Herder entre un universalisme œcuménique qui relève autant d'une vision religieuse que d'une métaphysique au sens strict et un particularisme national relativement aux valeurs esthétiques et politiques. C'est justement cette tension pouvant sembler virtuellement grosse d'une incompatibilité dont ses successeurs romantiques feront sans doute les frais.

Sur la base de ces perspectives ouvertes par l'aménagement monadologique de la philosophie d'une l'histoire de l'humanité mue par l'esprit des peuples, A. Renaut a montré[4] que deux lignes de développement restaient possibles. Ou bien reprendre l'hypothèse d'origine kantienne d'un développement linéaire de la raison dans l'histoire – avec la prévalence du progrès de la raison juridique – mais en faisant cette fois des esprits des peuples et de leurs héros politiques le support de ce développement (Hegel combinant en quelque sorte Kant et Herder); ou bien engager l'hypothèse selon laquelle c'est l'histoire de la sensibilité religieuse et non une rationalité juridique autonome qui donne élan et orientation à l'histoire

1. Herder, *Pour une autre philosophie de l'histoire*, *op. cit.*, III, p. 337.

2. *Ibid.*, III, p. 341.

3. Herder, dans K. Morris, *Goethes und Herders Anteil an dem Jahrgang 1792 der Frankfurter Gelehrten Anzeigen*, p. 241.

4. Dans le chapitre sur Herder de l'*Histoire de la philosophie politique*, *op. cit.*

des peuples d'Europe : ce sera la ligne suivie par les romantiques allemands, notamment par Novalis et par Fr. Schlegel[1].

La philosophie de l'histoire de Novalis

Novalis avait souligné, dans *La chrétienté ou l'Europe* (1799[2]), la nécessité où se trouve l'Europe moderne de retrouver l'unité religieuse de l'Europe médiévale, unité qu'avait rompue la Réforme. Pour restaurer l'unité catholique du monde médiéval, Novalis n'hésite pas à supposer l'idée d'une Allemagne à même de reconstituer une totalité impériale au-dessus des nations, des particularités de leurs croyances et de leurs coutumes : « en Allemagne, on peut déjà faire ressortir les indices d'un monde nouveau. De son pas lent, mais sûr, l'Allemagne s'avance par-devant les autres pays d'Europe. Alors que la guerre, la spéculation et l'esprit de parti tiennent tous ceux-ci occupés, le pays allemand, avec son soin entier, se forme et se cultive, déjà faisant partie d'une époque supérieure de la civilisation ; et ce progrès ne manquera pas de lui donner, dans la marche du temps, une prépondérance considérable sur les autres nations »[3]. Très imprégné des thèses novalisiennes, J. Görres reprendra dans l'*Allemagne et la révolution* (1819) un éloge appuyé de l'Allemagne médiévale : structure politique, droit, moralité des mœurs, culture et religion, de sorte que « l'Histoire nous enseignera facilement quelle abondance le Moyen Âge a produite, et avant tout en Allemagne »[4]. Toutefois, J. Görres cherche à unir de manière audacieuse et dangereuse l'idée monarchiste et l'idée républicaine de représentation populaire revendiquée par les révolutionnaires. Cela lui vaudra l'exil après les mesures répressives prises lors de la conférence de Karlsbad convoquée par Metternich. Fr. Schlegel reprendra ultérieurement les mêmes thèses dans ses articles de la revue *Concordia* en critiquant autant les excès de l'« ultra » monarchisme que ceux de l'extrême libéralisme : « la cause profonde du mal réside dans cette constatation que tout tend à devenir affaire de parti, au

1. Sans omettre les *Dresdener Vorlesungen* d'A. Müller (1806). Müller y développe dans la capitale de la Saxe un germe de résistance active à l'impérialisme napoléonien. En écho, Fr. de Gentz lui demandera de systématiser ses thèses qui deviendront les *Éléments de l'art politique* de 1807.

2. En dépit du souhait de l'auteur, l'essai ne fut pas publié dans l'*Athenaeum* par les Schlegel, car ceux-ci étaient encore à cette époque attachés au républicanisme et étrangers à la revendication « catholique » déjà forte de Novalis.

3. Novalis, *Œuvres*, AG, I, p. 319.

4. J. Görres, *L'Allemagne et la révolution* (1819), trad. Margantin, LFPDM, p. 658.

point que les meilleures pensées sont contaminées par cet esprit "ultra", dont le manque de consistance, l'inorganisme fondamental peuvent devenir aussi destructeurs et conduire au même état chaotique que les conceptions opposées »[1].

Ces dernières considérations entraînent la nécessité de considérer attentivement la formation et le développement de la philosophie schlégélienne de l'histoire.

La philosophie de l'histoire de Fr. Schlegel

C'est de façon conceptuellement très constructive que Fr. Schlegel dans *Les leçons sur l'histoire universelle* (1804-1805) avait exposé les phases de l'histoire de l'humanité. Entre le Paradis (Paradies, Aurora) et le retour du « Royaume de Dieu » se situent les phases du christianisme médiéval et de la Révolution. Elles sont en attente de la Restauration finale qui jugera en dernier le Monde. Le Jugement se fera en tirant les leçons de l'expérience du mal, de la guerre entre nations et, sur le plan théorique, de l'autonomie de la philosophie critique. La mythologie religieuse du Paradis, de la Chute, de l'Antichrist (l'esprit de la philosophie moderne), du jugement et du Royaume sous-tend en permanence l'élaboration de cette histoire universelle dont le propos est de teneur religieuse. Dans les ultérieures *Leçons sur la philosophie de l'histoire* (Vienne, 1829), Fr. Schlegel s'efforcera finalement, d'une part, de simplifier le schème du développement historique en le ramenant à trois « Temps » : « Temps de la parole » (« révélation originaire »); « Temps de la force » (déploiement des oppositions et des conflits d'intérêts particuliers instrumentant l'intelligence à leur profit); « Temps de la lumière », ramenant la foi et l'amour au centre rayonnant de la culture historique de la restauration. Mais l'idée d'une « chute » de l'esprit des temps modernes s'étant séparé de l'image de Dieu, et dont les Lumières et la révolution française sont les manifestations patentes, conduit à la thèse de la Restauration d'une unité politico-religieuse. On sait que Hegel, suivant l'autre ligne de développement possible mentionnée à partir de Herder, s'opposera à cette vision mythique d'un état de nature parfait où l'image de Dieu n'était point troublée : « c'est ignorer totalement, écrit-il, ce que sont l'intelligence et la pensée »[2]. J. D'hondt a souligné ce point dans son commentaire : « pour le genre

1. Fr. Schlegel, « Signatures de notre temps », *Concordia*, I, 1820, p. 15, trad. Droz, p. 169.
2. Hegel, *La raison dans l'histoire*, *op. cit.*, p. 191.

humain, revenir sur ses pas, c'est déchoir, c'est périr [...]. Hegel cherche à suivre le sens de l'histoire, alors que Schlegel marche à rebours »[1].

Fr. Schlegel vise à préciser la notion d'une véritable « restauration », en en distinguant deux formes. Il s'agit en réalité d'éviter un double extrêmisme menant de part et d'autre à un égal fanatisme : le fanatisme révolutionnaire auquel a fait assister la Terreur française de 1793 et le fanatisme de la réaction (celui des ultras déjà critiqués dans les « Caractères du temps présent » de la revue *Concordia* en 1820) dans lequel on ne se donne pas les moyens d'une restauration stable et équilibrée de la monarchie dans « l'État chrétien ». Celle-ci était assise sur la foi et l'amour, mais il convient d'assumer les acquis de la réflexion et de la subjectivité pensante, devenue des figures « classiques » de la modernité. Il avait précisé cette conception synthétique de la Constitution dans sa *Philosophie de la vie* (1827) : « toute constitution bien réglée, même républicaine, s'appuiera sur les corporations et la division organique en classes plutôt que sur l'égalité et le système numérique des votes, qui est toujours un élément de trouble, et tôt ou tard une source positive d'anarchie »[2]. Toutefois, le suffrage universel prôné par les républicains fait l'objet d'une critique sévère – assez voisine remarquons-le, de la critique hégélienne : « quand même il serait reconnu que le peuple, comme la majesté invisible de Dieu, peut et doit être représenté, ont tort ceux qui réclament cette représentation selon le mode que l'on a choisi aujourd'hui. On appelle en effet de cette manière la population tout entière à former une loterie de voix, et les hommes qui en sont tirés comme par hasard s'en vont, comme chiffres additionnels, prendre pour un temps leur part du pouvoir législatif. Mais dans leurs principes, leur caractère, leurs tendances, les candidats ainsi élus ne sont d'ordinaire que les représentants du moment »[3]. La restauration attendue par Fr. Schlegel n'est donc pas la restitution simple de l'édifice médiéval, et encore moins du christianisme primitif, car ils sont tous deux imparfaits à ses yeux. La restauration envisagée, fondée sur la foi et l'amour chrétiens, devra éviter la haine purement réactive à l'égard de l'intelligence et de la réflexion conceptuelle caractéristiques des théories républicaines, tout en tirant

1. J.D'Hondt, *Hegel, philosophe de l'histoire vivante*, Paris, PUF, 2ᵉ éd. 1987, p. 215, cité dans J. Lefebvre, « Du républicanisme à la Restauration, l'évolution de la pensée politique de Friedrich Schlegel », art. cit. De façon plus générale, sur la comparaison entre l'histoire selon Fr. Schlegel et l'histoire selon Hegel, *cf.* J.D'Hondt, *Hegel, philosophe de l'histoire vivante*, *op. cit.*, p. 213-216. Sur les critiques hégéliennes de J. Gorres, *cf.* J.D'Hondt, *ibid.*, p. 62-65.

2. Fr. Schlegel, *Philosophie de la vie* (1827), II, p. 286, trad. Droz, p. 172.

3. *Ibid.*, II, trad. Droz, p. 174.

avantage de ce qu'elles ont pu rendre intelligible dans le mouvement de l'histoire. C'est bien plutôt une nouvelle union du savoir et de la foi, de la raison et de l'amour qui est alors envisagée pour cette restauration, dont il observe les signes non seulement en Allemagne mais en France (chez de Bonald et de Maistre). Sans renoncer à une perspective ultimement prophétique et eschatologique, Fr. Schlegel essaie de prendre en compte et d'intégrer à sa philosophie de l'histoire les données spécifiques et complexes du temps présent.

L'échec de ces tentatives qui se situaient dans une ligne de virtualités postherdérienne avait été tragiquement anticipé par Hölderlin, ce qui est une nouvelle raison d'affirmer son non-romantisme. Selon le poète de Tübingen, la modernité s'est tragiquement séparée des valeurs de l'Antiquité, dont la Grèce représentait à l'avance une manifestation indépassable et inimitable. Renonçant au rêve sublime qu'il avait fait partager à Hegel dans sa jeunesse, Hölderlin n'entrevit bien vite aucune possibilité de penser une continuité entre cette belle et juste totalité et notre modernité esthétique et politique, et il s'en désespéra. L'unique issue était une identification fusionnelle du seul poète singulier avec cette patrie, à l'écart à la fois des dieux qui sont « trop haut » et des hommes dont la subjectivité est trop bassement affairée : « nous venons trop tard, ami. Certes les dieux vivent, mais là-haut, sur nos têtes, au cœur d'un autre monde [...] par instant seulement l'homme soutient le poids de la divine plénitude » [1]. Hölderlin préféra ce risque de folie poétique à la folie politique des romantiques projetant de tenter la modernisation de l'Antique ou du médiéval. On sait qu'il y succomba [2].

Le romantisme allemand comme idéologie politique

Chez les romantiques allemands, la frontière est parfois mince séparant philosophie politique et idéologie politique, si l'on entend par celle-ci un discours se mettant au service d'une « cause » pratique ou d'un « courant agissant » dans le registre politique. L'idéologie n'est donc pas prise ici au sens très général que Marx lui donne en entendant par là, dans *L'idéologie allemande*, toute forme d'art, de religion et de philosophie en tant que modes de conscience socialement mystifiante, mais au sens étroit d'idéologie politique, à savoir d'un ensemble de valeurs propres à une formation

1. Hölderlin, *Élégie, Le Pain et le Vin*, dans *Œuvres*, *op. cit.*, p. 812.

2. Nous nous permettons de renvoyer sur ce point à A. Stanguennec, « Folie poétique et sagesse conceptuelle : Hölderlin et Hegel », dans *Études post-kantiennes*, *op. cit.*, I, , p. 78-94.

ou à un courant politique agissant. Si certains philosophes ont pu, en ce sens, être déjà des idéologues – notamment certains romantiques – une idéologie politique naissant sur le terrain politique peut aussi, à l'inverse, exploiter et transformer pour les besoins de sa cause, les concepts produits par une philosophie au point de les rendre parfois méconnaissables. Le romantisme allemand a aussi parfois alimenté certaines idéologies politiques du XXe siècle, en étant défiguré par elles de manière non moins violente que ne le fut de son côté la pensée de Nietzsche, au sujet duquel H.-G. Gadamer écrit : « A. Bäumler, l'un des idéologues qui ont contribué à élaborer les dogmes nationaux-socialistes, écrivit en 1931 un livre très romantique sur Nietzsche qui connut un grand succès »[1].

Les philosophies politiques novalisienne et schlegélienne – pour ne s'arrêter qu'à elles – s'ancrent explicitement dans une tradition idéologique allemande visant à soutenir les mouvements de réaction à de nouvelles valeurs ébranlant l'ordre ancien. En leur fournissant les gages d'un discours cohérent et autorisé, ces mouvements légitiment régulièrement la conservation d'une harmonie divine et d'une tradition de hiérarchies sacrées qui se voient menacées. C'est bien pourquoi, l'idéologisation d'un mouvement de pensée littéraire ou philosophique s'inscrit dans le contexte plus général des implications possibles d'une « philosophie de l'histoire », et c'est la raison pour laquelle il nous semble nécessaire d'aborder sous cet angle aussi la philosophie romantique allemande. Dans son étude sur l'évolution de la philosophie politique de Fr. Schlegel, J. Lefebvre mentionne les antécédents de *La nef des fous* de Sébastien Brant (1494) et, à la fin du XVIIe siècle, *Les aventures de Simplicius Simplicissimus* de H.J.Ch. Grimmelshausen (1668) dont le héros traverse la Guerre de Trente Ans (1618-1648). Cette guerre, se terminant par les traités de Westphalie, avait un enjeu religieux puisque l'Empereur d'Allemagne (maison d'Autriche) était catholique, tandis que les Princes allemands étaient protestants. L'Autriche vaincue, cela signifiait l'émiettement de l'Allemagne en de multiples États et la domination du protestantisme, état de division qui constitua le présent historique douloureusement affecté des romantiques et de Hegel. Le poème satirique de S. Brant s'est fait entendre, à l'aube de la Réforme, comme une voix clamant la valeur de l'Ordre

1. H.-G. Gadamer, *Nietzsche l'antipode*, trad. fr. Ch. David, Paris, Allia, 2000, p. 15. Il s'agit de *Nietzsche als Philosoph und Politiker*, Leipzig, 1931, écrit au mépris des textes anti-nationalistes et anti-anti-sémites du philosophe.

catholique déjà fortement ébranlé[1]. Le roman-fleuve de Grimmelshausen, quant à lui, cherchait à mettre en question de façon radicalement satirique l'avènement des *Lumières* et l'émancipation de la morale et de la politique vis-à-vis de l'autorité religieuse naïvement admise, avec, selon J. Lefebvre, « une visée qui, dans le cadre du christianisme de l'époque, reste essentiellement didactique et morale »[2]. De façon semblable, tous les efforts théoriques de rechristianisation politique entrepris par Novalis et par Fr. Schlegel ne purent mettre un frein à l'extension croissante du républicanisme au sein même des monarchies d'Europe, de même qu'à l'indépendance progressive des principes et des pratiques politiques vis-à-vis des institutions religieuses.

La reprise des motifs thématiques et des thèses romantiques par certaines idéologies nationalistes allemandes du XXe siècle est bien connue. Nous avons vu plus haut que l'un des motifs schlégéliens les plus originaux est celui du particularisme linguistique ressourcé à l'ancienne langue hindoue, le sanscrit. Ce bloc indo-germanique (hindou, perse, grec, romain, allemand) se distinguerait de façon éminente des différentes aires des langues addictives (africaines et américaines notamment). La caractérisation des peuples à partir de leurs types de langues implique une hiérarchisation menant à la subordination des peuples inférieurs à ceux qui leur sont naturellement et linguistiquement supérieurs. On perçoit que, sur la base de l'héritage de la monadologie historique de Herder, c'était la dimension individualisante de la nation, devenant facteur de nationalisme qui risquait d'effacer ce que la monadologie herderienne conservait d'universalisme et que la reconstruction hégélienne, quant à elle, permettait de maintenir. On peut en effet penser que l'universalisation prônée explicitement par la religion « catholique », à laquelle on demandait d'assurer la liaison entre les peuples, ne pouvait le faire, dans la construction romantique, qu'en en excluant un grand nombre, notamment chez Fr. Schlegel, en raison de la « sélection hiérarchique » impliquée par sa philosophie du langage. L'historien peut voir là « une définition dont la violence parfois – [...] il n'est pas exagéré de le dire – laisse pressentir celle des idéologies de ce siècle »[3]. Ernst Moritz Arndt donnera au particularisme national allemand ancré dans la particularité linguistique plus de virulence encore dans son *Esprit du temps* (1813), puisque l'amour de soi d'un peuple

1. *Cf.* J. Lefebvre, *Les fols et la folie. Étude sur le genre du comique et la création littéraire en Allemagne pendant la Renaissance*, Paris, Klincksieck, 1968.

2. J. Lefebvre, « Grimmelshausen et la littérature », dans *Études allemandes*, *op. cit.*, p. 2.

3. M. Crépon, *Les géographies de l'esprit*, *op. cit.*, p. 147.

implique selon lui la haine des autres et leur impossibilité de coexister pacifiquement, ce qui mène à la violente domination du plus fort d'entre eux. Dans cette perspective polémique, l'universalisme, le cosmopolitisme et le pacifisme sont le fait de peuples impurs et malades. Mais c'est Ludwig Jahn qui porte à son comble l'ultranationalisme dans son *Deutsches Volkstum* (1813). Ce « caractère populaire allemand » unit des traits physiques, ethniques, linguistiques et géographiques, en même temps que des dispositions intellectuelles, affectives et morales dont l'État doit être à la fois l'expression et la défense. Mais aucun échange ni mélange de ces traits avec ceux d'autres peuples – aucun « métissage » – n'est ici acceptable dans le principe, principe dont l'application se voudra d'autant plus cruelle et rageuse qu'elle se révèlera effectivement impossible.

De façon plus générale, tandis que Kant s'en était tenu avec une prudence critique à la seule unité du philosophique et du poétique dans sa théorie des Idées esthétiques, le romantisme, notamment chez Novalis, en voulant établir un lien plus profond, mais aussi combien plus trouble et extensible, entre le philosophique, le poétique, le national et le religieux dans l'Idée mythique originaire de l'*Urdichtung*, s'exposait à la sacralisation idéologique de particularismes extrêmes. E. Cassirer a souligné ce lien entre le concept totalisant de la nation romantique absorbant tout au sein de son esprit inconscient et irrationnel et la rigidité d'un égoïsme nationaliste tourné vers le passé national, au détriment de ce qui était pourtant l'intuition originaire du romantisme, celle de l'énergie (ou *energeia*) d'une vie au développement infini : « le romantisme, en refoulant cette énergie, pour considérer partout l'être et le développement véritables du spirituel comme fondés sur des puissances “inconscientes” et “irrationnelles”, va être finalement conduit dans ses résultats à nier la tendance fondamentale de laquelle il était originairement parti. Ce qui devait éveiller le sens de l'infinité de la vie fut précisément ce qui conduisit à la limiter et à la figer » [1]. E. Cassirer remarque alors que Hegel cherchera à repenser autrement l'unité de la vie et de l'historicité : « c'est une nouvelle synthèse entre les moments rationnel et historique qui sera désormais exigée. C'est cette synthèse que s'efforcera de faire la philosophie de Hegel » [2].

Dans son travail de critique littéraire, de façon convergente, J. Gracq souligna plus tard les dangers mortels qui menacent une totalité absolue dans laquelle rien n'échappe à l'intégration par l'inconscience de la « vie »

1. E. Cassirer, *Liberté et forme. L'idée de la culture allemande*, Paris, Le Cerf, 2001, p. 354.

2. *Ibid.*

nationale : « quand un esprit comme celui de Novalis, porté à une température d'enthousiasme exceptionnelle, se sent capable d'intégrer indistinctement à la patrie du rêve à la fois le monde du sommeil et l'Allemagne des *Raubritter*[1], les *Minnesinger*[2] et le nationalisme, la mystique et la guerre, le mercantilisme et la Compagnie de Jésus, il déverse sur le monde, en même temps qu'un flot de poésie, le contenu d'une redoutable boîte de Pandore d'où tout peut sortir et effectivement va sortir »[3].

Cette allusion assez directe aux suites allemandes du dernier siècle ne doit toutefois pas faire oublier que l'idéologie nationaliste allemande fut elle-même partagée en plusieurs courants, parfois conflictuels. Ainsi W. Stapel croira pouvoir déceler dans ses *Fictions de la constitution de Weimar* (1928) au sein des traditions « nationales » un courant « allemand-conservateur » (*deutsch-Konservativ*) dont les romantiques J. Görres, à l'ouest, et A. Müller, à l'est, ont été les pionniers[4]. Considérons par exemple l'œuvre du philosophe et sociologue autrichien O. Spann (1878-1950) qui se voulait explicitement un prolongement idéologique de la théorie romantique de l'État en référence à A. Müller, et qui proposait, dès 1921, un livre, *L'État vrai. Considérations sur la destruction et la construction de l'État*. Sa conception de l'État envisageant une troisième voie au-delà du libéralisme et du socialisme, en faisait bien un allié provisoire du national-socialisme hitlérien. Pourtant, dès 1919, C. Schmitt, le futur théoricien de « l'État total », formulait dans son *Romantisme politique* des critiques radicales à l'égard d'A. Müller taxé de passéisme et de passivité. Selon C. Schmitt : « le romantisme politique cesse là où commence l'activité politique »[5]. En conséquence, le national-socialisme condamnera publiquement O. Spann et le destituera de sa chaire viennoise en 1938 en raison du caractère mixte et racialement impur de sa conception, mêlant national-socialisme, romantisme et particularisme autrichien.

C'est l'oubli fâcheux de cette complexité, voire de l'adversité interne des courants post-romantiques qui peut mener à un amalgame tel qu'il ressort malheureusement des lignes suivantes : « l'histoire de la pensée allemande représente une véritable Renaissance nationale à retardement,

1. Les « chevaliers pillards ».

2. Les « troubadours ».

3. J. Gracq, « Novalis et Henri d'Ofterdingen », dans *Préférences*, Paris, José Corti, 1961, p. 273.

4. *Cf.* J.-P. Faye, *Les langages totalitaires*, Paris, Hermann, 1972, p. 289 *sq.*

5. C. Schmitt, cité par N. Sombart dans *Les mâles vertus des Allemands. Autour du syndrome de C. Schmitt*, Paris, Le Cerf, 1999, p. 34.

unissant le XVIIIe siècle frédéricéen de Bodmer[1] au XXe siècle hitlérien de Rosenberg; de l'un à l'autre, il existe une filiation continue par l'intermédiaire de Lessing, Klopstock, Herder, le *Sturm und Drang*, le romantisme, Paul de Lagarde, disciple des Romantiques, de Lessing et de Herder, Chamberlain, G. Frenssen »[2]. Relevant cet amalgame, confinant lui-même à l'idéologie en dissimulant tout autant la complexe hétérogénéité du romantisme allemand que celle des courants nationalistes contemporains, L. Margantin nous semble contester heureusement « ce genre de jugement général sur la littérature allemande faisant du romantisme tout entier l'expression d'un renouveau national et nationaliste »[3].

1. J. Bodmer (1698-1783) suisse d'expression allemande. Il contribua à l'affirmation de l'originalité et de la fécondité littéraires de la langue allemande notamment par ses traductions d'auteurs anglais comme Milton, admiré de Goethe.

2. M. Rouché, dans Herder, *Pour une autre philosophie de l'histoire*, Paris, Aubier, 1943, Introduction, p. 31, et mentionné par L. Margantin dans « Histoire et Politique chez les Romantiques allemands », LFPDM, Présentation, p. 626.

3. L. Margantin, LFPDM, p. 627, n. 1.

CONCLUSION

Un philosopher sans philosophie ?

Les romantiques allemands ont sans doute beaucoup philosophé et ils ont déployé cette intense activité philosophique sous des formes et dans des registres sans cesse renouvelés. Mais le titre de notre ouvrage, *la philosophie romantique allemande*, se justifie-t-il pour autant? Est-il en effet résulté de cette activité multiforme une philosophie et demeure-t-il finalement une philosophie romantique allemande? En s'appuyant sur l'étude qui précède, une réponse négative pourrait être argumentée de multiples façons. Tout d'abord, existe-t-il un seul livre de philosophie publié par les romantiques avec une forme et un contenu achevés, auquel on puisse indubitablement se référer, autrement que sous l'aspect de manuscrits, de brouillons, de fragments non délimités les uns par rapport aux autres ou par rapport à un auteur toujours précis, autrement encore que de manuscrits d'auteurs de *Leçons* publiés ou encore de notes de *Cours* d'auditeurs édités de manière posthume? La réponse à cette question préliminaire relevant tant de la forme matérielle d'une œuvre que d'un contenu philosophique circonscrit est déjà négative. Mais sans ouvrage de philosophie en bonne et due forme, dira-t-on, y a-t-il encore une philosophie ? Il y a par exemple eu un « philosopher » socratique, mais peut-on parler sérieusement d'une « philosophie de Socrate » ? Assurément pas. Toutefois, la réponse romantique à cette objection ne se ferait pas attendre : l'inachèvement de l'écriture n'est une faiblesse qu'au regard du critère de la classicité de l'œuvre achevée dans sa forme et son contenu de sens. Or les romantiques revendiquent précisément le déploiement d'un philosopher à l'infini, visant, sans l'atteindre en tant que contenu informé, le système achevé de la philosophie. Tel est le statut plus général du « fragment » philosophique : le livre inachevé esquisse nécessairement une philosophie virtuelle, à la fois idéalement présente et effectivement absente. Si tout philosopher est une perspective fragmentaire et en devenir visant le tout de la philosophie, on peut dire de la philosophie du philosopher romantique ce que Fr. Schlegel écrit de la poésie : « le genre poétique romantique est encore en devenir ; et c'est son essence propre de ne pouvoir qu'éternellement devenir et jamais s'accomplir »[1]. Être philosophe, c'est bien philosopher sans avoir de philosophie à présenter ou de philosophie présente là : « la philosophie est infinie. Aucune philosophie ne peut donc être considérée comme la vérité (c'est-à-dire la vérité absolue) »[2] et Novalis : « il est facile d'expliquer pourquoi la vraie philosophie, sa réelle substance, ne saurait jamais être exposée »[3].

Soit. Mais c'est ensuite l'unité de sens d'une problématique philosophique romantique qui, à l'examen, semble bien nous échapper. Qu'il y ait eu, à l'intérieur de l'œuvre d'un auteur comme Fr. Schlegel, par exemple, une évolution et même des retournements de positions saisissants, notamment politiques et religieux, n'est pas l'objection à faire ici, car bien des philosophies indubitablement « réelles », et se prétendant finalement accomplies, ont reflété les prises de position changeantes de leur auteur : que l'on songe à Hegel lui-même ou à Fichte ou encore à Schelling. Ce n'est pas en ce sens que l'unité interne de la philosophie fait problème et fait peut-être défaut chez les romantiques allemands, mais bien au sens d'une unité doctrinale de mouvement ou d'École (?) romantique allemande. Qu'y a-t-il de fondamentalement commun, si on les étudie de près comme nous avons cherché à le faire, entre la théorie de la connaissance de Fr. Schlegel et celle de Novalis à Iéna ? Ainsi en va-t-il aussi des formulations identiques souvent trompeuses, car interprétées fort différemment, comme celle par exemple d'« idéalisme magique » reprise de Novalis par Fr. Schlegel dans ses *Leçons de philosophie transcendantale*, mais qui n'a, montre D. Thouard[4], rien de foncièrement identique. Le premier se fonde sur une triple expérience affective (amour, rêve et mort poétisés), le second sur une réflexion transcendantale et platonicienne destinée à restaurer le lien d'une inspiration communicative et mythologique entre les esprits, contagion qu'il nomme « magie de l'idée ». De plus, si Fr. Schlegel entend les moyens de la magie comme étant ceux de l'inspiration poétique qui

1. Fr. Schlegel, Fragment 116, KFSA, II, p. 183, AL, p. 112.
2. Fr. Schlegel, TP, III, p. 181.
3. Novalis, Fragment de 1800-1801, AG, 218, trad. p. 413.
4. D. Thouard, *Symphilosophie*, *op. cit.*, p. 161-162.

souffle d'esprit à esprit, Novalis les entend comme des schèmes médiatisant des symboles et des activités éminemment corporelles : « paradoxalement, Novalis, le poète, fait beaucoup moins confiance à l'inspiration que Friedrich Schlegel »[1].

Il en va de même des pensées de Fichte ou de Schelling partagées dans les entretiens collectifs et les correspondances dans lesquelles on s'aperçoit que les références majeures et dominantes sont très vite divergentes : Kant et Platon chez Schlegel, Schelling et les philosophes de la nature chez Novalis. Toutefois, cette faiblesse peut se retourner à nouveau en force, en raison de la nécessité dialogique de la philosophie impliquée par l'interprétation romantique de la finitude. Le *symphilosophieren* impose que, sur les mêmes termes et thèmes, les malentendus soient nécessaires et premiers en raison de la singularité de perspective des esprits en dialogue. C'est d'ailleurs là un aspect fondamental de la théorie de la compréhension de Fr. Schleiermacher. La compréhension mutuelle ne peut que surmonter partiellement l'incompréhension originaire. Le présupposé de la précompréhension originaire est une thèse heideggerienne, non pas une thèse romantique. La reconnaissance que le malentendu est plus riche de vertu philosophique que la fausse communauté de pensée n'est-elle pas elle aussi une « saillie » de notre temps ?

Enfin, plus spécifiquement, on pourrait avancer que c'est le manque d'unité interne à chacun des discours romantiques qui est le propre du romantisme allemand. Mais ici encore, et à l'instar des autres manques d'unité repérés, cette hétérogénéité peut être revendiquée comme son apport le plus original et le plus spécifique, voire comme le plus prometteur pour l'avenir contemporain de la philosophie, de la littérature et des arts. C'est en effet du thème de la « fusion » et du « mélange » des différences dont il s'agit. C'est là une position tout à la fois historique, ontologique et esthétique du romantisme allemand qui, dans chacun de ces registres et en chaque discours tenu, interdit sans doute que l'on parle à nouveau de véritable unité aussi bien au sens de la vérité-conformité (Aristote) que de la vérité totalité achevée (Hegel). Sur le plan historique, nous y avons insisté, un double projet anime l'ambition théorique du romantisme : la « re-présentation » (*Vor-stellung*) moderne des valeurs de l'antiquité grecque (Platon) ou du Moyen Âge (monarchie politique et hiérarchie sociale forte), valeurs mêlées à celle de la modernité philosophique des nouveaux classiques (Kant, Fichte, Schelling) et de la modernité politique (idéal républicain et révolutionnaire). Fr. Schlegel n'a pas craint de vouloir

1. J.-L. Vieillard-Baron, *Hegel et l'idéalisme allemand*, *op. cit.*, p. 122.

« mêler » Platon et Kant, ni Novalis de « fusionner » monarchie médiévale et républicanisme populaire[1]. Mais cette « union » n'était-elle pas contre-nature et dès l'origine condamnée à se défaire, sans qu'en résulte une quelconque « unité » ? Cette « liaison » historique nouvelle du discursif (classique) et de l'intuitif (moderne), du démonstratif (classique) et du déclaratif (moderne), de l'inégalité (classique) et de l'égalité (moderne), devait permettre à la pensée de rejoindre l'être. Mais c'est alors une oscillation ou un flottement entre les deux pôles dont nous ne sortons pas, sans qu'une unité déterminée nous mène à l'être, à l'infini ou au Tout visé. Ajoutons qu'ici encore le même constat de dissociation postromantique s'impose. D'où l'abandon rapide de ce grand mélange affirmé lui-même initialement comme « universel » et « progressif »[2]. Hegel n'avait peut-être pas tort de constater que, sur ce plan du moins, le romantisme engendre soit l'ennui soit le désespoir.

Mais en dépit de tout cela, se détachant de celle des valeurs classiques ou médiévales auxquelles on voulait les unir sous forme précisément d'un mélange supérieur dont on vient de constater le caractère intenable, ce sont bien les valeurs polaires et particulières du mélange, de l'ironie, de la mixité, de l'intuitivité et de la popularité, qui assurèrent rétrospectivement une indéniable postérité au romantisme allemand dans notre modernité contemporaine. La reprise et la continuation du « philosopher » romantique nous semble bien se situer là, dans cette dimension résiduelle de mixité et de fusion, surnageant en échappant au naufrage du grand mélange antique-médiéval-moderne, dimension néanmoins riche de virtualités à actualiser.

MODERNISATION DE L'ANTIQUE ET MODERNITÉ DU CONTEMPORAIN

En effet, la plurivocité du « mélange » (*Mischung*) et de la « saillie » (*Witz*) n'est pas seulement présente dans les énoncés élémentaires et fragmentaires d'un certain nombre d'auteurs romantiques (Fr. Schlegel et Novalis essentiellement), mais elle nous semble caractériser la forme globale du romantisme lui-même qui réunit en un « mélange » fort détonnant et combien étonnant ce que nous nommerons une modernisation de l'antique à une modernité du contemporain, ce dernier caractérisé lui-

1. Dans *Foi et amour*, aussi bien que dans *Chrétienté ou Europe*.
2. *Cf.* Fr. Schlegel : « poésie universelle progressive ».

même par le « mélange » des contenus. Pour parodier la formule hégélienne qui énonçait « l'identité de l'identité et de la non-identité [*die Identität der Identität und der Nichtidentität*] »[1], il s'agirait du « mélange du non-mélange et du mélange [*die Mischung der Nichtmischung und der Mischung*] ». Selon les exigences rigoureuses de la logique de la non-contradiction, certes, au sein de ce grand mélange *witzig*, la juxtaposition de ces deux messages ou de ces deux doctrines du non-mélange et du mélange montre qu'ils ne sont guère compatibles et la volonté du mélange des deux n'a guère survécu sous l'aspect de la grande unité projetée, cette unité qui faisait écrire à Novalis : « les restes de l'Antiquité ne sont que des *stimuli* spécifiques en vue de former l'Antiquité »[2]. Dans ce mélange global, la dimension antique et médiévale des valeurs du « non-mélange », c'est-à-dire de la « distinction » (cosmos, platonisme, hiérarchie médiévale) n'a guère pu se maintenir. Ni Hölderlin – qui n'a jamais formé le projet d'une « re-présentation », d'une sorte de *Wiederstellung* de l'Antiquité – ni Hegel ne pensaient pouvoir réactualiser au sein de la modernité les valeurs antiques ou médiévales et c'est bien un aspect de leur pensée qui les sépare du romantisme. La « modernisation de l'antique » (par exemple le Kant platonisé par Fr. Schlegel[3]) n'eut guère de succession indubitable. La « modernisation du médiéval » n'eut pas d'avantage de postérité politique après les romantiques, mise à part l'idéologie nationaliste dont nous avons rappelé la condamnation sans appel qu'en prononça le national-socialisme hitlérien. De sorte que, dans ce « mélange » impossible des discours philosophiques, c'est la seconde dimension, celle des divers « mélanges » empiriques d'une modernité postclassique, qui prépare et annonce le mieux certains traits de notre modernité contemporaine : « plus encore que la modernité "romantique", écrit O. Schefer, c'est sa dimension de contemporanéité qui peut nous frapper aujourd'hui. Le romantisme nous parle en effet d'un monde pluriel où toutes les formules et toutes les significations flottent pour ainsi dire, sans jamais se fixer »[4]. Il s'agit en particulier d'une des tendances de notre époque qui, dans une auto-négation parfaitement « ironique » au sens des romantiques, se déclare « post-moderne ». Si le non-moderne est une négation encore déterminée

1. En 1800, Hegel, dans *La Différence entre les systèmes philosophiques de Fichte et de Schelling*, avait défini l'Absolu comme « l'identité de l'identité et de la non identité ».

2. HKA, II, n° 45, p. 640-642.

3. *Cf.* plus haut, 1re partie, chap. I, « Sur la philosophie de Fr. Schlegel à Iéna », p. 23-40.

4. O. Schefer, dans *Poésie de l'infini. Novalis et la question esthétique*, Bruxelles, Éditions La Lettre volée, 2001, p. 12.

par le contenu de ce qu'elle nie, la négation de la modernité classique par les romantiques est déjà en ce sens une post-modernité. Là se trouve, voudrions-nous montrer en achevant cette Conclusion, une indubitable fécondité du romantisme allemand et, sinon une philosophie romantique actualisée, du moins une certaine manière identifiable de philosopher, de faire œuvre d'art, voire d'exister aujourd'hui.

DE LA MODERNITÉ CLASSIQUE À LA MODERNITÉ CONTEMPORAINE LES ROMANTIQUES ALLEMANDS

La modernité classique fut instituée par Descartes et ses successeurs *aufklärer* humanistes et idéalistes. Cette modernité, si elle s'opposait à l'Antiquité (*cf.* la querelle des Anciens et des Modernes), n'en était pas moins porteuse d'un nouveau classicisme, c'est-à-dire d'un principe d'ordre et d'équilibre réitérable – de « non-mélange » des genres et des styles – qui se subordonnait téléologiquement des normes inférieures ou des contre-normes. Ce point a été souligné par O. Schefer : « le modernisme, ou quelque nom qu'on veuille lui donner, a ceci de caractéristique qu'il est foncièrement historique et téléologique. Il est à ce titre doublement attaché à l'idée d'ordre et de progrès entre les formes, mais aussi au postulat d'une norme dominante et régulatrice (un modèle, un canon esthétique) permettant d'évaluer le parcours historique en termes de progrès ou de régression »[1]. Un tel principe d'ordre est celui de la subjectivité rationnelle et libre comme norme de progrès dans une téléologie de l'histoire et de ses acquis successifs. Nul doute que cette modernité classique a constitué un aspect essentiel de la modernité romantique et l'on rappellera, parmi de multiples autres, ce *Fragment* de Fr. Schlegel : « quelle philosophie reste-t-il donc au poète ? La créatrice, celle qui naît de la liberté et de la foi en elle, pour montrer ensuite comment l'esprit humain imprime à tout sa loi, et comment le monde est son œuvre d'art »[2]. Cette première modernité continue cependant de poser la distinction et la hiérarchie des différences, leur non-mélange, au sein de ses synthèses. Ainsi de la différence sujet-objet au sein d'une unité supérieure qui laisse jouer cette différence dans un Même. L'identité synthétique du sujet et de l'objet chez Kant, Fichte ou Hegel n'est ni réduction ni fusion, ni confusion ni mélange. Hölderlin l'a

1. O. Schefer, LFPDM, p. 96.
2. Fr. Schlegel, Fragment 168, AL, p. 120.

bien remarqué concernant l'identité du « Je suis Je » de Fichte, en distinguant l'union inséparable de l'Être, et l'identité réflexive du Moi : « quand je dis Je suis Je, le sujet (je) et l'objet (je) ne sont pas unis de telle sorte que l'on ne puisse procéder à aucune séparation sans altérer la nature de ce qui doit être séparé ; au contraire, le moi n'est possible que grâce à la séparation du Je et du moi [...]. Par conséquent, l'identité n'est pas l'union de l'objet et du sujet qui se produirait sans plus, par conséquent l'identité n'est pas = l'Être absolu »[1]. Ainsi en va-t-il encore de la différence des genres et des styles esthétiques maintenue par la modernité classique. Ainsi enfin de l'unité de l'art et de la vie qui se refuse toutefois à faire de la vie une œuvre d'art, même si l'éducation esthétique du genre humain est posée par Schiller comme un nouvel idéal classique de la modernité. Or chacune de ces positions classiques, gnoséologique, esthétique, éducative, a été ébranlée par le romantisme allemand. Considérons ces points un à un.

Le romantisme allemand envisage d'abord la possibilité d'un « mélange » du sujet et de l'objet dont on prétendra alors l'identité « fusionnelle », identité mise en œuvre dans leur conception esthétique de l'« imitation génétique ». De ce premier point de vue, les philosophes idéalistes allemands faisant figure d'authentiques classiques ne pouvaient complètement satisfaire ces nouvelles exigences gnosélogiques, car aussi bien Fichte que Schelling ou Hegel envisageaient une identité différenciée, tantôt au sein du sujet lui-même (le premier Fichte), tantôt dans l'identité nature-esprit (Schelling), tantôt enfin dans l'identité de l'Idée dépassant et engendrant la différence nature-esprit, substance-subjectivité (Hegel). Bien que l'intuition transcendantale schellingienne de l'absolu comme « indifférence » soit la plus proche de l'interpénétration et de la fusion des différences dans l'Absolu des romantiques qui lui ont pour cette raison accordé le plus grand intérêt, elle n'était en rien fusion ou interpénétration. Une identité fusionnelle, ou identité sans différence pour l'essentiel, ne pouvait être cherchée que dans des expériences (le rêve, l'amour, la mort) considérées précisément comme inessentielles par les idéalistes, tant du moins qu'on n'y voyait pas des moyens subordonnés à une fin supérieure les dépassant, celle de la liberté de l'esprit, valeur moderne classique. Cette dernière, préparant l'autonomie de la raison, doit nécessairement, certes après les avoirs traversés, transcender le négatif mortel, le désir amoureux, comme les rêves de la « belle âme ». Il suffit par exemple de se rappeler la façon dont Hegel interprète ces trois expériences dans sa *Phénoménologie*

1. Hölderlin, « Être et Jugement », dans *Œuvres*, *op. cit.*, p. 282-283.

de l'esprit, pour s'assurer de leur inscription idéaliste dans le procès de la négativité immanente à la raison. Il est clair que les romantiques préparent ici au contraire la possibilité contemporaine des philosophies de la volonté au sens de Nietzsche ou des surréalistes[1], comme de l'intuition au sens de Bergson et plus généralement des philosophies envisagées comme philosophies de la vie.

Ontologiquement, les romantiques allemands posent les premiers que la vie est un courant sans finalité immanente ni transcendante *a priori*, qui n'a, autrement dit, d'autre « fin » que son propre mouvement infini se cristallisant provisoirement dans ses produits sans se maintenir substantiellement en eux. Elle est une force qui les anime, les traverse et les dissout en faveur d'une métamorphose incessante : « la suprême mobilité de la vie doit agir, doit détruire ; qu'elle ne trouve rien en dehors d'elle-même, et elle se retourne contre un objet aimé, contre elle-même, contre son œuvre propre ; elle blesse alors pour stimuler, sans détruire »[2]. Cette ontologie d'une vie, qui n'est ni substantielle au sens antique ni subjective au sens classiquement moderne, est bien ce qui se cherche et parfois se trouve dans les essais des romantiques allemands. À cet égard, les déclarations critiques de Nietzsche à leur endroit ne sauraient faire illusion. Philosophe du « masque », il leur a emprunté nombre de leurs thèmes et thèses les plus chers : la critique du système achevé, le chaos créateur, l'ironie (le rire), le *Witz* (les jeux de mots qui ont contribué à sa célébrité), le fragment (l'aphorisme), les variations incessantes de « perspectives », sans omettre la réactualisation de la Grèce de Dionysos, dont l'ironie est alternance de création de soi et de destruction de soi : « Dionysos est une promesse d'accès à la vie : il renaîtra éternellement et échappera à la destruction »[3]. De façon plus générale, Nietzsche approuva la dualité des dimensions contradictoires s'opposant dans l'homme et ses œuvres, force classique et faiblesse moderne, dont il faut selon lui accepter la tension en les renvoyant l'une à l'autre par un « flottement » et une « oscillation », en écho direct à la dualité indépassable posée par les romantiques. Reste toutefois que, d'après lui, les romantiques ont fâcheusement fait dominer la dimension de faiblesse de la volonté de puissance sur celle des fortes distinctions, classiques, grecques et romaines, en continuant de promouvoir un idéal de « moralisation

1. *Cf.* Novalis : « la magie = l'art d'utiliser à volonté le monde des sens », Poéticismes, n° 109, dans *Semences*, trad. p. 143.

2. KFSA, I, p. 30. Nietzsche aurait fort bien pu écrire cette phrase sur la vie.

3. F. Nietzsche, *Fragments posthumes*, dans *Œuvres*, Paris, Gallimard, 1983, XIV, 14 (89), p. 63.

de la nature »(Novalis) ou de « catholicisation » religieuse de l'histoire (Fr. Schlegel) : le romantisme est bien en ce sens un « nihilisme ».

Esthétiquement ensuite, le « mélange de genres », dans lequel les romantiques sont allés très loin, essaima bien des germes dans l'art contemporain. Nous l'avons saisi chez Novalis dans ses *Fragments* sur la musique, sur peinture et musique [1], chez Hoffmann dans sa critique musicale faisant une large place à l'opéra à côté de la musique purement instrumentale [2], chez Runge dans ses réflexions polyesthésiques sur le paysage [3], chez Fr. Schlegel dans sa théorie de la poésie alimentée parfois à l'éclectisme de l'Antiquité tardive [4] et dans sa théorie du roman [5]. L'introduction de l'anecdote, de la caricature, de la laideur [6], du mime et du récit vulgaire au sein d'une grande forme romanesque autobiographique rend possible la thèse ultime selon laquelle c'est la vie immédiate qui s'esthétise elle-même en se faisant œuvre d'art.

Mais du mélange du non-mélange et du mélange, c'est bien Novalis qui, nous semble-t-il, est l'exemple – sinon le modèle – à privilégier. La dimension universalisante et harmonique, évidente chez lui dans la thèse de la « moralisation-romantisation » encyclopédique de la nature, est associée à la dimension antithétique qui valorise le mélange, les combinaisons d'éléments fortuitement hasardeux, contingents et « irrémédiablement » singuliers au regard de la première exigence. La détermination goethéenne de la « maladie » incurable de l'imagination convient particulièrement bien en ce sens à Novalis. Conformément à la conception du « flottement » de l'imagination librement exploitée à partir d'une lecture de Fichte, l'esthétique novalisienne flotte entre deux pôles, celui de la finité de la détermination harmonique – le non mélange, la distinction, en référence à la perfection antique du fini – et celui de l'infini (de la diversité chaotique aux éléments mêlés à laquelle s'ouvre la sensibilité moderne). Il est vrai qu'à l'inverse, comme nous l'avons mentionné plus haut en citant Fichte à propos de l'ironie schégélienne, c'est le moment conceptuel qui peut être

1. *Cf.* plus haut, chap. II, « L'esthétique romantique allemande », p. 118, et notre Introduction sur les liens exigés entre arts particuliers.

2. *Ibid.*, p. 143-146, sur la musique.

3. *Cf.* plus haut, p. 151, sur la peinture des « Heures du jour » de P.O. Runge.

4. *Cf.* Fr. Schlegel, Fragment 239, AL, p. 132-133 : « le mélange de tous les genres artistiques par les poètes éclectiques de l'Antiquité tardive s'appuie sur cette exigence : il ne doit y avoir qu'une seule poésie ».

5. *Cf.* plus haut, p. 153 *sq.*, sur le roman.

6. Fr. Schlegel exige « une tentative de théorie de la laideur digne de ce nom », dans *Sur l'étude de la poésie grecque* (1796), *Kritische Schrifen*, W. Rasch (ed.), Münich, 1964, p. 193.

dit « infini » (en extension), tandis que le moment sensible peut être dit « fini », comme ouverture à un instant et en un lieu. Cette inversion témoignerait d'une nouvelle oscillation possible entre les pôles d'interprétation de la finitude. C'est particulièrement le cas, avons-nous montré, de sa théorie de la musique. Finitiser l'infini – mettre en ordre le chaos – et infinitiser le fini – ouvrir sa belle clôture à l'irruption du divers, du singulier, du bizarre, etc. – on ne peut ici que « flotter » de l'une de ces pratiques à l'autre, sans que la moindre homogénéité les dialectise vraiment. C'est donc bien sur le mode du grand mélange non dialectique que s'associent pour aussitôt divorcer les deux tendances, dont la seconde, celle des mélanges empiriques inventés et des combinaisons totalisantes infinies va bientôt prendre le devant de la scène esthétique contemporaine.

En musique, l'ambition de totalisation associative et combinatoire sera reprise dans leurs contextes propres par Wagner et Schoenberg[1]. Sur le plan du roman biographique et introspectif cette ambition nourrira l'*Ulysse* de Joyce et la théorie du roman de M. Bakhtine peut être considérée comme une reprise en d'autres termes de la théorie schlégélienne[2]. Aux États-Unis, le point de départ de la « nouvelle critique » (« *New Criticism* ») réitèrera l'affirmation d'une singularité et d'une autonomie de chaque œuvre littéraire.

Existentiellement, enfin, les romantiques allemands mélangent l'art et la vie, de manière à faire passer l'art dans la vie et la vie dans l'art, en rupture avec la conception de la distance posée par l'esthétique classique entre la contemplation de l'œuvre d'art et la pratique de la vie. Chaque homme qui se raconte, se récite, en se mimant et en se caricaturant, fait déjà de lui-même une œuvre d'art : « chaque homme, à un degré infime, est presque déjà artiste »[3]. La poésie, d'abord sur un mode mineur que chacun est libre d'étendre, se fait conductrice d'une fusion de la vie humaine avec le mouvement du Tout, lui aussi producteur d'irrégularités et de bizarreries en quelque manière narratives, mais cette fusion enrichit à son tour la vie de l'artiste : « un roman est une vie en tant que livre. Chaque vie a ou peut avoir une épigraphie – un titre – un éditeur – une préface – introduction – texte – notes – etc. »[4]. Comme nous l'avons déjà souligné, dans le grand mélange

1. *Cf.* les suggestions faites par O. Schefer dans son « Glossaire » du premier romantisme, dans *Semences*, p. 323-324.

2. M. Bakhtine, en particulier « Récit épique et roman », dans *Esthétique et théorie du roman*, Paris, Gallimard, 1961-1977. *Cf.* J.-M. Schaeffer, *La naissance de la littérature*, *op. cit.*, p. 89-93.

3. HKA, II, n° 226, p. 574.

4. HKA, II, n° 341, p. 599, trad. Schefer.

harmonieux-inharmonieux, de la distinction et de la non-distinction, c'est la dimension inharmonieuse qui va prendre historiquement le dessus : « plus l'homme forme artistiquement son sens de la vie, plus la disharmonie l'intéresse – à cause de la dissolution. Harmonie simple – (mélodie) – Harmonie diverse compliquée (Harmonie analytique-synthétique) »[1]. Ce thème, après le « changer la vie » de Rimbaud, sera d'évidence repris par les surréalistes, de même que par J. Gracq lorsqu'il se réfère aux antécédents de sa conception des rapports entre littérature et existence, enfin par divers courants de l'art post-moderne (*happening*, mouvement *fluxus*).

Au total, c'est paradoxalement la dissociation du grand mélange « ironique » ambitionné par le romantisme allemand qui, en libérant les ingrédients et les bigarrures ultramodernes de celui-ci, a fait la preuve de l'effective fécondité de ce mouvement de pensée, aussi bien en philosophie que dans la pratique des arts et dans celle de la vie.

1. HKA, II, n° 97, p. 554, trad. Schefer.

BIBLIOGRAPHIE

Œuvres et textes

Aufklärung, les Lumières allemandes, trad. fr. et commentaire G. Raulet, Paris, GF-Flammmarion, 1995.

Critique et herméneutique dans le premier romantisme allemand (Fr. Schlegel, F. Schleiermacher, F. Ast, A.W. Schlegel, A.F. Bernhardi, W. Dilthey), introduction, trad. fr. et notes D. Thouard, Villeneuve d'Ascq, Presses Universitaires du Septentrion, 1996.

L'absolu littéraire, théorie de la littérature du romantisme allemand, trad. fr. et présentation Ph. Lacoue-Labarthe et J.-L. Nancy, Paris, Seuil, 1978.

La forme poétique du monde. Anthologie de textes du romantisme allemand, trad. fr. et présentation Ch. Le Blanc, L. Margantin et O. Schefer, Paris, José Corti, 2003.

Les romantiques allemands, Paris, Gallimard, 1963, 2 volumes.

ARNIM A. von et BRENTANO C., *Des Knaben Wunderhorn. Le cor merveilleux de l'enfant*, textes et trad. fr. K. Han et H. Holl, Nantes, Éditions du petit Véhicule, 2002.

BAADER F. von, *Sämmtliche Werke*, éd. Hoffmann, Leipzig, 1855, en particulier, II, *Fermenta Cognitionis* (München, 1822), rééd. Aalen, Scientia, 1987.

BACHELARD G., *Psychanalyse du feu*, Paris, Gallimard, 1949.

– *L'eau et les rêves*, Paris, José Corti, 1989.

BAUDELAIRE Ch., *Œuvres*, Paris, Gallimard, 1976, 2 volumes.

CARUS C.G. et FRIEDRICH C.D., *De la peinture de paysage dans l'Allemagne romantique*, lettres et textes, présentation M. Brion, Paris, Klincksieck, 2003.

CASSIRER E., *La philosophie des formes symboliques*, I, Paris, Minuit, 1972.

– *Liberté et forme*, Paris, Le Cerf, 1972.

ECKERMANN J.-P., *Conversations avec Gœthe*, Paris, Gallimard, 1988.

FICHTE J.G., *Œuvres choisies de philosophie première*, trad. fr. A. Philonenko, Paris, Vrin, 1990.

GADAMER H.-G., *Nietzsche l'antipode*, trad. fr. Ch. David, Paris, Allia, 2000.

GŒTHE J.W., *Sämtliche Werke, Briefe, Tagebücher und Gespräche*, Vierzig Bänden, Francfort a.M., Deutscher Klassiker Verlag, 1988.
– *Essai sur la métamorphose des plantes*, trad. fr. Soret, Stuttgart, Cotta, 1831.
– *Écrits sur l'art*, trad. fr. J.-M. Schaeffer, Paris, GF-Flammarion, 1966.
– *Werke, Briefe und Gespräche*, E. Beutler (ed), Zürich, Artemis Verlag, 1948-1971.
HEGEL G.W.F., *L'ironie romantique*, trad. fr. J. Reid, Paris, Vrin, 1997.
– *Encyclopédie des sciences philosophiques*, 3 tomes, trad. fr. B. Bourgeois, Paris, Vrin, 1970, 1988, 2004.
– *Premières Publications*, trad. fr. Méry, Paris, Vrin, 1952.
– *Notes et Fragments d'Iéna*, 1803-1806, Paris, Aubier, 1991.
– *Leçons sur l'histoire de la philosophie*, trad. fr. P. Garniron, Paris, Vrin, 1978.
– *Leçons sur l'esthétique*, trad. fr. Ch. Bénard, Paris, Le livre de Poche, 1997, 2 volumes.
– *La phénoménologie de l'esprit*, trad. fr. B. Bourgeois, Paris, Vrin, 2006.
– *Principes de la philosophie du droit*, trad. fr. J.-F. Kervégan, Paris, PUF, 1998.
HERDER J.G., *Une autre philosophie de l'histoire*, trad. fr. M. Rouché, Paris, Aubier-Montaigne, 1943.
– *La raison dans les peuples,* trad. fr. P. Pénisson, Paris, Le Cerf, 1992.
– *Idées sur la philosophie de l'histoire de l'humanité*, introduction, notes et dossier M. Crépon, trad. fr. E. Quinet, Paris, Presses-Pocket, 1991.
HOFFMANN E.T.A., *Écrits sur la musique*, trad. fr. B. Hébert et A. Montandon, Lausanne, L'Âge d'Homme, 1985.
– *Nachtstücke*, Stuttgart, Reclam, 1990.
HÖLDERLIN J.C.F., *Œuvres*, Paris, Gallimard, 1967.
HUMBOLDT W. von, *La tâche de l'historien*, Lille, Presses Universitaires de Lille, 1985.
JACOBI Fr., *Œuvres philosophiques choisies*, Paris, Aubier, 1946.
KANT, *Œuvres philosophiques*, Paris, Gallimard, 1980-1985, 3 volumes.
– *Anthropologie du point de vue pragmatique*, trad. fr. M. Foucault, Paris, Vrin, 1970.
– *Observations sur le sentiment du beau et du sublime*, Paris, Vrin, 1969.
– *Opuscules sur la philosophie de l'histoire*, Paris, GF-Flammarion, 1993.
LESSING G.E., *Dramaturgie de Hambourg*, Paris, Didier, 1869.
MONTESQUIEU Ch.L., *Œuvres complètes*, Paris, Seuil, 1964.
MORITZ K.Ph., *Schriften zur Aesthetik und Poetik,* Tübingen, H.J.Schrimpf (ed), 1962.
MÜLLER A., *Die Lehre von Gegensatz*, dans *Ausgewählte Abhandlungen*, J. Baxa (ed.), Iéna, 1921.
– *Elemente der Staatskunst*, I, J. Baxa (ed.), Iéna, 1922.
NEWTON I., *Optique*, trad. fr. Coste, Paris, 1727, rééd. Paris, G. Villers, 1955.
NOVALIS, *Sämtliche Werke*, E. Wasmuth (ed.), Heidelberg, L. Schneider, 1953-1957, 4 volumes.
– *Henri d'Ofterdingen*, texte et trad. fr. M. Camus, Paris, Aubier, 1942.

– *Novalis Schriften, Die Werke Friedrich von Hardenberg. Historisch-kritische Ausgabe*, Bd I-VI, P. Kluckhohn et R. Samuel (eds.), dans *Zusammenarbeit mit Hans-Joachim Mähl und Gerhard Schulz. Leipzig-Stuttgart*, Paderborn, Kohlhammer, 1960-1988.
– *Petits écrits*, trad. fr. G. Bianquis, Paris, Aubier, 1947.
– *Fragments*, texte et trad. fr. A. Guerne, Paris, Aubier, 1973.
– *Œuvres complètes*, trad. fr. A. Guerne, Paris, Gallimard, 1975-1981, 2 volumes.
– *Le Brouillon général*, trad. fr. O. Schefer, Paris, Allia, 2000.
– *L'Encyclopédie*, trad. fr. et présentation des neuf premières sections des *Fragments* de l'*Encyclopédie* (dans le classement numéroté Wasmuth) par M. de Gandillac, Paris, Minuit, 1966.
– *Semences*, trad. fr. et commentaire O. Schefer, Paris, Allia, 2004.
– *Art et Utopie. Les derniers Fragments* (*1799-1800*), introduction et trad. fr. O. Schefer, Paris, École Normale Supérieure, 2005.
REHBERG A.W., *Recherches sur la Révolution française*, trad. fr. L.K. Sosoe, Paris, Vrin, 1998.
RICHTER J.-P., *Werke*, N. Miller et G. Lohmann (eds.), 6 tomes, Munich, C. Hanser, 1959-1963.
RITTER J., *Fragmente aus dem Nachlass eines jungen Physikers*, Heidelberg, 1810, rééd. Leipzig-Weimar, S. und B. Dietz, 1984.
– *Lettres*, Paris, Klincksieck, 1988.
RUNGE Ph.O., *Farbenlehre*, Köln, Tropen Verlag, 1999.
– *Peintures et écrits*, trad. fr. E. Dickenherr et A. Pernet, Paris, Klincksieck, 1991.
SCHELLING W.J., *Werke*, Schröter (ed), Munich, 1965.
– *Recherches sur la liberté humaine*, Paris, Payot, 1977.
– *Système de l'idéalisme transcendantal*, Louvain, Peeters, 1978.
– *Philosophie de la Mythologie*, trad. fr. A. Pernet, Grenoble, J. Millon, 1994.
– *Philosophie de la Révélation*, trad. fr. J.-F. Marquet et J.-F. Courtine (dir.), Paris, PUF, 1989-1994, 3 volumes.
SCHLEGEL A.W., *Sämtliche Werke*, E. Böcking (ed.), Leipzig, Weidmann, 1930, 16 volumes.
– *Kritische Ausgabe der Vorlesungen*, E. Behler et F. Jolles (eds.), Paderborn, Schöningh, 1989, 6 volumes.
– *Cours de littérature dramatique* (1811), trad. fr. Mme Necker de Saussure (1813), Genève, Slatkine Reprints, 1971.
SCHLEGEL A.W. et Fr., *Athenaeum*, Berlin, 1798-1800, 3 volumes.
SCHLEGEL Fr., *Kritische Ausgabe seiner Werke*, E. Behler (ed.) avec J.-J. Anstett et H. Eichner, Münich-Paderborn-Vienne, Schöningh, 1958 *sq.*, 35 volumes.
– *Kritische Schriften*, W. Rash (ed.), Munich, 1964.
– *Philosophie de l'histoire. Leçons de Vienne* (1828), trad. fr. abbé Lechat, I et II, Paris, Éditions Parent-Desbarres, 1836.
– *Essai sur la langue et la philosophie des Indiens* (1808), trad. fr. A. Mazure, Éditions Parent-Desbarres, Paris, 1837.

– *L'essence de la critique. Sur Lessing*, présentation D. Thouard, trad. fr. P. Rabault (dir.), Lille, Presses Universitaires du Septentrion, 2005.
– *Lucinde*, trad. fr. J.-J. Anstett, Paris, Aubier, 1971.
– *Sur le Meister de Goethe* (*Athenaeum*, 1798), trad. fr. Cl. Ary-Schaeffer, présentation J.-M. Schaeffer, Paris, Höbeke, 1999.
– *Fragments*, trad. fr. Ch. Le Blanc, Paris, José Corti, 1996.
– *La philosophie transcendantale. Introduction. Philosophie de la philosophie*, dans *Symphilosophie, Fr. Schlegel à Iéna*, textes et études, D. Thouard (éd.), Paris, Vrin, 2002.
SCHLEIERMACHER F.E.D., *Kritische Gesamtausgabe*, H.J. Birkner *et alii* (ed.), Berlin-New York, De Gruyter, 1980.
– *Herméneutique*, trad. fr. Ch. Berner, Paris-Lille, Le Cerf-PUL, 1987.
STAËL G. de, *De l'Allemagne*, Paris, GF-Flammarion, 1968, 2 volumes.
STEFFENS F., *Grunzüge der philosophoschen Naturwissenschafet*, Berlin, Realschulbuchhandlung, 1806.
TIECK L., *Schriften*, Darmstadt, Wiss. Buchges, 1976.
– *Tiecks Schriften*, Berlin, G. Reimer, 1828.
– *Contes fantastiques*, textes et trad. fr. R. Guignard, Paris, Aubier, 1969.
— et Wackenroder W.H., *Effusions de cœur d'un moine ami des arts*, trad. fr. J. Boyer, dans *Fantaisies sur l'art*, Paris, Aubier, 1945.
WACKENRODER W.H., *Sämtliche Werke und Briefe. Historisch-kritische Gesamtausgabe*, Heidelberg, Winter, 1891, 2 volumes.
WERNER Z., *Briefe des Dichters Z. Werner*, O. Floeck (ed.), Milinken, 1914.
WOLF A., *Vorlesungen über die Altertumwissenschaft* (1785), J.D. Gürder (ed.), Leipzig, 1832-1835.

Études critiques – Livres

Critique et herméneutique dans le romantisme allemand, Lille, Presses Universitaires du Septentrion, 1996.
Hoffmann et le fantastique, Nancy, Éditions de l'Université, 1992.
La naissance du paradigme herméneutique, Lille, Presses Universitaires du Septentrion, 2008.

ALLEAU R., *Aspects de l'alchimie traditionnelle*, Paris, Minuit, 1963.
ALLEMAN B., *Ironie und Dichtung*, Pfullingen, Nesker, 1976.
ANSTETT J.-J., *La pensée religieuse de Fr. Schlegel* (thèse), Lyon, 1941.
AYRAULT R., *La genèse du romantisme allemand*, Paris, Aubier, 1961-1976, 4 volumes.
BEAUFILS M., *Le lied romantique allemand*, Paris, Gallimard, 1956, 1982.
– *Comment l'Allemagne est devenue musicienne*, Paris, Robert Laffont, 1983.
BÉGUIN A., *L'âme romantique et le rêve. Essai sur le romantisme allemand et la poésie française*, Paris, José Corti, 1939, 1991.
— (dir.), *Le romantisme allemand*, Marseille, Les Cahiers du Sud, 1949, 1966.

BEHLER E., *Le premier romantisme allemand*, Paris, PUF, 1996.
– *Unendliche Perfektibilität. Europaïsche Romantik und französische Revolution*, Paderborn, Schönigh, 1989.
– *Ironie et modernité*, Paris, PUF, 1996.
BENJAMIN W., *Le concept de critique esthétique dans le romantisme allemand* (1920), trad. fr. Ph. Lacoue-Labarthe et A.M. Lang, Paris, Flammarion, 1986.
– *Origine du drame baroque allemand* (1928), trad. fr. S. Muller et A. Hirt, Paris, Flammarion, 1985, 2000.
BERMAN A., *L'épreuve de l'étranger. Culture et traduction dans l'Allemagne romantique*, Paris, Gallimard, 1984.
BERNER Ch., *La philosophie de Schleiermacher*, Paris, Le Cerf, 1995.
BESSET M., *Novalis et la pensée mystique*, Paris, Aubier-Montaigne, 1947.
BRION M., *L'Allemagne romantique*, Paris, Albin Michel, 1962, 2 volumes.
CRÉPON M., *Les géographies de l'esprit. Enquête sur la caractérisation des peuples de Leibniz à Hegel*, Paris, Payot-Rivages, 1996.
DAHLHAUS C., *L'Idée de la musique absolue. Une esthétique de la musique romantique* (1978), trad. fr. Ph. Albèra et V. Barras, Paris, Éditions Contrechamps, 1997.
DROZ J., *Le romantisme politique en Allemagne*, Paris, Armand Colin, 1963.
DUFOUR-KOWALSKA G., *Caspar David Friedrich. Aux sources de l'imaginaire romantique*, Lausanne, L'Âge d'Homme, 1992.
EYNDE L. van, *Introduction au romantisme d'Iéna, Friedrich Schlegel et l'Athenäum*, Bruxelles, Ousia, 1997.
– *La libre raison du phénomène. Essai sur la* Naturphilosophie *de Goethe*, Paris, Vrin, 2000.
GUSDORF G., *Introduction aux sciences humaines*, 3 tomes, Paris, Payot, 1988.
HAERING T., *Novalis als philosoph*, Stuttgart, Kohlhammer, 1954.
LEGROS R., *Hegel et la naissance de la pensée romantique*, Bruxelles, Ousia, 1980.
MARQUET J.-F., *Liberté et existence. Essai sur la formation de la philosophie de Schelling*, Paris, Gallimard, 1973.
PÖGGELER O., *Hegels Kritik der Romantik*, Bonn, Bouvier-Verlag, 1956.
RAMOS J., *Nostalgie de l'unité. Paysage et musique dans la peinture de P.O. Runge et C.D. Friedrich*, Rennes, Presses Universitaires, 2008.
REID J., *L'anti-romantique. Hegel contre le romantisme ironique*, Laval, Presses Universitaires de Laval, 2007.
RENAUT A., *Histoire de la philosophie politique*, Paris, Calmann-Lévy, 1999.
REYNAUD L., *Le romantisme, ses origines anglo-germaniques*, Paris, Armand Colin, 1926.
SCHAEFFER J.-M., *La naissance de la littérature. La théorie esthétique du romantisme allemand*, Paris, PENS, 1983.
– *L'art de l'âge moderne*, Paris, Gallimard, 1992.
SCHLANGER J., *Les métaphores de l'organisme*, Paris, Vrin, 1970.

SCHOLTZ G., *Die philosophie Schleiermachers*, Darmstadt, Wissenschaftliche Buchgesellschaft, 1984.

SPENLÉ E., *Novalis. Essai sur l'idéalisme romantique en Allemagne* (thèse), Paris, 1904.

STANGUENNEC A., *Études post-kantiennes*, I et II, Lausanne, L'Âge d'Homme, 1987, 1994.

– *Hegel*, Paris, Vrin, 1997.

SUZINI E., *Franz von Baader et le romantisme mystique*, Paris, Vrin, 1942.

SZONDI P., *Poésie et poétique de l'idéalisme allemand*, Paris, Minuit, 1975.

THOUARD D., *Schleiermacher. Communauté, individualité, communication*, Paris, Vrin, 2007.

— (éd.), *Symphilosophie. F. Schlegel à Iéna*, Paris, Vrin, 2002.

TODOROV T., *Théories du symbole*, Paris, Minuit, 1985.

VIEILLARD-BARON J.-L., *Hegel et l'idéalisme allemand*, Paris, Vrin, 1999.

– *Platonisme et interprétations de Platon à l'époque moderne*, Paris, Vrin, 1988.

Études – Articles

Athenäum. Jahrbuch für Romantik, depuis 1996.

Études germaniques, 1997, n° 220, *Friedrich Schlegel*.

New Athenaeum-Neues Athenaeum. A scholary Journal specializing in Schleiermacher research and nineteenth century studies/Zeitschrift für Schleiermacher-Forschung und für Studien zum 19. Jahrhundert, 1989.

BEAUFILS M., « La musique romantique allemande », dans *Le romantisme allemand*, A. Béguin (dir.), Marseille, Les Cahiers du Sud, 1949.

BEHLER E., « Friedrich Schlegel und Hegel », *Hegel-Studien*, 1963.

– « Friedrich Nietzsche et la philosophie du langage du romantisme d'Iéna », *Philosophie*, n° 27, 1990, p. 57-75.

– « Le premier romantisme : crise des *Lumières* », *Revue germanique internationale*, 1995, 3, p. 11-29.

BERNER Ch., « "Polémique, conflit, contradiction". Notes sur la fondation dialectique de la philosophie chez Schlegel, Schleiermacher et Hegel », *Philosophie*, n° 51, 1996.

– « Platon et l'esprit de la vraie philosophie. Remarques sur l'idéalisme transcendantal de Fr. Schlegel vers 1800 », *Kairos*, n° 16, 2000, *La Grèce au miroir de l'Allemagne*.

– « L'idéalisme transcendantal de Friedrich Schlegel. Sur la réflexion philosophique dans les *Leçons de philosophie transcendantale* [1800-1801] », dans *Symphilosophie. F. Schlegel à Iéna*, D. Thouard (éd.), Paris, Vrin, 2002, p. 133-162.

DUFOUR A., « Droit et langue dans l'École historique du droit », *Archives de philosophie du droit*, tome 19, 1974.

– « Rationnel et irrationnel dans l'École du Droit historique », *Archives de philosophie du droit*, tome 23, 1978.
– « La théorie des sources du droit dans l'École du Droit historique », *Archives de philosophie du droit*, tome 27, 1982.
– « L'histoire du droit dans la pensée de Savigny », *Archives de philosophie du droit*, tome 29, 1984.
GRACQ J., « Novalis et Henri d'Ofterdingen », dans J. Gracq, *Préférences*, Paris, José Corti, 1981, p. 253-276.
LANCEREAU D., « Poésie, philosophie et science chez Friedrich von Hardenberg (Novalis) », *Les études philosophiques*, 4, 1992, p. 463-486.
– « La poétique de la terre chez Novalis », *Cahiers de géopolitique*, 3, 1992, p. 59-76.
LEFEBVRE J., « Du républicanisme à la Restauration, l'évolution de la pensée politique de Fr. Schlegel », dans *La Révolution française dans la pensée européenne*, Actes du Colloque de l'Université de Neuchâtel (1989), Lausanne, L'Âge d'Homme, 1989.
MARGANTIN L., « Approches de la pensée lyrique de R. Caillois », *Littérature*, n° 120, 2000.
MARQUET J.-F., « Culture et chaos dans les philosophies du romantisme allemand », *Les Études Philosophiques*, n° 1, janvier-mars 1983, p. 53-68.
SCHEFER O., « Novalis et l'encyclopédie romantique », *Po&sie*, n° 87, Paris, premier trimestre 1999.
STANGUENNEC A., « Une nature inflammable. Remarques sur la signification de la combustion dans les Fragments d'*Encyclopédie* de Novalis », dans *Sciences et techniques en perspective*, III, Université de Nantes (1983), repris dans *Études post-kantiennes*, I, *Le rationnel et l'irrationnel*, Lausanne, L'Âge d'Homme, 1987.
– « Ontologie et pathologie du symbole dans trois contes de L. Tieck, I », *Revue philosophique*, n° 1, 1984.
– « Le scalpel contre le mictroscope. Auguste Comte et la théorie cellulaire », *History and philosophy of life sciences*, 6, 2,1984.
– « Ontologie et pathologie du symbole chez L. Tieck, II, Le conte du Tannenhäuser », *Revue philosophique*, n° 1, 1985.
– « L'organicisme en philosophie politique : Hegel et les romantiques face à la Révolution française », dans *La Révolution française dans la pensée européenne*, Actes du Colloque de l'Université de Neuchâtel (1989), Lausanne, L'Âge d'Homme, 1989.
– « Critique des Lumières et critique de la "belle âme" dans *La Phénoménologie de l'esprit* de Hegel », dans *Lumières et romantisme*, Paris-Bruxelles, Vrin-Université de Bruxelles, 1989.
– « L. Tieck » et « Novalis », dans *Dictionnaire encyclopédique de la philosophie*, A. Jacob (dir.), Paris, PUF, 1989-1990.

– « À l'origine de l'idée allemande de nation : la philosophie romantique et la philosophie hégélienne de l'État », *Revue française d'histoire des idées politiques*, n° 14, 2001, *Identités et spécificités allemandes*.

THOUARD D., « De la difficulté qu'il y a à se faire entendre du public. F. Schlegel et l'incompréhension », *Cahiers de Fontenay*, 73/74, mars 1994, *Idéalisme et romantisme*, p. 39-47.

– « Fr. Schlegel entre histoire de la poésie et critique de la philosophie », *Littérature*, n° 120, décembre 2000.

– « La question de la "forme de la philosophie" dans le premier romantisme allemand », *Methodos 1*, 2001, *La philosophie et ses textes*, p. 155-172.

– « La Grèce de Schlegel entre Homèrre et Platon », *Kairos*, n° 16, 2000.

VIEILLARD-BARON J.-L., « Microcosme et macrocosme chez Novalis », *Les Études Philosophiques* ,1983, p. 195-208.

TABLE DES MATIÈRES

Ce livre a été imprimé
en France par **ICN**

Zone Industrielle des Saligues
98, rue Louis Rabier
64300 Orthez

05 59 69 77 80
icn@imprimerie-icn.fr

Dépôt legal : Février 2011